· 2023年度教育部人文社会科学研究一般项目

  "陕北地区明清壁画遗存调查整理与研究"（编号:23YJA760027）研究成果

· 2022年陕西师范大学"长安与丝路文化传播"专项科研项目"长安与丝路文化的图

  像传播研究"重点项目（编号:YZJDA01）研究成果

· 2023年度国家社科基金艺术学西部项目"中国与东南亚美术交流史研究"

  （编号:23EF222）研究成果

· 陕西文化资源开发协同创新中心资助"周秦汉唐丛书及其数据库建设"

  2023年研究成果

· "北京师范大学中国基础教育质量监测协同创新中心自主课题资助"

  （编号:2021-05-049-BZPK01）阶段性研究成果

· "2024年陕西师范大学哲学社会科学重大项目培育专项"

  （编号:2024zdpy002）研究成果

长安与丝路文化遗址图像传播

高明 孙斐 编著

陕西师范大学出版总社 西安

图书代号　SK24N0361

图书在版编目（CIP）数据

长安与丝路文化遗址图像传播 / 高明，孙斐编著. — 西安：陕西师范大学出版总社有限公司，2025.1

ISBN 978-7-5695-3957-8

Ⅰ.①长…　Ⅱ.①高…②孙…　Ⅲ.①丝绸之路-文化遗址-研究　Ⅳ.①K878.04

中国国家版本馆CIP数据核字（2023）第210374号

长安与丝路文化遗址图像传播
CHANG'AN YU SILU WENHUA YIZHI TUXIANG CHUANBO

高　明　孙　斐　编著

责任编辑	王淑燕　刘　定
责任校对	熊梓宇
封面设计	张潇伊
出版发行	陕西师范大学出版总社
	（西安市长安南路199号　邮编710062）
网　　址	http://www.snupg.com
印　　刷	西安市建明工贸有限责任公司
开　　本	720 mm×1020 mm　1/16
印　　张	17.25
插　　页	2
字　　数	350千
版　　次	2025年1月第1版
印　　次	2025年1月第1次印刷
书　　号	ISBN 978-7-5695-3957-8
定　　价	98.00元

序

在古代，丝绸之路承载了东西方之间的商贸往来以及文化传播。长安作为古代陆上丝绸之路的起点，也是丝绸之路上文明交流、交往的重要起点。伴随着丝路文化的传播，图像成为其最直观的呈现方式和语言表达。丝绸之路上东西方物质资源的互通、中国文化与西域文化之间的艺术交汇、历史遗存和考古资料，为长安与丝路文化的图像传播研究提供了极其丰富的资料。多民族、多文化交流过程中图像的流变特征和传承沿袭，是丝绸之路遗址留给我们的宝贵财富。

可以说长安与丝路文化遗址是承载中华文化的"物化载体"。它在观念与历史语境的哲学思辨中产生，并以图像的形式承载和延续着中华文脉。通过对长安与丝路文化遗址中不同历史语境节点下的图像研究，可以探索"图像"在丝绸之路上不同时间、空间与历史语境下的传承关系；以及显性图像语义（表象）和隐性历史文脉（本质）在哲学思辨下的辩证关系。正如英国著名东方文化研究学者劳伦斯·比尼恩所说："艺术是一种精神性的活动。它仅仅是与表象联系在一起的，但却是以其自身的方式寻求并发现表象后面的某种东西，这是不亚于哲学或科学的。"

目前，国内学者对丝绸之路上的图像研究，多集中在佛教、石窟等领域的个案讨论研究。如常书鸿《敦煌艺术的源流与内容》论证了敦煌艺术的来源问题，认为敦煌造像艺术除了受到希腊、犍陀罗等地影响，还受到中原艺术风格的影响；苏莹辉《敦煌及施奇利亚壁画所用凹凸法渊源于印度略论》从敦煌图像凹凸技法的角度出发，论证图像的交流；姜伯勤《敦煌壁画与粟特壁画的比较研究》从一定层面对壁画图像进行比对研究，梳理贵霜艺术、粟特艺术与敦煌艺术的历史联系，阐释东西方文化的交流与变化；李翎《佛教造像量度与仪轨》梳理了佛像的产生、造像量度经以及戒坛形制，剖析其所反映的古代文化交流情况；张惠明《敦煌〈五台山化现图〉早期底本的图像及其来源》从莫高窟中唐时期的五台山化现屏风图像内容比较，论证其与粟特艺术之间的互鉴；李凇《长安艺术与宗教文明》立足实地考察和实证，梳理了唐代和南北朝时期以丝路起点长安为中心的陕西及中原地区美术遗迹，包括佛教图像和道教图像，并展开关于造像式样和风格的讨论，阐述不同艺术之间的相互联系与影响，对中国本土艺术与外来艺术的交融进行深入分析。此外，李凇的《陕西佛教艺术》立足陕西各地佛教遗址的实地考察，对北朝至明朝的佛教艺术活动进行考证，指出北朝时期的佛教兼容各种文化的同时保持了传统"长安模式"的特征，考据严谨，以一种整体观审视历史中的美学和宗教中的艺术；马世长《中国佛教石窟的类型和形制特征——以龟兹和敦煌为中心》论证佛教造像受外来影响的特征变化；薛正昌《丝绸之路与宁夏石窟文化》认为唐代以前开凿的石空寺石窟缘起于丝绸之路，道教、佛教、藏传佛教造像皆备，西域、中亚、非洲人物造像栩栩如生，这些是丝绸之路多元文化在宁夏的独特体现；罗世平《谁主沉浮：敦煌莫高窟〈维摩变〉的图式与语境》通过比较敦煌壁画《维摩变》的"贞观样""吐蕃样""归义军样"三种图式，结合敦煌文书和历史文献，对《维摩变》图式的变化原因及语义进行分析；沙武田《吐蕃统治时期敦煌石窟研究》对敦煌吐蕃时期石窟的整体特征进行全新概括，提出以"重构"作为吐蕃时期石窟特点，并对这一时期洞窟的营建及其他相关问题进行了新的探索。随后出版的《榆林窟第25窟 敦煌图像中的唐蕃关系》以敦煌石窟艺术代表洞窟榆林窟第25窟为研究对象，探析壁画反映的浓厚的汉藏艺术融合特征，认为这是独特历史背景下佛教石窟营建过程中对汉藏民族艺术互动、文化融合的体现；卓新平《丝绸之路的宗教之魂》梳理了丝绸之路上的佛教、琐罗亚斯德教、犹太教、景教、摩尼教、伊斯兰教、天主教等，并对这种宗教文化交流在丝绸之路发展历史上的作用及意义加以分析、评价；陈晓露《从伎乐供养人图像看希腊化对佛教美术的影响》阐释中亚、西域等地流行的佛教仪式，受希腊宗教的影响；冯敏《唐代沿"丝绸之路"入华粟特人的文化认同与佛教信仰》提出入华粟特人的宗教信仰中胡汉杂糅的文化痕迹非常明显，论证佛教一度与中华传统文化逐渐碰撞、交流并不断融合，成为丝路文化的重要组成部分；常青《西魏长安佛教艺术与丝绸之路上的石窟遗迹》提出西魏在佛教艺术发展史中起着承上启下的作用，并梳理甘肃天水麦积山石窟与敦煌莫高窟遗址，得出西魏开启了北周典型造像的样式的结论；白文《"灵山圣会"与"人天秩序"——敦煌莫高窟第 285 窟西壁图像再解读》以敦煌莫高窟第 285 窟西壁为核心进行考证，认为其场面的日月、梵神组合、诸天、大众对应灵山圣会的人天秩序、神通、梵和出世，论证释迦于宁静安详中实现的恢宏壮大与和谐统一的奇妙世界，其目的是引导众生得到轮回解脱。

除了对丝绸之路上石窟及佛教艺术的研究，丝路墓葬遗址也是学界关注的重点。如金维诺、卫边《唐代西州墓中的绢画》以新疆吐鲁番阿斯塔那墓葬出土的绢画为研究对象，对比了唐朝西北边地和中原的艺术；贺西林《古墓丹青：汉代墓室壁画的发现与研究》对汉墓壁画形成的思想背景与观念形态、历史渊源、图像及风格传统、艺术成就及历史影响等问题进行了细致研究，并论述了河西魏晋十六国墓室壁画和早期石窟壁画的汉画遗风；郑岩《魏晋南北朝壁画墓研究》对魏晋南北朝壁画墓进行分区与分期梳理，并从魏晋壁画墓探究凉州与中原的关系以及文化交流。随后出版的《逝者的面具：汉唐墓葬艺术研究》采用考古学与美术史的方法，从不同角度阐释两汉至唐宋时期的墓葬材料，透视汉唐墓葬艺术，全景式展现古人的"死后世界"；李星明《唐代墓室壁画研究》从考古学角度对唐代壁画墓的形制和壁画图像的配置进行整理与研究，重点探讨了陕西关中唐代京畿地区壁画墓形制和壁画配置的历时性变化，发掘不同图像系统中的文化蕴涵，揭示唐代墓葬图像中的儒家礼仪思想、数术神巫思想等，阐释当时丧葬观念的基本特征；霍巍《西域风格与唐风染化——中古时期吐蕃与粟特人的棺板装饰传统试析》以中古时期丝绸之路上的吐蕃、粟特为例，从入华粟特人墓葬的装饰出发，通过梳理北朝隋唐时期"丝绸之路"中原汉文化对其的影响，探析多民族文化交往的联系；肖小勇《丝绸之路对两汉之际西域的影响——以考古学为视角》在界定西域及其与丝绸之路关系的基础上，对西域地区丝绸之路开辟前后考古学文化面貌进行比较研究，揭示丝绸之路的开辟给西域社会带来的重大变革；汪小洋《丝绸之路墓室壁画的图像体系讨论》提出丝绸之路上的壁画墓遗存在三个图像体系，即两京图像体系、河西图像体系和西域图像体系，并通过图像体系认识丰富的墓葬遗存所形成的艺术贡献、中央集权影响的艺术特征以及重生信仰提供的艺术特质；随后发表的《墓室壁画与丝绸之路的宗教美术创新研究——兼论世界墓室壁画的比较意义》一文从新材料、新结构和新领域梳理丝绸之路的宗教美术，认为石窟艺术研究成果较多，墓室壁画研究则缺少系统性成果；王正儒《唐代宁夏地区的粟特胡人与丝绸之路——考古石刻材料与文献的互证》以出土石刻材料为主，结合文献，梳理唐代原州、盐州、灵州等今宁夏辖境的粟特人及其聚落，考证这一区域发展与中古中国政治发展之间的关系；赵洋《中古丝路上文化的传与承——以墓葬所见有翼神兽为例》从北朝发现的有别于前朝的墓葬有翼兽形象出发，结合祆教存留的古籍记录，分析其宗教艺术形象在中国的传播与承接的进程，证明中古时期丝绸之路外来文化与古代中国艺术的融合。

学者对"丝绸之路"视域下的图像传播也有一定的探讨，主要集中在美术史和美术考古对图像传播和融合的梳理及多民族文化互动等方面。如赵丰《丝绸之路美术考古概论》论证了外来宗教图像对中国古代图像的影响；李青《丝绸之路楼兰艺术研究》从考古、宗教、艺术等多学科领域对丝路楼兰艺术进行比对；罗世平《天山南北：艺术在丝路的对话》以张骞出使西行、丝路"凿空"归汉为背景，指出当东西方文明兴盛之际，位于交通孔道上的古代西域就成了东西方文明的交汇点，中华文明、印度文明、希腊－罗马文明、波斯－阿拉伯文明在此相会，艺术与文化融合并形成对比；荣新江《出土文献所见丝绸之路概说》从丝绸之路沿线的敦煌、吐鲁番、楼兰、尼雅、焉耆、库车、和田、穆格山等地发现的文书材料入手，梳理丝绸之路的实态及丝绸之路东西方之间传播的商贸与文化传播；袁志伟《丝绸之路上的宗教思想与文化认同——以契丹、党项、回鹘佛教为中心》分析了10—13世纪丝绸之路沿线少数民族的宗教思想文化的整体特征，论证了民族宗教思想文化的交流和融通促进了民族融合和多元一体的中华文化的形成；葛承雍《丝绸之路视野下亚洲文明交流新探》对丝绸之路与亚洲文明之间的互动进行了考察，提炼丝路交流的主线与路网，有助于理解共存、共容和共生的亚洲，从古老丝绸之路的"亚洲观"走向全球文明的"世界观"；王启涛《汉传佛教在丝绸之路上的传播》对古代吐鲁番地区汉传佛教的经典流传和弥勒信仰细节进行深入考证，论证以吐鲁番地区为代表的汉传佛教是中原佛教回传的结果，带有浓郁的世俗性；史金波《丝绸之路出土的少数民族文字文献与东西方文化交流》阐释了文化交流中民族融合、语言消亡、文字灭寂、宗教转换的趋向；沈爱凤《关于丝绸之路古代艺术研究的宏观视野》论证了丝绸之路文化的多元并存、相互影响以及借鉴、比较；杨蕤、田文《10—13世纪丝绸之路上的僧侣往来与中西文化交流》提出宗教交流是10—13世纪陆上丝绸之路研究中的重要内容，梳理了西域、河陇、河湟以及南亚、中亚的婆罗门教、景教、摩尼教等宗教交流。

国外学者的研究多从考古材料出发，对丝绸之路上的文化和宗教进行梳理，并对丝绸之路上艺术的相互影响进行探索。如英国奥雷尔·斯坦因《西域考古图记》《古代和田：中国新疆考古发掘的详细报告》（两卷）详细记录了其考察所获古代写本、简牍、壁画、木版画、木雕、泥塑等丝路文物；德国勒柯克《高昌：吐鲁番古代艺术珍品》《中亚艺术与文化史图鉴》汇集了新疆佛教盛行时期的壁画、塑像等艺术交流资料；德国瓦尔德施密特《犍陀罗、库车、吐鲁番——新疆中古早期艺术研究导论》提出对新疆石窟分期的见解，阐述了犍陀罗艺术对库车和吐鲁番壁画的交流影响；英国威廉姆斯《于阗绘画中的图像学》从一个侧面向读者展示了于阗的图像特征；美国罗森菲尔德《贵霜王朝的艺术》阐明了贵霜王朝的图像特征；美国巫鸿《汉唐之间文化艺术的互动与交融》从丝路上墓葬、遗址、石窟寺等入手，阐释各民族之间文化艺术的互动与交融；法国童丕《敦煌的借贷：中国中古时代的物质生活与社会》深刻分析了敦煌契约文书的书式及借贷机制，梳理了借贷契约所展示的敦煌社会；法国阿里·玛扎海里《丝绸之路——中国—波斯文化交流史》梳理了希腊罗马史料，论证丝绸之路和中国物质文明的西传；意大利布萨格里、印度帕特卡娅《中亚佛教艺术》展示了东西方绘画艺术的融合以及东西方佛教艺术在中亚区域的相互影响、交流与融合；意大利芮乐伟·韩森《丝绸之路新史》利用了近两百年来所发现的文书，尤其是近半个世纪的新考古资料，解读丝路出土的材料所呈现的丝路贸易交流，论证丝路是人类思想文化史上的融合动力；英国彼得·弗兰科潘《丝绸之路：一部全新的世界史》从丝绸之路的视角叙述了人类文明的变迁，强调西亚和中亚古代丝绸之路沿线国家在连接东西方文明中的关键作用；日本松本荣一《敦煌画研究》（上、下册）按图像类型分类，阐释图像在西域、印度、日本的交流融合；美国米华健《丝绸之路》认为对于丝绸之路而言最重要的是，中央欧亚人以多种方式参与并影响了跨大陆的经济和其他交流，行走在丝绸之路上的中央欧亚人是中国与罗马之间、东方与西方之间交流的中介，促进了丝绸之路上的交流互动。

综上可知，国内外学者对古代陆上丝绸之路的图像及文化研究的兴趣与日俱增，也出版了多部论著和译著，并且多集中在石窟和墓葬美术的考古资料的研究和梳理。前期学者的研究和考古资料的整理，为我们的学习和讨论提供了大量的、翔实的资料支撑。

本书主要研究长安与丝路文化遗址的图像传播，分别对丝绸之路上具有代表性的寺观遗址、墓葬遗址、瓷窑遗址等进行了深入的探究和剖析。通过对以长安为起点的丝绸之路上遗址美术中不同历史语境节点下的图像研究，从创作者视角、图像视角、观者视角的辩证关系出发，研究图像在不同时间节点与历史语境下的镜像关系，进而阐释遗址美术的图像在不同时代、不同地域、不同功能下的含义，以及各种古代价值观作用在不同遗址上所产生的具有地域特色的遗址符号的含义，揭示古代人类精神文化的内在发展规律，实现中华民族的文化自信。

全书分为"寺观遗址图像传播""墓葬遗址图像传播"和"遗址图像应用传播"三部分，共24篇学术论文。

"寺观遗址图像传播"部分的论文通过对遗址进行实地调查，对所处寺观的地理位置进行记录，对现存寺观图像的绘制规格、形制、构图特征等进行考证，并在考证基础上展开论证和研究，包含对陕北水陆壁画、武山拉梢寺元代喇嘛塔艺术、奉先寺卢舍那佛等的考证和研究。

"墓葬遗址图像传播"部分通过对阿斯塔那墓葬、史君墓、陕西唐墓、李寿墓与长乐公主墓、秦兵马俑等的墓葬形制、空间构造、壁画风格、样式特征等进行深入研究，剖析其形制成因背后的社会和文化内涵。

"遗址图像应用传播"部分侧重应用研究，其中有以日用为主的陶瓷艺术，包含长沙窑瓷器、梅森瓷器等，从陶瓷形制和图案特征分析文化的交流融合。此外，还注重遗址图像的衍生和再创造。主要是从文化保护和传承的角度进行论述，包含了汉代文字瓦当纹饰的应用、唐代螺钿漆器及工艺、隋唐敦煌色彩在现代丝巾设计的应用、敦煌壁画《鹿王本生图》的可视化设计等，以上研究均从文创和应用的角度，对遗址文化进行再创造，通过对丝路上遗址美术的研究解读和应用转化，借助"艺术＋技术"，让"遗址图像"重新融入"现代文创"，进而丰富遗址保护的内涵，从全新的视角让遗址真正地"活"起来，服务国家、区域经济和社会发展，加强中华优秀传统文化的海外传播力，提升中华文化软实力。

迈克尔·赫茨菲尔德认为：在人类的发展历程中，物的再语境化是哲学思辨的基点，任何"物"都有其产生时期的观念和发展过程中被添加的新的冲突。[①] 这一学术脉络承袭着人类学整体论的学科观照。黄应贵先生也认为当历史与政治的关注注入"物"的研究时，时间和空间就成为意义（观念）界定的重要参考，因此物品过去是如何被创造的固然重要，但是物品如何不断被添加上许多新要素后形成的"纠结体"更应该被关注。[②] 所以对于同一个"物"的观念的解析，在不同的历史语境下会发生观念的嬗变，这也是本书研究的哲学基础。

总而言之，以长安为起点的古代陆上丝绸之路的图像流变，对于研究整个丝绸之路上的文化传播意义重大，对于中外文化史、交流史的研究也举足轻重。正如余英时先生所说，从整体的观点出发，将理学放回它原有的历史脉络重新加以认识。这也是梳理长安与丝路文化遗址图像传播的初衷。立足考古证据，分析丝绸之路上美术图像的交流与融合，梳理丝路图像传播与互鉴的脉络，最终完成丝路遗址图像在时空和人类观念认知进程中的文化转译。

---

① 赫茨菲尔德. 人类学：文化和社会领域中的理论实践［M］. 刘珩，石毅，李昌银，译. 北京：华夏出版社，2009：315-321.
② 黄应贵. 物与物质文化［M］. 台北："中研院"民族学研究所，2004：7-8.

目　录

遗址图像应用传播

观念与历史语境：中国遗址美术研究体系构建

高 明 孙 斐①

摘 要：遗址是中华文化的"物化载体"。遗址美术在观念与历史语境的哲学思辨中产生，并以图像的形式承载和延续着中华文脉，始终没有中断。本文通过对丝绸之路遗址美术中不同历史语境节点下的图像研究，探索创作者、图像、观者三者的辩证转换，剖析"图像"在丝路不同时间、空间与历史语境下的镜像关系。同时，从对象分类、结构要素和地缘关系三个层面完成丝绸之路遗址美术体系框架构建，论证显性图像语义（表象）和隐性历史文脉（本质）在哲学思辨下的辩证关系，从而揭示遗址在人类观念认知进程中的文化转译方式，提升中华民族的"文化自信"。

关键字：观念；历史语境；遗址美术；体系构建

引 言

我国从国家层面上高度重视"遗址"的保护与研究工作，为"遗址美术"研究体系的构建提供了政策层面的支持。2019 年 8 月 19 日，习近平总书记考察甘肃敦煌文化遗址，肯定了文物遗址保护和研究工作的意义，要求充分发挥遗址资源在传承

---

① 高明，1971 年生，文学博士，教授、博士生导师，陕西师范大学美术学院理论系主任。孙斐，1982 年生，2020 级，攻读博士学位，副教授，主要研究方向为艺术文化史、寺观遗址美术。

和弘扬中华优秀传统文化、实现中华民族伟大复兴中国梦中的重要作用。2020 年 9 月 29 日，习近平总书记主持中共中央政治局会议，强调要高度重视考古和遗址研究工作，为弘扬中华优秀传统文化、增强文化自信提供坚实支撑。习近平总书记先后两次提到遗址保护的重要性，指出要运用我国考古成果和历史研究成果，通过交流研讨等方式，向国际社会展示博大精深的中华文明，讲清楚中华文明的灿烂成就和对人类文明的重大贡献，让世界了解中国历史、了解中华民族精神，从而不断加深对当今中国的认知和理解，营造良好的国际舆论氛围。

习近平总书记曾说，一个国家、一个民族的强盛，总是以文化兴盛为支撑的。如何结合中国遗址的特征，践行习近平总书记建设社会主义文化强国的目标，多学科融合，在总结、借鉴相关学科研究的基础上，在哲学思辨的视角下，构建起中国遗址美术的研究体系，是我们新时代学者的使命和担当。

众所周知，所有的考古成果都有两个时间指标，一个是遗存的埋藏时间，一个是遗存的发掘时间。[①] 遗址美术在研究的过程中也有两个时间段非常重要，一个是该遗址在成为遗址之前的时间，一个是成为遗址之后的时间。虽然现在所看到的遗址大多数是残落的、破败的，但是在建筑物没有被"破坏殆尽"之前，它是不是就不算遗址呢？遗址美术所要研究的是何种语境下的"遗址"？我们是这样界定的，在建筑物成为遗址之前，它具有其建造之初的功能性，这种功能性是建造者赋予该建筑原初的观念，同时该功能性又与建造者之间有难以割舍的文化渊源。以位于陕西省西安市未央区的汉长安城未央宫遗址为例。未央宫是西汉帝国的正宫，是丝绸之路的东方起点，汉高祖刘邦命重臣萧何监造，在秦章台宫的基础上修建而成，其也是汉朝的政治中心和国家象征。这里的未央宫在建造之初，就是服务于汉朝的未央宫。但是历史上的未央宫又是西汉、新莽、东汉、西晋、前赵、前秦、后秦、西魏、北周、隋、唐 11 个朝代的理政之地和禁苑，存世约 1000 年，是中国历史上使用朝代最多、存在时间最长的皇宫。[②] 所以当历史发生变迁，随着朝代的更替，如新莽取代西汉时，未央宫在西汉建造之初的"功能性"就消失了，并随之产生了新的历史功能。从一定意义上来说，它就成了前朝的"遗址"。可见，遗址与建造者之间的关系会随着世

---

① 汪小洋. 中国宗教美术考古的学科建设讨论 [J]. 民族艺术，2020（4）：105–114.

② 徐卫民. 西汉未央宫 [M]. 西安：陕西人民出版社，2008：48.

变的推进而发生变化，也就是海德格尔所关注的"时间"与"历史"的辩证关系。

这里所强调的是"功能性的消逝"，但它的形态并不一定是"破坏殆尽"的，是一种特定历史语境下的观念转译。正如余英时先生所说，从整体的观点出发，将理学放回它原有的历史脉络重新加以认识。① 所以遗址美术的研究与时间、空间和世变有着不可分割的联系。分析不同历史语境、世变下遗址与文化、环境的关系差异和共鸣是遗址美术研究的立足点。

一、"遗址美术"——观念与历史语境下的哲学思辨

迈克尔·赫茨菲尔德认为，在人类的发展历程中，物的再语境化是哲学思辨的基点，任何"物"都有其产生时期的观念和发展过程中被添加的新的冲突。这一学术脉络承袭着人类学整体论的学科观照。② 黄应贵先生也认为当历史与政治的关注注入"物"的研究时，时间和空间就成为意义（观念）界定的重要参考，因此物品过去是如何被创造的诚然重要，但是物品如何不断被添加上许多新要素后形成的"纠结体"更应该被关注。③ 可见对于同一个"物"的观念解析，在不同的历史语境下会发生观念的嬗变，这就是遗址美术研究的哲学基础。

何为"遗址美术"？它是观念与历史语境下的哲学思辨。遗址美术中的"遗"有丢失、漏掉、抛弃、遗留的含义，"址"指建筑物的地基，左"土"右"止"，有在建筑物上静"止"的含义。④ 遗址美术可以理解为是与遗址建筑不可分离的，代表该遗址整体艺术的各类图像内容的集合。如秦始皇陵遗址美术不仅包含了不可移动的地下、地上的建筑、雕塑等实物，还包括了附属在此遗址功能下的各类实物附属品。在此观念中，一块位于遗址外的某博物馆中的石砖或剑鞘，皆属于秦始皇陵遗址美术整体下的

---

① 余英时.朱熹的历史世界：宋代士大夫政治文化的研究［M］.北京：生活·读书·新知三联书店，2011：3.

② 赫茨菲尔德.人类学：文化和社会领域中的理论实践［M］.刘珩，石毅，李昌银，译.北京：华夏出版社，2009：315-321.

③ 黄应贵.物与物质文化［M］.台北："中研院"民族学研究所，2004：7-8.

④ 孙斐，高明.明清宗教遗址中道教壁画图像之"志"：以晋陕地区龙王庙壁画为例［J］.美术大观，2020（10）：57-59.

"零件"，其原初的观念和随着世变推移所遗留下来的不同"图像"集合，与建造者之间的哲学思辨，以及不同历史语境节点下图像的流变、文化的延续和历史的承载，是研究的重点。

可以说遗址美术不仅仅是研究某一个"物"的美术，还是研究历史中某一地域符号和空间的"址"的美术。研究借助类型学、图像学，从功能层面对遗址进行类分，梳理整个遗址美术背后的图像之"志"，进而构建中国遗址美术研究体系。正如晋人陆机所说："宣物莫大于言，存形莫善于画，此之谓也。"[1] 这里就提到了文献和图像的双重作用，文字和图像这两种证据，都有其特定的表达方式和信息语义。从遗址美术的角度来看，这两种证据是互为佐证关系的，不能相互替代。正如诠释学所界定的，思想的创建需要融入历史的文字和图像，"以史证图""以图证史"，哲学的主观思考和历史的客观视角两者缺一不可。因此可以说，遗址美术是通过研究"遗址"在某种特定历史语境下（世变）的不同的图像含义，在图史互证的基础上，分析该遗址在成为遗址之前的功能形态及艺术表达，以及世变后遗址与环境、文化的关系差异与共鸣，同时对遗址进行全新视角的评价，这也是研究遗址美术的关键所在。

综上，遗址美术的阐释过程也是观念与历史语境哲学思辨的进程。石守谦先生在其《风格与世变》中就提到：过去许多研究者也曾认真地探讨过与艺术发展有关的政治、社会、经济等因素，但似乎总是流于"背景"式的说明，并不能充分地描述两者之间的相关性。[2] 巫鸿先生在其《中国古代艺术与建筑中的"纪念碑性"》也谈道："一部中国古代美术史被分割成若干封闭的单元。虽然每个单元之内的风格演变和类型发展可以被梳理得井井有条，但是单元之间的断沟却使得宏观的历史发展脉络无迹可循。"[3] 面对"不能充分地描述两者之间的相关性"和"发展脉络无迹可循"这两方面的困惑时，应将遗址美术和美术史的相关研究放到对应的历史语境节点中去分析观念的差异，使两者之间的相关性在哲学的思辨中清晰可见。同时，通过对不同历史语境节点所形成的文化脉络和艺术风格的关联性梳理，使单元之间的断沟变得脉络清

① 张彦远.历代名画记：卷一［M］.杭州：浙江人民美术出版社，2019：3-4.
② 石守谦.风格与世变：中国绘画十论［M］.北京：北京大学出版社，2018：4.
③ 巫鸿.中国古代艺术与建筑中的"纪念碑性"［M］.李清泉，郑岩，等译.上海：上海人民出版社，2017：序3-4.

晰并有迹可循。当然，在研究历史语境节点时，势必会借助到考古学的研究方法。正如郑岩先生在其《多相之维：考古学与美术史的跨学科观察》中所说："'美术'的概念和分类系统在中国影响极大，考古学所给予的支撑是结构性的。……考古材料提供了图像、作品的物质性语境。"①诚然，考古学为遗址美术的研究也提供了必不可少的物质材料和基于层位学的理论断代支撑。

以未央宫为例进行历史语境节点的阐释。图1为未央宫在历史上建设之初和有文献记载的演变过程，未央宫从建造之初经历的几个阶段，主要体现在"兴废"之上，我们将它归为"修建之初""成为主宫""遭到破坏""重新修复"这四个主要阶段。当新莽建立时，一定意义上，它就成为前朝遗址，因此需要研究未央宫与西汉的图像和文化关系，以及成为前朝遗址后与新莽的图像和文化的辩证关系。新莽地黄四年未央宫被焚，到东汉建武十八年，汉光武帝巡幸长安并对未央宫进行了大规模的修复，作为前朝新莽的遗址，它既与新莽的图像和文化有关系，又与东汉的图像和文化有关系，这种图像所承载的文化转译是一条线性的延续。依此类推，遗址美术研究的是这条线上时空中的某个点、建造者以及"功能性"三者之间的关联（见图1）。直到唐末，未央宫沦为废墟，这也是未央宫遗址的重要节点。因为在观念的层面上，"废墟"与"被毁的建筑物""几乎破坏殆尽"的意义相似，也符合目前部分学者对"遗址"的定义。"废墟"一词可以说是对建筑物现存外表形态的一种直观描述，虽然我们认为它不一定等同于"遗址"，因为"遗址"所涵盖的范围更广、意义更大，但这里可以把"废墟"定义成遗址美术研究的重要历史语

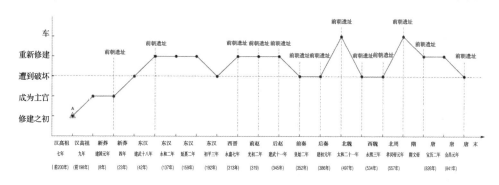

图1　未央宫不同历史语境节点的梳理

① 郑岩. 多相之维：考古学与美术史的跨学科观察［J］. 艺术学研究，2020（6）：17-18.

境节点之一。目前国外对"废墟"的研究也多从文化转译的角度切入，如巫鸿就认为："对中国美术和视觉文化中'废墟'的研究不仅希望辨识出废墟的一个地域性另类历史，更关键的是要承认不同文化和艺术传统中关于废墟的异质性观念和特殊再现模式的存在。"①而遗址美术的研究是立足于中国现存遗址，以美术学为切入点，把遗址还原回时空中，研究不同时空节点下的遗址状态、美学特征，以及产生之初的观念和历史语境。在这条线上，会有许多外在的世变因素，影响该段时空中遗址的美学定位。因此我们需要努力探寻在"功能性"、世变影响和承载前提下的宏观的历史发展脉络。当观念与历史语境下形成的遗址图像脉络逐渐清晰后，遗址美术将形成一张横向和纵向交织的图像文化网，使其所承载的时空、地域的辩证关系更加清晰。

二、能动与受动的转换——创造者、图像与观者的辩证关系

英国人类学家阿尔弗雷德·杰尔认为，艺术品与受众之间是一种互为主体的关系。可见两者在意识和无意识的主体上彼此交互影响，这是一种塑造主观体验的重要历史语境。也就是说当艺术品为教化与宣传服务时，艺术品便成为"能动者"，观众便成为"受动者"；反之，当艺术风格与技巧随着观众审美需求而发生变化时，观众便成为"能动者"，艺术品成为"受动者"。艺术品在技艺层面的复杂性所形成的艺术之魅，使其能够在不同文化语境中发挥协调社会能动性的作用。②可见，杰尔强调的是图像（艺术品）与观者（观众）的"互为主体性"的辩证关系。

遗址美术在观念与历史语境的哲学思辨下产生。所以研究遗址美术要回归或还原到特定的历史语境（文化语境）中去阐释它作为前朝遗址的时间节点上的图像语义，同时需要考虑能动与受动的辩证关系。马克思认为人与自然的辩证统一，表现在人对自然的能动改造和受动依赖两个方面，这是其《1844年经济学哲学手稿》

---

① 巫鸿. 废墟的故事：中国美术和视觉文化中的"在场"与"缺席"［M］. 肖铁，译. 上海：上海人民出版社，2017：前言1.
② GELL. Art and Agency：An Anthropological Theory［M］. Oxford city：Oxford University Press，1998：72.

的精辟论点。在此哲学思辨下，我们构建起了创造者、图像与观者辩证关系模型图（见图2）。模型中创作者视角、图像视角、观者视角三者构成稳固的三角形，其中创作者视角在金字塔的顶端，是基于创作者设计之初的观念和功能性的视角，图像的选择、材料的使用以及艺术风格都与创作者本身的文化素养、艺术审美和政治需求息息相关。可以说创作者的视角直接影响或决定了图像的生成和直观呈现，但当时空中的任何一位观者看到遗址时，其首先感受到的应该是图像，因为这是我们所能直观感受到的，图像视角可以从美术学和风格学的角度去理解，是一种创作者视角下的图像形式的集合体现，它直观地引导了观者的视角。观者视角是时空中某一时间点的图像所传达给观者的语义解读和阐释，观者根据自身的文化积淀对创作者视角的理解会产生一定的偏差。"如果研究者不了解美术史的传统或对图画语言的特殊性不够敏感，对图像的制作、配置、流传等一般规律又缺乏必要的了解，就很难得出正确的结论。"①所以在这个示意图中，三者是一种内向循环的过程。在这个循环中，两个点是从"人"的角度，一个点是从"物"的角度，而图像是两者之间思想交流的媒介。因此也可以说，遗址美术研究的是"人"与"图像"在空间中不同历史语境节点下的辩证关系。这也符合胡塞尔的"现象学"，是一种逻辑支撑下的思辨。叶秀山先生按照胡塞尔的理论，提出"过去"和"未来"两个时空，都在"现时"中"开显"，②所以"古人"也就是我们所说的"创作者"，有可能在这个"三维空间"所组成的"局域－世界"里进行对话和思考。

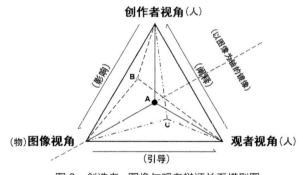

图2　创造者、图像与观者辩证关系模型图

① 刘伟东.图像学与中国宗教美术研究［J］.新美术，2015（3）：116.
② 叶秀山.哲学的希望：欧洲哲学的发展与中国哲学的机遇［M］.南京：江苏人民出版社，2019：253-255.

在这个体系中，每个遗址都需要放在三维空间中去讨论，因为在不同时间背景下，观者对创作者原初设计思想的理解和对图像认知的不同，对遗址中图像所承载的文化的转译方式也有所不同，会形成不同的理解样式。正如加达默尔在《真理与方法》中讨论西方哲学的历史时，认为艺术在穿越不同的时代与不同的文化时，会呈现出新的意义，这些意义是作者无法预料的。因此，艺术品是有其效果的历史。"在场"以令人信服的方式属于美的存在本身。①同时安·达勒瓦也认为："寻求理解的阐释学家并不能克服历史与他的主体之间的距离。"②例如通过图2，我们能看到不同的观者对图像的解读和转译会因为文化的差异而出现偏差，因此可能会产生 B 点、C 点等等许多个不同认知和阐释的点。但不管是任何一种认知或理解，都是空间中的点的集合。在这个模型中，当创作者的视角、图像视角和观者视角能够达到统一时，才会形成 A 点。也就是说当观者与创作者的思想和对图像的认知达到完全一致时，相当于通过"图像"这个媒介，创作者和观者形成了一种镜像关系。当然，这是最理想的一种建构样式，但是这不是绝对的。如伽达默尔以艺术经验里的真理问题为例，认为当代的阐释学家无法完全再现艺术家最初的意图，或者最初的接受环境。艺术家与阐释学家都受到不同的社会、文化与知识的边界限制。艺术作品只有当被表现、被理解和被解释的时候，才具有意义。③因此对一件艺术品的阐释是一种对话：阐释学家试图去改变他自己的眼界以拥有作品的眼界。这何尝不是一种"克己复礼"的辩证转译。遗址美术正是通过一系列的观念和历史语境节点的分析，尝试运用图像学、阐释学、风格学以及弗洛伊德精神分析的方法与理论，梳理分析围绕 A 点而形成的空间中的不同阐释点的成因及轨迹特征，剖析不同世变、历史语境下的发展脉络，阐释图像背后的解读方式与观者视角的隐性文脉。最终基于不同的历史语境节点的分析，完成遗址在时空中的艺术形态的阐释，即创造者、图像、观者三者的能动与受动的辩证转换。

---

① 加达默尔. 真理与方法·哲学诠释学的基本特征：下卷［M］. 洪汉鼎，译. 上海：上海译文出版社，1999：614.

② 达勒瓦. 艺术史方法与理论［M］. 李震，译. 南京：江苏美术出版社，2009：156.

③ 加达默尔. 真理与方法·哲学诠释学的基本特征：上卷［M］. 洪汉鼎，译. 上海：上海译文出版社，1999：4-6.

当然，在遗址美术跨越时空的比对中，那些原本在文献中记载的遗址的整体性已经慢慢地碎片化，而这种现实的碎片化承担着双重功能，分别代表过往功能，即最初的建造者的观念和不同历史语境下遗址的声音。更为复杂的情况是，在多个重要历史节点中产生的多次易主造成的碎片化的"紊乱"，即同一遗址在历史长河中拥有太多的身份。从这个角度理解，在不同历史语境下，即使互相矛盾的观念也可以在同一"遗址"上进行对话，那么其"紊乱的碎片化"背后，承载的是更多的文化信息。在这种复杂的历史语境和状态下分析遗址美术，需要更为具体的时间节点的辩证。因此，在遗址美术的研究过程中，需要将碎片化的点还原到成为遗址之前的整体中去比对分析，并将不同历史语境节点下的图像语义进行类分和梳理，定义"碎片化"在"整体性"中存在的意义、价值，以及对整体性的作用，并阐释图像语义。我们再以那些成为废墟的古城遗址为例，如楼兰古城、统万城等，它们曾经是某个朝代、文明的辉煌整体性的承载，却也是当世见证者眼中的"碎片"和"废墟"。所以通过图像和文献的梳理，阐释不同见证者在不同历史语境下，基于图像变化而赋予该遗址的"整体性"和"碎片化"的辩证关系。

三、哲学思辨下的中国遗址美术体系构建

基于观念与历史语境的哲学思辨和创造者、图像、观者三者之间的能动与受动的辩证转换，需要从遗址研究对象、结构要素关系和地缘交融三个方面进行遗址美术框架体系的构建。研究遗址中的图像在不同时代、不同地域、不同功能下的"含义"，以及各种古代价值观作用在不同遗址上所产生的具有地域特色的遗址符号。通过剖析遗址的造型、布局、图像分类，以及遗址美术形制所承载的政治、宗教、礼仪关系，论证显性图像语义（表象）和隐性历史文脉（本质）在哲学思辨下的转译和辩证关系。下图为哲学思辨下的中国遗址美术体系构建框架（见图3）。

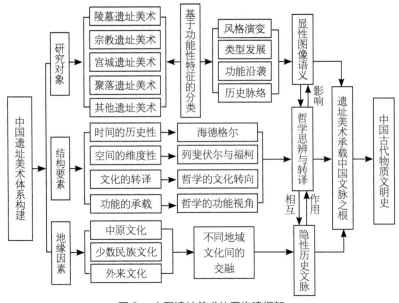

图3 中国遗址美术体系构建框架

在这个体系框架中有三个研究重点：一是以美术学为切入点，对遗址美术研究对象进行整合、分类与构建，完成基于时间、空间、文化、功能下的遗址美术显性图像分析，多维角度探讨中国遗址的图像语义。二是探索多学科交叉融合，透过对遗址美术不同世变下功能性显性图像语义的剖析，结合古代价值观、哲学观，透过现象看本质，论证图像背后所承载的人地关系和历史文脉，梳理分析、研读其背后的隐性历史脉络演变。三是以海德格尔"时间历史性"为基石，以列斐伏尔和福柯的空间维度为支撑，完成哲学在遗址美术框架下的文化转译。在哲学思辨与转译下，遗址所有呈现的图像，都有其特定的意义，是以创作者的需求为基础而产生的特定存在。从一定层面上说是社会文化的视觉呈现，因此文化也是基于哲学思辨下的一种动态承载。"一切文化要素，……一定都是活动着的，发生作用，而且是有效的。文化要素的动态性质指示了人类学的重要工作就在研究文化的功能。"[1] "一器物的文化同一性，不在它的形式而在它的功能。"[2] 马凌诺斯基从功能性角度提出研究文化的功能是人类学的关键工作，而遗址美术正是基于功能性以及不同历史语境节点下

① 马凌诺斯基. 文化论 [M]. 费孝通，译. 北京：华夏出版社，2002：15.
② 马凌诺斯基. 文化论 [M]. 费孝通，译. 北京：华夏出版社，2002：18.

的文脉沿袭和传承来展开研究的。

根据中国遗址美术研究体系的构建框架以及上述论证，可以梳理出遗址美术研究的三个主要任务：第一，从美术、图像的角度记录遗址在不同历史语境节点下的变化，定义遗址美术的概念，总结其特征及分类，构建中国遗址美术研究体系，促进中国美术学科的发展。第二，剖析、提炼、概括、总结遗址美术在时间的历史性、空间的维度性、文化的转译和功能的承载等结构要素下的哲学思辨与转译，进而梳理遗址美术图像脉络，形成横向、纵向交织的图像文化网。第三，将遗址美术的图像分段还原到相应历史时空中，即在特定的历史语境下进行图址互证，探究遗址美术图像承载的历史成因、地缘关系及文脉根源，并以此为依托构建基于遗址美术研究的中国古代物质文明史。

在此研究框架中，遗址美术所关注的是不同历史语境节点下的"功能性的转变"，而成为遗址的时间则是其"功能性消逝"的时间。因此在确定遗址美术的研究对象时，应首先从遗址的功能性分类开始。根据现存遗址不同的功能，将遗址美术的研究对象分为五大类。通过分类来研究遗址的功能性随着世变和历史语境节点而产生的图像风格演变、建筑类型发展、功能沿袭和文化历史脉络的传承。遗址美术是通过功能分类去研究那些大而不可动摇的"址"，进而分析其所代表的精神内涵。即在各类遗址的物质材料与空间遗迹中，通过对图像的分析，努力探寻出不同视觉材料的解读方式，并剖析这些视觉表达方式背后的历史成因。这种透过现象看本质的方式得到美术史学、考古学的一致认同。正如信立祥先生所说："今天，考古学的整体研究水平，早已从分类阶段进入解释阶段；对考古学遗物的研究，其重心也已从物质文化领域的说明逐渐向探讨精神形态领域转移。"[①]因此，在完成遗址美术的分类后，我们将透过遗址美术不同世变下功能性的显性图像语义，去分析、研读其背后的隐性历史文脉。

而遗址美术的结构要素主要从四个方面进行探索：一是时间历史性，海德格尔提出了"个体就是世界的存在"[②]，阐释存在与时间的辩证关系。遗址美术所研究的是不同时间节点下遗址的艺术形态。在不同的时间节点下，遗址与其所承载的图像

---

① 信立祥. 汉代画像石综合研究［M］. 北京：文物出版社，2000：序言2.
② 海德格尔. 存在与时间［M］. 陈嘉映，王庆节，译. 北京：生活·读书·新知三联书店，2006：71.

一起与政治、经济、文化共同发展，并随着时间的演变形成共生关系，这种延续性会引起形制规格的变化。如三代时期的鼎到汉代以后的碑，随着时间的推移，其形制发生了改变，但是其所承载的"纪念碑性"和"文化性"却延续和传承下来。因此，遗址美术需要梳理随着时间延续所承载的艺术形态下的脉络变化。二是空间维度性，亨利·列斐伏尔奠定了空间化的思潮，"空间化本体论"从关注时间到关注空间，空间是政治的，是服务于思想和行动的工具。①空间性也是遗址美术研究的重要纬度。遗址美术研究的是与遗址建筑不可分离的，静"止"在遗址建筑物本体上的艺术，这里的遗址自身就存在着空间维度的概念。同时，遗址美术中不同类型的艺术形式在相同的观念下会构成区域空间文化带，构建一种整体性的地域价值载体，进而形成不同的地域符号。可见，在遗址美术的研究过程中，时间和空间是两个坐标轴，空间性加上时间性，会构成遗址的时空维度。"失去时空的维度，图像的解读也会在历史的长河中迷失航向。"②三是文化的转译性，文化是图像背后所承载和表达的内涵，图像在一定程度上是为政治服务的。如清代的补服，这是一种饰有官位品级徽识的官服，或称补袍。官服的前胸和后背上缝缀不同图案，以文官绣文禽纹饰、武将绣猛兽纹饰来表示官阶的差异。再如汉代武梁祠的画像石，有表现古代忠勇义士荆轲刺秦王、聂政刺韩王的等，也有表现节妇烈女无盐丑女、齐义继母、秋胡妻、朱明妻、王陵母等的，图像题材的选取多为政治服务。四是功能承载性，哲学的功能视角是遗址美术研究的重点，前文论证了"功能性"是对于遗址界定的至关重要的因素。因此，通过对遗址功能性的类分来完成遗址图像的分类研究，是四大结构要素中最基础和核心的部分。"功能性"界定对遗址美术至关重要，对文化也有着同样重要的作用，著名的功能学派代表人物马凌诺斯基就曾经在他的《文化论》中论证过："文化原是自成一格的一种现象。文化历程以及文化要素间的关系，是遵循着功能关系的定律。"③"相同形式的木杖，可以在同一文化中，用来撑船，用来助行，用来做简单的武器。但是在各项不同的用处中，它却都进入了不同的文化布局。这就是说，它所有不同的用处，都包围着不同的思想，都得到不同的文化价值。简

---

① 列斐伏尔.空间的生产［M］.刘怀玉，等译.北京：商务印书馆，2021：42.

② 刘伟东.图像学与中国宗教美术研究［J］.新美术，2015（3）：117.

③ 马凌诺斯基.文化论［M］.费孝通，译.北京：华夏出版社，2002：106.

单说来，在每一事例中，它都实践着不同的功能。"①可见，他从社会学的角度强调了文化与功能的辩证关系，为遗址美术所论证的"图像"与"功能性"提供了哲学层面的支撑。

遗址与周边区域的地缘关系共同作用，会使整个社会的文化观念和价值观不断延续，建构世界文化的同源性。正如潘汶汛先生所说："地域与文化交流对古人绘画的影响以及经典样式的传播与杂手画匠们的转译，都为后来的美术史研究及艺术实践提供了丰富的资源。……遗存的古迹是美术史研究的材料，是画家们发现'美'的宝库，对其的理解方式也拓展着美术研究的维度，影响着艺术史的进程。"②所以，地域与文化交流一直是遗址美术和美术史研究中不可忽视的重要因素。从中国现存的遗址中，会看到不同的地缘交融对中原地区图像的样式与题材的直接影响。如从古埃及的葡萄架图案，到古希腊的葡萄藤图案，再到唐代的海兽葡萄纹铜镜图案。葡萄这种图案造型在地缘交融中，很快就脱离了西方色彩，赋予了中国独有的"多子多福""福寿安康"的内涵。除此之外，如萨珊王朝的联珠纹、敦煌的佛造像等图案和造型都随着地缘关系的交融，融入了中国传统造型元素，也加入了中国的思想和文化得以重新改变创造。可见，在不同的历史语境节点下去看遗址，会发现中原地域文化、少数民族地域文化和外来文化相互交织，共同影响。所以，通过对遗址美术中图像的地缘交融的探索与研究，挖掘并梳理出不同文化之间的源流和互动，为中国的物质文明史研究提供可供参考的图像依据和哲学思辨基础。

我们以汉昆明池为案例进行观念与历史语境的转译分析。汉昆明池曾经是汉武帝的御苑——上林苑的一部分。上林苑在建设之初即被设计为一件表现汉代宇宙观念的整体艺术品，当它建成后，诸多文字描述都反映出它的象天思想。而作为这件"缩微宇宙"式的园林的一个单元，昆明池虽肩负了汉王朝赋予的多项功能，包括军事演练、城市供水、皇家的游乐场等，但在"象天"思想的礼仪功能中，它是作为天上的银河而出现的。为了表现这座巨大人工湖的天象，汉人用隔河相望的牛郎、织女两尊石像象征该池为天上的银河，两座石像的方位按照天上星宿中的河鼓（也叫牵牛星，象征牛郎）和织女的方位关系来放置。除此之外，汉昆明池还用这座

① 马凌诺斯基.文化论［M］.费孝通，译.北京：华夏出版社，2002：17.
② 潘汶汛.考古的艺术观看与美术史实践研究［J］.美术观察，2020（10）：25-26.

人工湖中的豫章观和石鲸石像象征汉代的求仙思想，石鲸的存在将"湖"幻化成了"海"，而湖中的"豫章仙馆"则象征了海上的仙岛。可以说昆明池是一座充满了象征意味的汉代园林，而武帝正是这座象征宇宙的园林的主人，它暗示着武帝在天下的至高权威。但在汉王朝的统治消亡后，这座失去了原初主人的"昆明池"，也就成了我们遗址美术中定义的"遗址"，并进入遗址美术的研究范畴。在研究中，我们需要注意以此（即原初功能消失）为研究的临界点，进行其在历史长河中功能性变迁的梳理。随着结构的改造和功能的改变，象征汉王朝皇权的宇宙观的观念丰碑逐渐变成了观念的废墟。

在经过几百年的沉寂后，唐廷对昆明池进行了再次改造。这次改造主要是进一步扩大人工湖的面积，并将其作为公共空间向贵族开放。唐代后期一些大臣的宅邸建在了昆明池畔，这些改造一方面使得曾为皇权私有的"银河"变得更为公有化，另一方面说明这座汉代御苑在政治地位上的淡化。这种地位的淡化在唐代以后更加显著，随着政治中心地理位置的转移，昆明池逐渐被废弃，这座"银河"在历史的长河中逐渐"干涸"了。至清代乾隆年间，"昆明池"被改称为"昆明湖"，仍做军事演练之用，但远离皇城的昆明湖已经不再受到政治上的重视，文献中不再出现对昆明池礼仪功能的记载，遗址原有的整体结构也早已在清代被打散，在几乎丧失政治上的礼仪功能之后，这座汉唐遗址开始呈现出新的解读方式。

遗址美术研究可以发掘某个遗址在历史长河中所起的作用，并清晰地划分出艺术观念的转变节点。当我们再还原原境时，就可以准确地将同一遗址还原到不同的历史时段，并完成释读转译。这正是遗址美术研究的目的，即研究随着世事的推移所遗留下来的实物图像，以及不同历史语境节点下有关该遗址的艺术观念变迁。

依据现代的考古报告，上林苑虽早已难寻其迹，但昆明池的堤岸遗址和几座原来具有整体艺术特征的石像仍然保存了下来。不过这些石像已不再能有效地发挥它们的整体艺术作用，而是各自从不同程度上作为一个"文明"的代名词，作用于新的艺术系统中。石鲸石像的再次发现是在近代，但它的位置被挪动过，并且断裂为两截而遥相分离，以至于学术界对其真实身份仍存在争议。更为有趣的是牛郎、织女石像。明清时期，这对石像引起了偶像崇拜。遗址两岸的石像都被庙宇建筑包含了进去，织女石像所在的庙宇被称为石婆庙，而牛郎石像所在的庙宇则被称为石爷庙。

在庙宇建筑中，牛郎和织女在传统文化中根深蒂固的寓意使得它们仍保持着呼应关系，从两座庙的名称上就可以看出来。也很可能是这一缘由，使得它们没有像石鲸那样被毁坏，而是被民间供奉了起来。

从御苑组件变为宗教偶像，从牛郎、织女像到石爷和石婆，同一件美术作品在不同历史语境和"功能性"的新旧更替中，通过观念的变化完成了形象和语境的转化。这种转变正是遗址美术哲学思辨下的文化转译，通过研究特定历史时间节点下的遗址状态，来梳理不同遗址背后所表达的观念转变。即通过遗址美术的研究，清晰地梳理遗址在历史长河中的空间演变关系；同时通过梳理不同历史语境节点所形成的文化脉络和艺术风格的关联性，使遗址每个历史单元之间的断沟变得清晰并有迹可循。

四、结论

遗址美术从创作者、图像、观者的辩证关系出发，论证了"图像"在不同时间节点与历史语境下的镜像关系。这种镜像是一种在向循环的过程，是观者对遗址图像的理解与创作者原初观念之间的哲学思辨。所以，遗址美术归根结底是研究遗址不同时期的"图像"集合，以及特定历史语境节点下的文化承载与转译，并通过观念与历史语境下的哲学思辨分析，论证时间、空间、功能性承载的辩证关系，最终通过对遗址美术不同历史语境节点的图像研究，完成遗址美术对象分类、结构要素和地缘关系三个层面的框架体系的构建。黑格尔在《精神现象学》中说："知识只有作为科学或体系才是现实的，才可能被陈述出来；而且一个所谓哲学原理或原则，即使是真的，只要它仅仅是个原理或原则，它就已经是假的了，要反驳它也就很容易。"[1]可见，哲学思辨下的体系构建至关重要，是遗址美术研究的基石。系统理论将围绕着体系框架进行实践成果的总结和后期理论的提炼，并在此基础上剖析遗址美术中的图像在不同时代、不同地域、不同功能下的"观念"，以及各种古代价值观作用在不同遗址上所产生的具有地域特色的遗址符号。揭示"存在"与"遗址"、"在场"与

---

① 黑格尔.精神现象学：上卷 [M].贺麟，王玖兴，译.北京：商务印书馆，1979：14.

"离场"的关系以及古代人类精神文化内在的发展规律，完成遗址在时空和人类观念认知进程中的文化转译，进而践行习近平总书记坚定文化自信、建设社会主义强国的指导思想。

遗址美术通过遗址考古与美术学的融合互鉴，在观念与历史语境下的哲学思辨中，科学化、系统化地研究文化与艺术的辩证关系，构建起中国特色的遗址美术研究方法和理论体系，进而弘扬中华优秀传统文化，为不同类型的遗址分类、研究、评价及保护，提供一定的标准、思路与参考。同时，梳理整合政治、历史、宗教、文化现象的流变对遗址美术的影响，揭示遗址在人类观念认知进程中的文化转译方式。实现人地共生的同时，为遗址保护、遗址周边生态文明建设等提供哲学层面的思考，增强中国的文化自信以及在国际文化领域的影响力。正如习近平总书记在亚洲文明对话大会开幕式上的主旨演讲所说："自古以来，中华文明在继承创新中不断发展，在应时处变中不断升华，积淀着中华民族最深沉的精神追求，是中华民族生生不息、发展壮大的丰厚滋养。"①

注：该论文略作修改后发表于《中国社会科学院大学学报》（CSSCI）2022年第10期，后被人大复印报刊资料《造型艺术》2023年第5期转载。

参考文献：

［1］徐卫民.西汉未央宫［M］.西安：陕西人民出版社，2008.

［2］余英时.朱熹的历史世界：宋代士大夫政治文化的研究［M］.北京：生活·读书·新知三联书店，2011.

［3］赫茨菲尔德.人类学：文化和社会领域中的理论实践［M］.刘珩，石毅，李昌银，译.北京：华夏出版社，2009.

［4］黄应贵.物与物质文化［M］.北京："中研院"民族学研究所，2004.

［5］张彦远.历代名画记：卷一［M］.杭州：浙江人民美术出版社，2019.

［6］石守谦.风格与世变：中国绘画十论［M］.北京：北京大学出版社，2018.

---

① 习近平.习近平谈治国理政：第3卷［M］.北京：外文出版社，2020：470-471.

［7］巫鸿.中国古代艺术与建筑中的"纪念碑性"［M］.李清泉,郑岩,等译.上海:上海人民出版社,2017.

［8］巫鸿.废墟的故事［M］.上海:上海人民出版社,2017.

［9］GELL. Art and Agency:An Anthropological Theory［M］. Oxford city: Oxford University Press,1998.

［10］叶秀山.哲学的希望:欧洲哲学的发展与中国哲学的机遇［M］.南京:江苏人民出版社,2019.

［11］加达默尔.真理与方法·哲学诠释学的基本特征:下卷［M］.洪汉鼎,译.上海:上海译文出版社,1999.

［12］达勒瓦.艺术史方法与理论［M］.李震,译.南京:江苏美术出版社,2009.

［13］马凌诺斯基.文化论［M］.费孝通,译,北京:华夏出版社,2002.

［14］信立祥.汉代画像石综合研究［M］.北京:文物出版社,2000.

［15］海德格尔.存在与时间［M］.陈嘉映,王庆节,译.北京:生活·读书·新知三联书店,2006.

［16］列斐伏尔.空间的生产［M］.刘怀玉,等译.北京:商务印书馆,2021.

［17］习近平.习近平谈治国理政:第3卷［M］.北京:外文出版社,2020.

［18］黑格尔.精神现象学:上卷［M］.贺麟,王玖兴,译.北京:商务印书馆,1979.

［19］汪小洋.中国宗教美术考古的学科建设讨论［J］.民族艺术,2020（4）.

［20］孙斐,高明.明清宗教遗址中道教壁画图像之"志":以晋陕地区龙王庙壁画为例［J］.美术大观,2020（10）.

［21］郑岩.多相之维:考古学与美术史的跨学科观察［J］.艺术学研究,2020（6）.

［22］刘伟东.图像学与中国宗教美术研究［J］.新美术,2015（3）:116.

寺观遗址图像传播

寺观是古代民众精神信仰、信念寄托的场域，正如英国的劳伦斯·比尼恩所说：马克思的经典语录为"人创造了宗教，而不是宗教创造了人"。信念与一种精妙的文化、一种生活的艺术共存。这种文化和艺术就是宗教信仰的源泉。在古人的精神世界中，他们创造了无数属于自己精神世界的人格神。而王充《论衡》所言"古礼庙祭"，证明古代中国人的祭祖活动也是在宗庙中举行的。古人在有限、处于缺陷之中的人类灵魂与无限、完美神灵之间创造出一个中间性的沟通桥梁——寺观。而神祇图像自然成为不可缺少的因素，正如晋人陆机所言："宣物莫大于言，存形莫善于画。"无论是三教合一的水陆画、拉梢寺元代喇嘛塔、克孜尔石窟壁画、敦煌凤鸟图，还是"那伽"形象的中国化，抑或是卢舍那佛"帝佛统一"等，图像中所表现的升向天空、灵魂永生，栖居山林、隐居独处，沉思默想、禅意之美，都是古人智慧、勇气、慈悲以及在丝路文化传播中的精神信仰、信念的寄托与共鸣。

正如诠释学所界定的"思想的创建需要融入历史的文字和图像"。赵孟頫提倡"书画同源"，可见文字和图像的作用同等重要。虽然寺观遗址图像有其特定的表达方式和信仰语义，但文字同样具有佐证图像的意义，并可以从文字的视角起到"以史证图"的作用。从而在图史互证的基础上，考证寺观遗址图像在成为遗址之前的功能形态及艺术表达，以及世变后遗址图像在传播过程中与环境、文化的关系差异及共鸣，同时对寺观遗址图像传播进行全新视角的评价。

陕北水陆壁画构图特征考释

孙　斐^①

摘　要： 陕北地区明清时期寺观遗址众多，且寺观中水陆壁画保存较为完整、系统，并具有较高的历史和艺术价值。通过对陕北佳县观井寺、佳县兴隆寺、榆林市刘千河乡香严寺、榆阳区麻黄梁镇西长墕村释迦如来庙以及佳县报恩寺五处典型寺观的构图特征进行考释、比对和分析，论证陕北水陆壁画在分层基础上构建起的空间矩阵的构图特征，并在此基础上剖析"双视角"的构图秩序所体现的思想转变。最终通过对矩阵式空间构图所呈现出的神祇"等大"的特征、"行"与"列"的划分规则以及观者、主尊不同视角的例证，阐释陕北水陆壁画通过构图"秩序"所体现出的从神的人化到人的神化的思想转化，以及矩阵式空间构图所呈现的陕北水陆壁画的双视角、空间感、纵深感和从神的视角的"现场感"，并总结出秩序、互融、共生、互让的中华文明价值观。

关键词： 水陆；矩阵式；构图特征；秩序

引　言

水陆法会全称为"法界圣凡水陆普度大斋胜会"，用以施舍六道众生免受苦难。目前文献可考最早记载水陆法会起源的是北宋杨锷，其将水陆法会出现的时间推至梁武帝时期。水陆法会是以梁武帝的《梁皇忏》与唐代密教冥道无遮大会结合而成

① 孙斐，1982年生，2020级，攻读博士学位，副教授，主要研究方向为艺术文化史、寺观遗址美术。

的一种佛教盛会^①。周叔迦先生认为："水陆法会是唐时密教的冥道无遮大斋与梁武帝的六道慈忏相结合而发展起来的。到了宋代杨锷又采取了密教仪轨而编写成《水陆仪》。"^②其虽曾在隋唐之际一度失传，但唐宋时期随着佛教的盛行而再次风靡全国。至明清时期，因战乱、瘟疫等，在北方地区也大为流行。尤其陕北的水陆法会，结合了儒、释、道三教和民间信仰、俗神等众，成为北方地区典型的宗教文化形式。其构图更是呈现出"从神的人化到人的神化"过程，双视角的构图特征，呈现给世人朝元式、礼佛式的矩阵空间和神的"现场"。

一、陕北大地上的水陆画艺术

水陆画是举办水陆法会时奉请的神像图，是水陆法会修斋仪轨的一部分，主要有壁画和卷轴两种形式。据目前的考证资料来看，陕北地区现存的水陆画主要以水陆壁画为主，其庙宇壁画群多集中在今榆林市榆阳区和佳县一带。陕北历史地理位置独特，是商旅贸易和各民族交融的重要地区。在历史上长期受农、牧两大文明影响，在这样的文化融合背景下，陕北人民更加具有包容性，尤其在宗教信仰方面更加兼容并包。同样，在这种广阔博大、和谐包容的历史和文化背景下，陕北水陆壁画的构图和形制也发生了一定的变化。我们从考证的该地区现存的 10 余处水陆壁画中，选取了具有典型性的、保存较为完整的五处进行比较研究。

二、陕北水陆壁画中的构图样式流变

（一）陕北五处典型水陆壁画构图特征分析

"水陆壁画东西两壁画面的排列规律大致是东壁为天王天仙、护法、诸天星君，最下层为往古人伦图像，西壁为龙王、四渎五岳、地府神祇、孤魂冤鬼，任何一个庙宇的水陆壁画图像配置中，这一规律不会改变。"^③对此，我们对陕北佳县观井寺、佳县兴

---

① 高楠顺次郎.大正新修大藏经［M］.北京：中国书店，1924：465.
② 周叔迦.周叔迦佛学论著集：下册［M］.北京：中华书局，1991：639.
③ 呼延胜.陕北土地上的水陆画艺术［D］.西安：西安美术学院，2012：33.

隆寺①、榆林市刘千河乡香严寺、榆阳区麻黄梁镇西长墕村释迦如来庙以及佳县报恩寺的水陆壁画进行了实地考察，根据考察的一手资料进行了横向比对分析，并总结出明清陕北寺观水陆壁画构图特征，剖析其构图背后的深层次的文化内涵和历史成因。

通过考察得知，以上五所寺观虽然建立时间不尽相同，寺观内水陆壁画的初绘时间也略有差异，但以上五所寺观目前呈现在观者面前的水陆壁画，均重修或者重绘于清代，这点可以从以上寺观内现存的明清时期碑文得以佐证。经过比对分析，这五处寺观水陆壁画的共性有以下三点，详见表1。

表1　陕北寺观水陆壁画样本比对表（部分）

壁画样本	地域	每层高度	构图层数	组数	壁画年代	构图表现
佳县观井寺水陆壁画	陕北	60厘米	6	126	现存应为道光二十一年（1841）前	"矩阵式"空间
佳县兴隆寺水陆壁画	陕北	33厘米	4	120	弘治十六年（1503）初绘，现存为清光绪年间（1875—1908）	"矩阵式"空间
榆林市刘千河乡香严寺水陆壁画	陕北	47厘米	7	120	现存应为清同治四年（1865）绘制	"矩阵式"空间
榆阳区麻黄梁镇西长墕村释迦如来庙水陆壁画	陕北	32厘米	6	120	清雍正十年（1732）	"矩阵式"空间
佳县报恩寺水陆壁画	陕北	48厘米	6	120	现存上三层为道光二十三年绘（1843），光绪四年（1878）补绘	"矩阵式"空间

（1）分层分组排列，从4层到7层不等，多为6层排列。且每组均呈现出平面的"井"字状排列和立体的"矩阵式"空间构图特征。

（2）每组人物大小相同，神祇高度基本相等，高度多集中在40厘米左右。但观井寺水陆壁画与其他寺观差异较大，高度达60厘米。通过考证可知，观井寺所处位置是当时的地理交通要道，并且在水陆壁画的绘制中出现了当时官员和知州的名号。因此，相比其他陕北寺观，该寺观在形制和绘制规格上更高。

---

① 《陕西石窟内容总录》编纂委员会编.陕西石窟内容总录：榆林卷下［M］.西安：陕西人民出版社，2017：1235.

（3）水陆壁画均依据《天地冥阳水陆仪文》所记载的，左右神佛牌位共120位的形制绘制。因此，陕北水陆壁画基本形制为120组。其中佳县观井寺水陆壁画相比同时期同地域（佳县）的水陆壁画多出6组。与佳县兴隆寺水陆壁画比对，多出天藏菩萨、无色界四空天众、色界四禅天众、欲界上四天主并诸天众、大梵天王等，但整体依据仪文来绘制。

（二）水陆壁画构图秩序的转变

建筑物上绘制壁画这种图像形式，在中国历史上很早就出现了。《楚辞·天问章句第三·离骚》记载："见楚有先王之庙及公卿祠堂，图画天地山川神灵，琦玮谲诡，及古圣贤怪物行事。周流罢倦，休息其下，仰见图画，因书其壁，何而问之。"[①]而丁晏在《楚辞天问笺》也有："壁之有画，汉世犹然。汉鲁殿石壁及文翁《礼殿图》，皆有先贤画像，武梁祠堂有伏羲祝诵夏桀诸人像。"[②]尤其宗教类建筑，壁画成为其思想象征的主要表达形式。因此，我们在研究时，就不能仅仅将古代建筑物上所绘制的壁画看作是单纯的图像，而应该释读图像背后所承载的文化及思想内涵，这种思想和价值往往是通过壁画构图形式的演变来进行阐释的。

1. 文献中所反映的思想及秩序转变

"在元代，水陆壁画仍然是将佛教放在主体地位的，而且对'正位神祇'的祈请毫不怠慢。"[③]元代比较典型的壁画构图就是"千官列行"的构图形式。[④]这种构图使神祇看起来如行云流水般前行。一般明前期的水陆构图，其形式是将佛教"正位神祇"放到主要的位置上，也有学者称之为"拱卫式"构图。在这种构图中，佛教正位神祇作为水陆构图中整个宇宙空间的中心呈现秩序化。正如《诗经》所述"明明上天，照临下士""明明在下，赫赫在上"，就是对空间秩序的一种规范。葛兆光在《中国思想史》的著述中也说："在殷周人心目中，折射了一个根深蒂固的深层意识，即

---

① 洪兴祖. 楚辞补注 [M]. 北京：中华书局，1983：85.
② 游国恩. 天问纂义 [M]. 北京：中华书局，1982：7-8.
③ 伊宝. 永安寺传法正宗殿水陆壁画的构图及艺术特征 [J]. 山西档案，2013（7）：24.
④ 龚森浩. 青龙寺壁画的艺术特色 [J]. 中国艺术，1985（2）：78.

以中央为核心，众星拱北辰，四方环中国的'天地差序格局'，……也提供了一种观念的样式。"① 可见作为空间的宇宙，在商周时期就有了"中央"的规范和秩序，也验证了四周拱卫中心的构图形式古来有之。这种构图的范式更是在历代都作为"秩序"被推崇的。唐朝阎立本的《步辇图》也将中心人物唐太宗绘制成空间的核心，明显大于其他人物。"到了明代，水陆壁画构图进一步发展，构图开始分三层或四层作画，下层神像高约一米，描绘较细。中上层依次减小，多为大半身。"② 构图形制呈现出人物不等大特征。可见，用图像的"中心"和"四方"的布局，来诠释中心高于四周、四周拱卫中心的价值观，在古代中国人的心中是一种根深蒂固的习惯和思想观念。所以在早期水陆壁画的构图中，四周拱卫中央是最为常用且重要的构图形式。

明代后期的水陆壁画，其构图就呈现出水平式的分层的特征。到了清代水陆壁画中的佛教人物基本已经不会呈现出明显大于其他神祇的特征。取而代之的是，在构图中分层绘制、人物等大的构图转变。可见明代后期到清代，水陆壁画的构图空间发生了明显的变化，原来中心拱卫式的构图秩序发生了变化。这种水陆壁画所固有的、格式化的构图演变，背后所呈现的是观念的转变。尤其是在明末清初遭遇西洋天学和西方哲学、科学理论后，原有的观念、秩序被逐渐打破。如崇祯年间的《崇祯历书》对宇宙结构理论的认知。艾儒略的《西学凡》阐述了哲学思想和西方科学教育的概要，帮助中国人了解西方自然科学体系。成书于康熙甲寅年（1674）的《坤舆图说》是南怀仁的著作，讲解了自然地理常识和人文地理等知识。凡此种种，数不胜数。除此之外，还有一个典型的构图变化，即目前所发现的明后期及清代的分层构图的水陆壁画中，毗卢舍那佛等主尊的形象不再绘制在壁画中，而是将原来水陆壁画中的佛祖形象变成了塑像的形式进行呈现。（这种塑像与壁画的空间关系，将另文论述）

综上可知，新的思想和观念不断地冲击着传统的"天圆地方"的思想，传统的代表"中心"的秩序被逐渐颠覆，并通过构图的形式，即从拱卫式到平行式的转变阐述出来。后期在西方透视学的基础上，平行式的构图形式体现出"矩阵式"的空间特征。关于"矩阵式"的空间特征将在下文进行论述。

---

① 葛兆光.中国思想史：第1卷［M］.上海：复旦大学出版社，2019：49.

② 伊宝.山西水陆寺观壁画的图像式样系统［J］.艺术学研究，2009（12）：300.

2.壁画图像中的构图秩序的呈现

前面论证的陕北地区寺观水陆壁画的三点共性，从侧面反映了陕北地区水陆壁画的历史传承和沿袭过程中发生的意识和信仰层面的融合与变迁。以陕北水陆壁画的共性特征第二条"每组人物大小相同"为例。同为水陆壁画，在河北明代时期的毗卢寺水陆壁画的构图中，菩萨画得大于明王，明王则大于一般神祇。在同属明代时期的山西繁峙县公主寺的水陆壁画的构图中，也会发现类似特征，佛像画得大于菩萨，菩萨大于一般神祇。因此，可以从毗卢寺水陆壁画和繁峙县公主寺水陆壁画的构图中分析出，重要题材和次要题材主要通过构图的比例、大小呈现给观者，同时可以进一步推断在明及之前时期的水陆壁画中，虽然儒释道并存，但是佛教在水陆壁画中占据更加重要的位置和分量，是一种"中央"与"四方"的构图呈现。然而这种构图形式在清代时期的陕北水陆壁画中却悄然发生了变化，在仪轨的构图形式中，佛像、菩萨也不会明显地比其他的神祇大，所有神祇被更为平等地对待。从陕北水陆壁画构图中图像"等大"处理的构图特征来分析，儒、释、道三者在陕北多民族交融的背景下更加融合，也体现出三者互让、共生的现状。除此之外，在陕北水陆壁画的人物和构图中也增添了俗神的图像，其中以榆林市刘千河乡香严寺最有代表性，香严寺的建筑、主题等与道教的关系更为紧密，因此在120组水陆壁画中，道教的壁画图像数量有所增加。[①] 由此可见，与之前的主尊形象较大的构图特征不同，陕北清代时期的水陆壁画在神祇的大小、数量和矩阵构图空间等方面，都做出了相应的调整。

陕北佳县观井寺、佳县兴隆寺、榆林市刘千河乡香严寺、榆阳区麻黄梁镇西长墹村释迦如来庙、佳县报恩寺等水陆壁画每组人物大小相同，每行通过规则的平行线进行划分，呈现出类似"井"字样式的构图，中规中矩，井然有序。由此可见，清代陕北地区的水陆壁画较之前代愈加呈现世俗化、程式化倾向。而河北毗卢寺水陆壁画、山西繁峙县公主寺、山西稷山县青龙寺等水陆壁画整体的构图样式则没有陕北寺观的拘谨、严格的平行线和"井"字框架，而是整体呈现出"之"字样式的构图，错落式的布局，绘画风格更加灵活多变。但无论是"之"字形态，还是"井"字形态，都是在二维平面上呈现出来的平面构图样式。详见表2。

---

① 高海平.陕北村落彩绘考察［M］.西安：陕西师范大学出版社，2017：21.

表2 晋、陕（陕北）水陆壁画图例样本分析

	山西繁峙县公主寺南壁水陆画（明代）	陕北佳县兴隆寺东壁水陆画（清代）
构图风格	错落式布局，水陆壁画整体的构图呈现出类似"之"字样式的构图	平列式表现，有明显的行，呈现出类似"井"字样式的构图
特征分析	下层神像较高，描绘较细。中上层依次减小，多为大半身	人物分组出现在每个"矩阵"中，人物描绘做"等大"处理
图像语言	交糅杂错、前后错落→"神"的人化	列队整齐、平行行进→"人"的神化
总结	在水陆壁画的演变过程中，所有神祇得到更为平等的对待，人神共崇、民俗性、风俗性、戏剧性更为突出，宣扬教义的同时更加强调"人"性以及满足供养人的需求，是"人"的神化过程，世俗性更为突出	

三、陕北水陆壁画中的立体构图样式分析

陕北水陆壁画分层排列，在视觉上呈现规矩的平行线，因此有些研究者也把这种直观的视觉呈现命名为"平行式"构图，这从表象和二维平面的视角来说，也无不可。但我们所要论证的是在浅层视觉表象和二维平面上所呈现出的三维空间的"矩阵"构图特征。

（一）"矩阵"的溯源

矩阵最初是一个数学概念名词，在数学、电路学、光学和计算机三维动画领域都有提及，是一个跨学科名词，主要研究的就是"行"与"列"的对应关系。最早在

东汉前期的《九章算术》中,虽然没有明确提出矩阵的概念,但是提到了增广矩阵。矩阵的概念最早在 1922 年见于中文。程廷熙先生在一篇介绍性的文章中将矩阵译为"纵横阵"。在数学中,矩阵是一个按照长方阵列排列的复数或实数集合。其与我们所要论证的陕北水陆壁画中的空间构图特征所呈现出的空间关系吻合,即水陆壁画中"行"与"列"的纵、横排列及空间关系。

(二)构图的秩序——水陆壁画中"矩阵式"空间的特征

综上,矩阵式构图特征可以理解为:由横向的"行"和纵向的"列"所组成的,呈现立体状的长方形或正方形阵列组合的朝元构图样式。矩阵式是一种在二维平面上表现三维空间的构图形式,常见于水陆壁画题材中,通过矩阵式构图特征的描绘,体现构图中不同"单元"的秩序,增加水陆壁画题材的空间感、纵深感以及从神的视角的"现场感"。陕北水陆壁画中"矩阵式"构图特征图示能够更加直观地呈现这一概念(图1)。

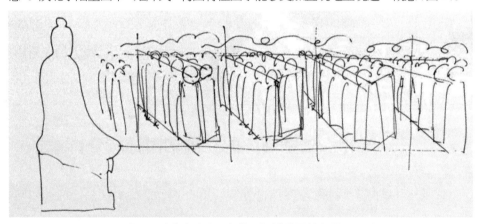

图 1 陕北水陆壁画中"矩阵式"构图特征图示

四、陕北水陆壁画构图所呈现的从"神"的人化到"人"的神化

(一)主尊视角的构图特征——"神"的人化

1.构图中的"行"与"列"的划分规则
通过对佳县观井寺、佳县兴隆寺、榆林市刘千河乡香严寺、榆阳区麻黄梁镇西

长墕村释迦如来庙、佳县报恩寺五处水陆壁画的实地调研和考察发现，以上陕北寺观中水陆壁画的构图都具有较强的纵深感，呈现出矩阵式空间的特征。

这种矩阵式构图特征的研究重点是构图如何依靠单元的结构和规律来构成朝元的秩序。构图中以单元（矩阵）为单位，首先对单元的结构进行了划分。通过对壁画构图的分析后发现，在单元中，所有矩阵的第一行，也就是全身几乎未被遮挡的那一行神祇，都无一例外地面向主尊，且互相之间左右肩相挨，明示出朝元或礼佛的方向。详见图2中水陆壁画中主尊视角的"现场"及行、列的划分图示，其中蓝色标注为每组矩阵的第一行，面向主尊，朝圣而行。红色标注则是主尊的观看视角，与蓝色标注线呈现90度交叉，主尊是以一种审阅仙班和"阅兵"的视角，审视东、西两壁水陆的不同神祇（图2）。类似现在运动会的场景，所有仙班仪仗为每个不同的矩阵，即前面讲到的构图单元，每个矩阵依次走过"主席台"，致敬尊者。水陆壁画中的朝元仪仗体现的是宏伟、壮观以及空间的体积感，都通过"矩阵式"构图进行了完美诠释。这也是古人智慧在绘画的构图、布局和经营中的体现，将时间和空间进行延续和放大。

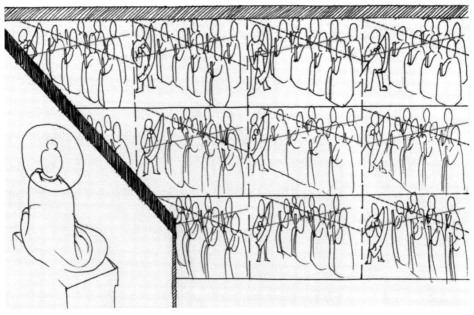

图2　水陆壁画中主尊视角的"现场"及行、列的划分图示

2. 从主尊视角进行的布局和经营

中国古代绘画中，多使用散点透视来经营、布置画面，画家的观察点并非固定在一个位置，而是根据画面需要来移动观看点，所以画家可以将自己在不同视角所观察到的场景，组织到自己的画面中。在散点透视的前提下，画家所绘的画面空间不会受到固定视角的局限，散点透视的灵活性可以将不同角度、不同时间下画家所观察到的空间（包括了在焦点透视中互相矛盾的空间）融合在一起。因此，古代画家们才能够将"咫尺千里"的辽阔境界、"朝元膜拜"的仪仗场景，在数十米的长卷上得以实现。在东方绘画的此种透视原理基础上，宗教壁画发展出了一套自有的形式表现系统。并且，清代的水陆壁画还演变出了符合这种表现系统的构图形式，并出现一些地域性的壁画绘制图式特征，如陕北水陆壁画中所呈现的"矩阵式"构图特征。其空间和纵深是基于散点透视的表现原理，观者和画家均可以不受固定视角的限制，利用各种视觉要素和线索特征来表现其意图和场景，构图中重要的视觉要素和线索特征可以分为以下四点。

（1）在陕北水陆壁画中，为了更好地表现空间和纵深，画匠们在创作时将众神脚下的边线绘制成倾斜线，而非与地面平齐的平行线，从而使局部空间具有纵深感，为矩阵式构图特征的空间深度提供了视觉线索。从考察的陕北五所寺观中任意选取了四组神祇图像：孤独地狱、阿利帝母等众、二殿楚江大王、五官大王。通过比对可知，其脚下均呈现出带有表现空间纵深的倾斜线，详见表3。

（2）每个矩阵的第一行都被处理成面向主尊的构图特征，并完整呈现。此为"矩阵式"空间构图特征的第二个要素，即每个单元的第一排均面向主尊，体现构图空间与仪仗动势。更为强烈的特征是，每组单元（即方阵）的最前排均保持了明显的构图秩序的统一，有时是衣着构图特征的统一，有时则是神祇面部特征的统一类型，又或者是等距等比例或对称关系的站立方式。

表3　构图中每个单元神祇脚下倾斜线特征

寺观名称	陕北佳县观井寺	佳县兴隆寺	榆林市刘千河乡香严寺	榆阳区麻黄粱镇西长墹村释迦如来庙
壁画样本				
神祇	孤独地狱	阿利帝母等众	二殿楚江大王	五官大王
总结	每组神祇脚下呈现出明显的倾斜线，而非与地面平齐的平行线，可见此为画匠们在绘制过程中为表现构图空间而进行的特殊处理，是矩阵构图特征中单元的"行"的概念呈现，通过众神脚下的倾斜线表现出矩阵空间的纵深感			

（3）第三个要素在于单元格的划分，上文已经阐述过，每个单元格在二维平面上以"井"字格划分，同时，在立体空间中以"行"和"列"来划分，那么在构图中，每一方阵往往由居于一个格子内的两行或三行组成。在前排的边缘位置，会站立一名举幡的神祇或侍者，或者简化为一个含有单元格神祇内容的有字方框，从而强调单元的边界和内容。另外，每个单元格均具有全无遮挡的前排和仅受这个前排遮挡的后排。以佳县兴隆寺水陆壁画的东壁局部为例进行阐释，在声势浩大的朝元队列中，墙面壁画的构图呈现纵横的"井"字状，而每个"井"字的小单元中，又有着矩阵式的强烈的纵深感和空间感（图3）。

图3　佳县兴隆寺水陆壁画（东壁局部）

（4）第四个要素是单元格或者说矩阵之间的序列关系，这一关系是依靠接近主尊的距离来确认的。以佳县兴隆寺壁画为例，如主尊位于壁画左侧（观者面向壁画时，观者的左侧），那么以表4中神祇为例（表4中神祇名称与图3中神祇为一一对应关系），若将"南方增长天王"矩阵定为矩阵1、则其右侧的"西方广目天王"矩阵即为矩阵2，而矩阵2要晚于矩阵1到达主尊面前。以此类推，如表4所示，"阿修罗等众"的矩阵将最后一个到达主尊面前（表4）。但用散点透视的理论来讲，不管第几组到达主尊面前，画家所要绘制和表达的"永远"都是到达主尊面前的那一组神祇，这也从侧面例证了每一矩阵在时间、空间上都是独立的，是创作者、观者所看到的时间点上的视觉呈现和布局。

表4　佳县兴隆寺水陆壁画对应的神祇名称（东壁局部）

1	2	3	4	5	6
南方增长天王	西方广目天王	北方多闻天王	北极紫微大帝	太乙诸神、五方五帝圣众	日光天子圣众
7	8	9	10	11	12
井鬼柳星张翼轸星君	奎娄胃昴毕觜参星君	斗牛女虚危室壁星君	角亢氐房心尾箕星君	申酉戌亥子丑元君	寅卯辰巳午未元君
13	14	15	16	17	18
矩畔拏等众	般支迦大将	往古旷野将军	往古罗义女等	往古大罗义等	阿修罗等众

综上，在此种构图特征中，散点透视的表现手法可以将焦点透视中难以同时展现的空间展现出来。即在一幅水陆壁画中可以看到每一个构图单元接近正面的构图特征（每单元前排神祇全貌），同时可以看到构图单元具有空间上的纵深感（每单元紧挨的神祇脚下倾斜的边线）。但散点透视和焦点透视相比，其缺陷在于它需要一定的阅读能力，才能展现出强烈而丰富的空间意境。对于熟悉散点透视的古代观者，这应该并非难事，但对于较为习惯焦点透视的现代观者，却需要依靠散点透视中的各种视角要素；即所谓的"细节"来发现其绘画表现的意图。

除以上几个构图要素中的细节之外，另一个空间构图布置上的细节也可以使观者意识到这一现场中队列方阵的行进感——当观者看着每一队列第一排的神祇时，发现前一单元神祇的衣物边缘被压在后一单元神祇的身后，在焦点透视中，当我们接近面对后一排人物时，前一排人物的衣物是不应该被后一排人物所遮挡的。但在散点透视中，这一细节是在提示我们，此时目光所指的神祇方阵已来到我们眼前，前一方阵已经渐渐远去。换言之，散点透视的灵活性，使得壁画具有一种再现时间的功能，当我们将目光移动至某一排神祇时，时间和呈现的构图也在随着我们的目光流淌，即当我们的目光来到了某组神祇的面前时，这一单元方阵也就位于我们的面前，而上一单元已经"走过"，背向我们消逝而去。所以，主尊视角是运动的，是一种时间行进的再现。这也是古代画家通过构图的巧妙处理，想呈现给受众的"现场感"。

（二）观者视角的构图特征——"人"的神化

讲完主尊视角的构图特征，接下来转换角度，再从观者的角度来体会同一幅水陆壁画。观者的角度是站在矩阵式队列的一侧，是在站的这一刻的时间和立点上对壁画进行的赏析。这种陕北水陆的矩阵式构图形式，充分考虑到了"人"的感受和思想，其构图空间中也呈现出从"神"的人化到"人"的神化的过程，也正是《荀子》"明于天人之分，则可谓至人矣"的思想呈现，即把"人"与"天"的关系，也就是秩序的中心，从"天"移到"人"。《礼记》记载："能尽人之性，则能尽物之性；能尽物之性，则可以赞天地之化育；可以赞天地之化育，则可以与天地参矣。"[①]这里将人的思想作为了解一切的基础和前提。水陆壁画构图的变化，也是在后期三教合一思想意涵下引起的构图特征的演变，更加注意到了"人"的感受，是一种将"人"的感受和思想赋予神的崇高地位的表现。李泽厚也曾经说道："将伦理提高为本性，以重建人的哲学。"[②]

1. 观者视角中的"行"与"列"

通过以上论证，就不难理解为什么之前的研究者把水陆壁画的构图归结为"平行式"，因为他们都是从表象上看到了"行"的概念，当然这也是一个主观定义的"行"，而没有关注到"列"。如图4观者视角的水陆壁画图示所见，可以分析出从观者的角度看，更容易发现水陆壁画"行"的概念，并且会主观地认为 a，a1，a2，a3，

---

① 郑玄. 礼记注 [M]. 王锷，点校. 北京：中华书局，2021：689.
② 李泽厚. 中国古代思想史论 [M]. 北京：生活·读书·新知三联书店，2008：231.

b，b1，b2，b3……f，f1，f2，f3，这二十三位神祇在同一"行"中，一行一行地面向观者而站（图4）。但通过上面论证的每组神祇脚下的倾斜线，以及前文对矩阵构图中"行"与"列"的分析可知，a，b，c，d，e，f五位神祇其实是在同一"列"上，而并非和其他十八位神祇在同一"行"上。这正是考释"矩阵式"空间构图特征的依据。综上，矩阵式是陕北水陆壁画中单元的构图秩序的视觉呈现，并通过"行"与"列"的组合形式展现这种构图的空间感。

图4　观者视角的水陆壁画图示

2."双视角"——从"人"的视角去感受构图空间

一般来讲，观者感受一个矩阵方队的纵深感时，需要来到方阵的侧面，而此时前排中靠近观者的方阵队员会遮挡住远离观者的队员的面部，也就是说，如果a，a1，a2，a3在同一"行"中，观者站在一侧，则可能只会看到a，a会或多或少地遮挡住后面的a1，a2，a3，以此类推，这是焦点透视下的空间构图特征。但在矩阵式空间构图中，我们既可以看到每个方阵的纵深（即空间的纵深），也可以看到每组前排（甚至后排，事实上后排神祇往往只被遮挡身体，面部很少被遮挡）神祇全无遮挡的面部。因此可以说，当时画匠们在进行陕北水陆壁画的绘制时，有自己一定的形制、规则和仪轨，即同时满足主尊和观者的"双视角"的构图特征。

这里在理解上其实可以参照埃及的"侧身正面律"来分析。埃及的侧身正面律如果用现在西方的透视来说是完全不成立的，但是古埃及艺术家们的任务不是把看到的情景如实地描绘下来，他们要表达的是基于"永恒"的概念。因此，古代埃及的画匠们在处理画面时，会把人物的一切特点尽可能持久永恒地保留下来。为此把头画成骨骼起伏最为突出的侧面，眼睛则绘制成最完美的正面，肩部为正面，腰部及以下为正侧面，这种古埃及绘画中"侧身正面律"作为构图秩序被严格遵守着。

理解了埃及的"侧身正面律"，也就很好地理解了陕北水陆壁画中的"双视角"。这里的 a，a1，a2，a3，b，b1，b2，b3……f，f1，f2，f3 并没有面向观者，因为他们"需要"面向主尊。但为了照顾观者的视角，画匠们将每位神祇的面部绘制成"四分之三侧脸"，将每位神祇最完美的角度呈现在一幅画面中，使水陆壁画同时达到面向主尊和面向观者的"双视角"。面对一个清晰完整的面部形象，对于宗教朝圣的效果显然比看到被遮挡或全然侧对观者的面部要有更好的效果。换言之，在散点透视下的这种"矩阵式"空间构图特征，既可以表现出侧面观察所能感受到方阵队列的空间深度和队列立体感，也能表现出接近正面面对众神时才能看到的神祇全貌。在这个构图模型中，观者可以看到每个方阵的具体内容和"现场"视角，也不妨碍观者去观察整体队列的空间立体感，亦不影响观者去理清每个构图单元之间的朝元先后顺序。试想一下，在一个固定了位置的摄像机前面如何去观察这种焦点透视下的矛盾内容时，就很容易理解到陕北水陆壁画所意图表现的是何种丰富细致而秩序统一的"现场"。在这个现场中，任一队列都不会因为其处于后一队列前面而遮挡观者观察后方队列的视线；在这个现场中，神祇们虽面对主尊，却从观者的咫尺之前走过，观者几乎是站在一个"最完美的角度"来旁观这场对神的礼拜。在这个角度中，所有神祇和"人物"既面对着主尊，又不受遮挡地一一展现在观者面前，这种构图是西方焦点透视所不能实现的。

因此，通过对陕北水陆壁画的这种矩阵空间构图特征的处理，可以让观者也能感受到主尊的"现场"，既遵循主尊至上，又照顾到观者的感受，观者（在过去往往是信徒）在观看壁画的时候，同时也是这场宏大现场的见证人或参与者，进而更能够起到传达教义、感化众生、劝诫教化的作用。"尤其是到了清朝中后期，水陆画除了原有神灵外，还增加了地方信仰及其他神灵，如关公、二郎、藏山大王、和尚长者等"①，使其在民俗性、风俗性、戏剧性方面更为出彩。当然这更是古代劳动人民智慧的又一次完美诠释，这种陕北水陆壁画的"矩阵式"空间构图，满足了双视角的绘制形式，在当时也作为构图秩序被严格遵守着。据考证，在已知的陕北清代水陆寺观壁画中，均存在着这种矩阵空间和"双视角"的构图特征。

五、总结

通过对陕北五处典型寺观中水陆壁画的考证后发现，其东、西两壁均呈现出"双视角"的构图秩序和规则，并通过"矩阵式"空间构图特征呈现给观者。让观者也能从主尊的视角，感受到每个矩阵在朝元道路上的阵列、纵深和空间，感受到肃穆庄严的帝君、威武凶悍的天将、文雅美丽的玉女、飘飘欲仙的真人以及残酷狞厉的地狱诸神、往古人伦的凡间众生等，声势浩大、气势磅礴的仙班依次走向主尊，朝圣而行。

综上，通过论证可知，"矩阵式"空间构图是陕北水陆壁画普遍存在的构图特征。其通过主尊和观者不同视角的"行"与"列"的划分规则，来确定水陆壁画仪仗的行进方向和构图准则，论证"矩阵式"空间和"双视角"的构图特征。同时通过横向、纵向比对晋陕（陕北）地区的寺观遗址中的水陆壁画的构图特征的异同。剖析通过"矩阵式"空间构图所呈现出的三教人物"等大"的构图特点，以及这种构图"秩序"呈现出的陕北儒、释、道三教融合、共生的水陆特质。陕北水陆壁画创作中除了遵循"天地冥阳水陆仪文"，也添加了陕北的民间信仰成分。因此通过以上对陕北水陆壁画构图形式演变和发展规律的分析，剖析出产生这种现象背后的意识思维的转变以及深邃而复杂的文化成因和内涵。即从"神"的人化到"人"的神化的认知转变和视觉呈现，进而剖析水陆壁画的原生语言以及通过主尊和观者呈现出来的视觉联系，让观者能从"神"的视角感受到空间感、纵深感。这也是陕北水陆壁画这一

---

① 刘栋，侯慧明.山西盂县青石寺水陆壁画构图及艺术特征［J］.五台山研究，2018（1）：60.

题材自产生之初，就想呈现给世人的朝元式、礼佛式的矩阵空间和神的"现场"以及秩序、互融、共生、互让的中华文明价值观。

注：本文系 2020 年陕西省社会科学基金年度项目"'一带一路'视域下陕西村落寺观遗址壁画研究与数字化应用研究"（2020J011）的研究成果。

参考文献：

［1］宗晓. 卍新纂续藏经：第 57 册［M］. 东京：株式会社国书刊行会，1912.

［2］高楠顺次郎. 大正新修大藏经［M］. 北京：中国书店，1924.

［3］周叔迦. 周叔迦佛学论著集：下册［M］. 北京：中华书局，1991.

［4］王子云. 中国雕塑艺术史：上［M］. 北京：人民美术出版社，1988.

［5］呼延胜. 陕北土地上的水陆画艺术［D］. 西安：西安美术学院，2012.

［6］《陕西石窟内容总录》编纂委员会编. 陕西石窟内容总录：榆林卷下［M］. 西安：陕西人民出版社，2017.

［7］高珣，龚玉麟. 葭州志·坛庙［M］. 清光绪二十年刻本，1894.

［8］洪兴祖. 楚辞补注［M］. 北京：中华书局，1983.

［9］游国恩. 天问纂义［M］. 北京：中华书局，1982.

［10］伊宝. 永安寺传法正宗殿水陆壁画的构图及艺术特征［J］. 山西档案，2013（7）.

［11］龚森浩. 青龙寺壁画的艺术特色［J］. 中国艺术，1985（2）.

［12］葛兆光. 中国思想史：第 1 卷［M］. 上海：复旦大学出版社，2019.

［13］伊宝. 山西水陆寺观壁画的图像式样系统［J］. 艺术学研究，2009（12）.

［14］高海平. 陕北村落彩绘考察［M］. 西安：陕西师范大学出版总社，2017.

［15］郑玄. 礼记注［M］. 王锷，点校. 北京：中华书局，2021.

［16］李泽厚. 中国古代思想史论［M］. 北京：生活·读书·新知三联书店，2008.

［17］刘栋，侯慧明. 山西盂县青石寺水陆壁画构图及艺术特征［J］. 五台山研究，2018（1）.

图录:

图 1　陕北水陆壁画中"矩阵式"构图特征图示,图片为笔者自制。

图 2　水陆壁画中主尊视角的"现场"及行、列的划分图示,图片为笔者自制。

图 3　佳县兴隆寺水陆壁画(东壁局部),图片为笔者拍摄。

图 4　观者视角的水陆壁画图示,图片为笔者自制。

萨埵那太子本生故事的图文叙事

马 宁^①

摘 要：莫高窟第 254 窟《萨埵那太子本生图》是中国佛教美术史中的经典之作，具有极高的艺术欣赏与研究价值。本文从叙事学的角度出发，梳理佛教传播媒介嬗变，试图通过对萨埵那太子本生故事文本的产生以及叙事结构、作者、叙述者、读者等内容的分析，来探讨不同媒介叙事作品的叙事性特征，以及其所对应的层次衍生出的深层含义与复杂性。

关键词：萨埵那太子本生图；叙事学；媒介；叙事特征

我国的佛教传播史，是东西方民族文化与文明的广泛交流史。以佛陀、法理、僧人为主体的佛教，经过古老的丝绸之路，通过不同媒介叙事作品的传播，与华夏文明相互碰撞、影响与交融，从很大程度上催化了中国本土宗教的演进，也充实了我国原有哲学体系的内涵，对中国传统文化产生了十分深刻与广泛的影响，进而形成一种融合了佛教思想与中国传统思想后变异的新宗教、新学说：中国佛教。这里所说的叙事作品，是佛教自传入东方以来依靠语言、文字、神话故事、绘画、雕塑、音乐、舞蹈等等诸多媒介形式创作的存在内在叙事的"文本"。结构主义叙事学代表人物法国的罗兰·巴尔特在《叙事作品结构分析导论》中以文明史为出发点揭示了叙事作品的普遍性特点：

---

① 作者简介：马宁，（1990—），男，2020级博士研究生，主要研究方向为艺术文化史。

世界上叙事⋯⋯种类繁多，题材各异⋯⋯叙事可以用口头或书面的有声语言，用固定的或活动的画面，用手势，以及有条不紊地交替使用所有这些手段。叙事存在于神话里、传说里、寓言里、童话里、小说里、史诗里、历史里、悲剧里、正剧里、喜剧里、哑剧里、绘画里(请想一想卡帕齐奥的《圣于絮尔》那幅画)，彩绘玻璃窗上、电影里、连环画里、社会新闻里、会话里。而且，以这些几乎无穷无尽的形式出现的叙事，存在于一切时代，一切地方，一切社会⋯⋯一切阶级、一切人类集团，皆有自己的叙事作品，而且这些叙事作品常常为具有不同的以至对立的文化教养的人共同欣赏。[①]

佛教通过试探、依附、冲突、变革与中国传统的儒道文化相适应、相融合，采取有针对性的叙事作品对不同阶级人群传播，成为中国传统文化中不可或缺的重要组成。学界对于萨埵那太子本生故事的个案研究已经相当丰富，笔者不再一一赘述。从图像与文献结合的角度出发，梁丽玲女士在文章中提出萨埵那太子本生故事画所依据佛典的判断依据[②]；王菡薇在文章中对莫高窟第 254 窟《舍身饲虎》壁画与藏经洞北魏写本《金光明经卷第二》结合的研究[③]，虽然笔者认同第 254 窟舍身饲虎是根据昙无谶所译《金光明经》所画，但是将藏经洞北魏写本《金光明经卷第二》产生时间(皇兴五年)作为第 254 窟壁画创作时间的依据是不可靠的。陈海涛、陈琦通过对莫高窟 254 窟各铺壁画从故事与图像、壁画细节等细致的分析，并通过数字技术对敦煌 254 窟制作的全景漫游以及将《舍身饲虎》《降魔成道》制作成动画对壁画独具匠心的分析，对本文的思路起到了重要的作用[④]。

本文中所涉及的叙事学(narratology)，是关于叙事文本或叙事作品的理论。它

① 《马克思主义文艺理论研究》编辑部. 美学文艺学方法论（下）［M］. 北京：文化艺术出版社，1985：532.

② 梁丽玲. 萨埵太子本生故事画所据佛典之判读［M］// 兰州大学敦煌学研究所，麦积山石窟艺术研究所. 麦积山石窟艺术文化论文集（上）：2002年麦积山石窟艺术与丝绸之路佛教文化国际学术研讨会论文集. 兰州：兰州大学出版社，2002：546－567.

③ 王菡薇. 莫高窟壁画与敦煌文献研究之融合：以北魏254窟壁画《舍身饲虎》与写本《金光明经卷第二》为例［J］. 新美术，2010，31（5）：42－45.

④ 陈海涛，陈琦. 图说敦煌二五四窟［M］. 北京：生活·读书·新知三联书店，2017.

在对意义构成单位进行切分的基础上，探讨叙事文本内在的形成机制，以及各部分之间的相互关系与内在的关联性，从而寻求叙事文本区别于其他类型作品的独特规律。同时，它也研究叙事、叙事性，即何种因素构成叙事，使作品具有叙事性等方面的内容。叙事学的研究对象，叙事作品（narrative），或者说叙事虚构作品，可以包括诸如长篇小说、中篇小说、短篇小说、戏剧、史诗、叙事诗、神话、童话、民间故事，以及电影、连环画、舞蹈、雕塑、音乐等。因此，本文以莫高窟第254窟《舍身饲虎》壁画为例，从叙事学的角度出发，试图从萨埵那太子本生故事的不同媒介叙事作品的性质、形式、构成以及功能等内容，来探讨不同媒介叙事作品的叙事性特征、对应的层次衍生出的深层含义及呈现出的复杂面貌。

一、佛教东渐与叙事媒介的嬗变

一般认为，佛教正式传入中国始于西汉哀帝元寿元年（前2年），博士弟子景庐接受大月氏王使者伊存口授的《浮屠经》，就如释迦牟尼在初说法地鹿野苑传法一样，我国佛教早期传播以效仿释迦牟尼口传身授、耳提面命的形式为主。自后汉至十六国时期的二百余年间，大量外来僧人来华布教，有明确记载的就有六十余人，他们在传教修道之余开始翻译经文，佛教的传播媒介开始从语言转变为文字，经过汉译后的佛经进行整理编撰最后刻印成册，使佛教经典以文字媒介得以保留，成为最重要的传播形式。如早期的中国本土宗教一样，等级现象的出现使神权掌握在统治阶级的手中，依靠神权统治民众是统治者权力的象征。佛教依靠着封建统治者的支持和保护，首先在统治阶层站稳脚跟，与儒、道两家鼎足并立。后汉时期，汉桓帝就在宫闱之中设立祠堂，同时供奉儒释道三家。到了汉末，崇信佛教的统治阶层大兴佛教，建造寺院，雕刻佛像。如《三国志》载汉末下邳国相笮融：

> 遂断三军之委输，大起浮屠寺……以铜为人，黄金涂身，衣以锦
> 彩。垂铜盘九重，下为重楼阁道，可容三千余人，悉课读佛经，令界
> 内及旁郡人有好佛者听受道，复其他役以招致之，由此远近前后至者

五千余人户。^①

　　这是正史中首次记载兴建佛寺与造像的记录，此一时期规模宏大的寺院、金碧辉煌的佛像以及盛大的千人诵经场面，其所呈现的传播形式已经开始多样起来。并且用免除劳役来鼓励百姓奉佛，也从侧面反映了佛教自上而下开始传播，受众从统治阶级、知识分子、高僧大德变为社会下层的普通民众，这些人的思维水平和接受程度是无法与精英阶层相比的，佛经晦涩难懂，平民需要更加直观的方式来了解佛教，受众的改变是致使佛教传播媒介开始转变的重要原因之一。如曹丕作《鱼山梵呗》创造汉化佛教音乐，以音乐来理解佛教，以情感来感受佛教，以心念去体味佛教，人们与其研习难以理解的佛理教义，不如在音乐的氛围中体会。音乐媒介以其通俗化、大众化的特点，使"士女观听，掷钱如雨""听者填咽寺舍"，大力推动了佛教在民间的弘扬。此外，十六国南北朝时期的中原北方地区，战乱频发，社会动荡，民不聊生，因此统治者在其统治区域内开凿了许多大规模的石窟寺院，作为他们祈福的对象和麻醉民众思想的统治工具。如北凉主沮渠蒙逊命令开凿的开创了"凉州模式"的天梯山石窟，后秦姚兴遣弟姚嵩开凿的麦积山石窟，北魏各主支持开凿的龙门石窟、云冈石窟、巩县石窟寺等等。在统治者的推崇下，各地官吏纷纷开窟造像，使石窟寺的开凿与营建在这一时期迎来了第一个高峰，并极大地推动了佛教的传播，扩大了佛教的影响力。将佛经叙事文学转化为其他多种媒介的叙事形式、让普通民众能够更好地接受佛理的教化，促进了佛教通俗化的历史进程，佛教信仰得以在普通民众之中广泛流传。佛教发展到隋唐时期，随着社会的统一安定，经济的复苏和繁荣，佛教已经"泊于九州山原，两京城阙，僧徒日广，佛寺日崇"^②，并由贵族独占向庶民化大力发展，佛法的传播开始迎合世俗的喜好，以谋求佛门寺院僧众的维持，感应故事、造像、卷轴画、壁画、音乐、舞蹈等各种媒介的传播形式都在这时达到了顶峰。纵观我国佛教的传播，是包括了语言文字、哲学思想、文学艺术、工艺美术、表演艺术、建筑艺术等各种媒介的叙事作品传播、融合和嬗变的过程。自上而下的传播路径是由我国的文化进程决定的，也是叙事作品媒介多样化所造成的重要影响，使之成为我国历史上不可分割的重要部分。

---

① 陈寿.三国志：卷49［M］.北京：中华书局，2002：1185.
② 刘煦等.旧唐书：卷18上［M］.北京：中华书局，1975：605.

二、《萨埵那太子本生故事》的叙事文学

梁丽玲在文章《萨埵那太子本生故事画所据佛典之判读》中对国内萨埵那太子本生故事画进行梳理,从虎子数量、画面主体、情节描绘和榜题文字等方面对壁画内容和佛典经文进行对比,得出莫高窟第 254 窟南壁《萨埵那太子舍身饲虎图》是根据《金光明经》中的故事创作的。而王菡薇在《莫高窟壁画与敦煌文献研究之融合》一文中进一步提出 1990 年敦煌藏经洞出土的北魏写本《金光明经卷第二》与莫高窟第 254 窟南壁《萨埵那太子舍身饲虎图》的密切关系。以上观点对本文研究提供了基础思路。

(一)佛经叙事文学的产生

佛教的创始人释迦牟尼"不仅传播了就严格意义而言的佛教,而且也传播了印度艺术和文学远及印度国境以外"[①],从《长阿含经》记载中我们不难看出佛陀释迦牟尼所悟法门"甚奇、甚特! 未曾有过",这样的佛法一般人是无法理解的。佛陀本人也是杰出的文学家,他善于把印度早期神话传说、历史传奇、民间故事等改造成为自己的宣教题材,后世弟子"为了满足一般群众对小说故事的需要,稗官野史以及有时称为古训的叙事文章都精心编造出来附入小阿含中,有些部派还附入毗奈耶(附入毗奈耶中的佛陀历史细节大大地扩展了,其中扞入了许多不同的故事和诗歌)"[②],这为佛教教义能够迅速传播打下基础,季羡林也提出:"佛教发展之所以能这样迅速,影响之所以这样大,与这种说法方式可能有些关系。"[③]"根据各部派一致不二的传统说法,佛灭度后,其生平言教凡为弟子门徒所能记忆者,都集体地排演背诵过,称为'结集'。每一段对话和讲演,经在场者认可,确属真实无误,由此编成一套完整的佛典原文体系,以后用背诵口述的方式相传下去。数百年后,经典原

---

① 查尔斯·埃利奥特.印度教与佛教史纲:第1卷[M].李荣熙,译.北京:商务印书馆,1982:11.

② 渥德尔.印度佛教史[M].王世安,译.北京:商务印书馆,1987:209.

③ 季羡林.佛教十五题[M].北京:中华书局,2007:23.

文才用文字记录下来，以手抄本保存。"①佛经从早期口传身授到文字文本的媒介变化，是佛教传播方式的重大变革，使佛教经典变得可信可靠。英国学者渥德尔认为，公元前二世纪贵霜帝国衰落王朝动荡，大乘佛经发生了一些改变，以观世音为首的大慈大悲菩萨给了在困难时刻与痛苦无告的人们以安全保障，新的大乘佛经频繁出现，《金光明经》就是在这一时期出现的。②作为叙事类经典，无疑具有很强的文学性，大乘流派的兴起，除了普度众生的教理外，文学的关怀也是不可不关注的重要因素。

（二）《萨埵那太子本生故事》的叙事结构

佛教经典经过集结而就，佛陀弟子中作为"多闻第一"的阿难在结集中为众人讲述佛的种种事迹、因缘。《大般涅槃经后分卷上·遗教品》云：

> 阿难，如来灭后，结集法藏，一切经初，当安：如是我闻，一
> 时，佛在某方某处，与诸四众而说是经。③

这是一个固定模式化的佛经起始语，表明经典完全忠实佛的意愿，规定了佛经讲述的"代言人"，让读者深信这部经典完全就是佛的言论，执笔的人没有加入自己的观点，这样无疑可以增加更多的可信度。《金光明经》由"如是我闻"作为叙事开始，"尔时"佛在某时某地为某人说法解惑的叙事主体，以及听众有所领悟后"闻佛所说，皆大欢喜，信受奉行"的叙事结束，以上三种组成一个完整的叙事过程，即开始、经过、结束。如果我们把《金光明经》看作一个大的叙事文本，那么"尔时"发生的事就是镶嵌在其中的一个小的叙事文本，而《舍身饲虎》就是一个更小的叙事文本，这样就形成了不同的叙事层，"如是我闻"是第一叙述层，"尔时"是第二叙述层，叙述者叙述前世的故事就成了第三叙述层，也就是一个大故事中套着一个个相对独立的小故事，这种嵌入式的复合序列就是《金光明经》的基本结构特点。这种

---

① 渥德尔.印度佛教史［M］.王世安，译.北京：商务印书馆，1987：10.

② 渥德尔.印度佛教史［M］.王世安，译.北京：商务印书馆，1987：368.

③ 大般涅槃经后分卷上·遗教品［M］大正藏：第12册.若那跋陀罗，译.台北：新文丰出版公司，1986：901.

复杂、多样的叙述方式，使叙述者的叙事升华到艺术的层面，可以说佛教经典以这种结构精巧的故事叙述方式，对佛陀的思想、教诲，佛教经典与义理进行定义、命名、梳理和理解，使人们通过佛陀的叙述来认识世界、认识自己，进而对佛教产生极大信赖。

（三）作者、叙述者、读者

叙事何为，从根本上来说，叙事是一种交流活动，是指信息发送者将信息传达给信息接收者的一个过程。那么从这个意义上来说，它必然会存在叙述者与读者（听众）。萨埵那太子舍身饲虎的故事由阿难观察，同时也由他讲述，从释迦牟尼的视角出发，由阿难讲述释迦牟尼在某个时间地点，为某人讲经说法的故事（也包括过去的自己）。阿难虽然是佛经创作的主体，但是我们所关注的更多是叙事文本（佛经）中释迦牟尼的种种行为、故事以及它所表达的深层内涵，这时，我们从叙事学的理论来探讨佛教经典在学理和理论上是可以对接的。该事件中释迦牟尼就是叙述主体，而阿难不过是释迦牟尼的"记录员"，他向读者叙述人物的言行，并不进入人物的意识，虽然他在讲述的过程中必然会把自己的心理状态、思想观念、理想情感融入进去，但我们在阅读过程中，叙述主体的叙述行为不断地在读者的意识中复活。佛说的法、想要宣扬的教义、思想的功能成为主体，阿难产生的作用就消退了，叙述者的作用就凸显出来。在叙事本文之中，作者想说的话只能通过唯一能够当作表达角色的叙述者来传达。"如同叙事作品内部有一个（分布在施惠者与受惠者之间的）大的交流功能一样，叙事作品作为客体也是交际的对象：有个叙事作品的授予者，有个叙事作品的接受者。……同样，没有叙述者和听众（或读者）的叙事作品是不可能有的。"①我们所研究的授予者则不是阿难，而是释迦牟尼，整个叙事作品都是释迦牟尼通过叙述符号与读者之间的一种交际行为。譬如在《萨埵那太子本生》中，释迦牟尼在成佛之后为门徒弟子讲述他在前世"修菩萨道"时身为摩诃萨埵太子舍身饲虎的苦行因缘。在本文中的萨埵那太子是动作的出发者，他具有独立的形貌表

---

① 《马克思主义文艺理论研究》编辑部.美学文艺学方法论（下）［M］.北京：文化艺术出版社，1985：551-552.

现、单纯、慈悲、勇敢的性格特征，生动细腻、富有情感的语言特点，以及一心"求寂灭无上涅槃"的心理活动。他以自身的行动印证了叙述者想要达到的"功能"，使叙事接受者（弟子门徒）参悟佛法，使作为作品的全面接受者的暗含读者，即普通大众体悟佛理中无畏的舍身精神。表面上看来，萨埵那太子舍身饲虎的作者是佛陀弟子阿难，事实上也是如此，在第一次"结集"时，佛陀所说之法首先由阿难背诵，然后编集起来成为经藏，即佛所说经的总集。但是，《金光明经》是大乘造经运动的产物，与早期本生故事和其他佛陀前世生活的记载中纯粹描写性的，为了鼓励对佛陀的信仰不同，《金光明经》更显著地突出了大乘佛教对菩萨的教义，这是具有指示性的，菩萨的道代替了或更优于其他早期部派的正道。英国学者渥德尔提出："每本大乘佛经反复斥责声闻弟子的小道，以颇为刺耳的调子，或长或短，与最早期佛典经文的容忍与体谅态度对比之下，叫人听起来很不愉快"[1]，那么，《金光明经》的真实作者应该称作基于早期佛经之下的大乘教义的拥护者，以传达大乘佛教的教义思想。更进一步来看，《金光明经》最显著的特点是出现了大批婆罗门教传统的天神和天女与佛陀接谈，例如在《舍身饲虎》中菩提树神问佛陀"何因缘故礼拜是塔"，而佛陀回答时对象变成了"善女天"这个婆罗门教的吉祥天女，这是真实作者思想的直接体现，想要通过这部经文使更多的读者，而不只是普通大众，也包括其他教派的信徒对佛教思想，或者说是大乘佛教思想产生认同和信仰，这也是叙事作品与现实世界的接驳与价值抉择的体现。

（四）《萨埵那太子舍身饲虎》的叙事性特征

《萨埵那太子舍身饲虎》作为《金光明经》中的一个故事，描绘了释迦牟尼成佛之后向正在修行的门人弟子讲述"昔日苦行因缘，为利众生受诸快乐"的经典。开篇说道："尔时道场菩提树神复白佛言"，佛陀传授经典发生在"尔时"，但是之后的谈话主要是发生在"尔时"之前佛的前世的事件，也就是释迦牟尼讲述了发生在过去的事情。这是一种逆时序的叙事方式，也就是《舍身饲虎》采用了叙述中倒叙的

---

① 渥德尔.印度佛教史［M］.王世安，译.北京：商务印书馆，1987：358.

手法。通常这种逆时序的叙事手法，一般都是通过佛陀讲述过去的种种因缘等体现的，在我国道教经典中有许多文本也受到了佛教叙事的影响，也时常出现类似的叙事手法，例如在《灵宝经》中元始天尊向太上道君传授经典的叙述也使用了倒叙的叙事手法。倒叙手法在佛教文本中发挥着举足轻重的作用，倒叙内容往往都具有强烈的目的性，是理解佛教经典叙事的关键所在。通过叙事学理论的定义，我们可以简要地将"叙事文本"或"叙事虚构作品"理解为叙述者在其中叙述一系列虚构事件的作品。在结构主义者看来，每一个叙事文本都包含着两个部分，第一部分是故事，即内容或事件链，加上所谓存在物，这一存在物由包括人物与环境在内的成分所构成。第二部分则是话语，也就是作品的表达，使其内容得以交流的方式。叙事，应该有"事"可叙，这个"事"指的就是事件（event），一件过去发生、现在正在发生或者将来将要发生的事。在萨埵那太子舍身饲虎的叙事中，由佛陀为门徒弟子讲述舍利的妙用、引入佛陀前世身为萨埵那太子舍生饲虎后成为佛陀的两大核心事件，在这两大事件标记之下又包含许多小的事件。从这方面来看，整篇佛经就是围绕着"尔时世尊，从座起礼拜是塔"和"作是念言，我今舍生时已到矣"这两个核心句子逐渐扩为一个个小的事件，再由这些小事件组成大的核心事件，直到成为一个完整的叙事作品。除了释迦牟尼、萨埵那太子这两个主要人物之外，文本中还对萨埵太子的父母、两位兄弟、大臣、民众、天神等人物的形象、行为、心理状态等做了不同程度的刻画，也对太子死后周围动物以及环境的变化做了描述，这些存在物与事件共同构成了整个故事。《舍身饲虎》的故事作为一个有机的整体，由情节、人物、环境等各个要素组成。我们在这里将情节定义为"事件的形式系列或语义系列，它是故事结构中的主干，人物、环境的支撑点"。再将情节分为三个层数"最底层为功能，中间层为序列，最高层为情节"①。那么，在《舍身饲虎》这个故事中，发愿并投身于虎前就是核心功能，它为太子自身及国土、王妃、王子、老虎在未来成就道业打下了基础，如果去掉饲虎这个关键动作，那这个故事就不复存在了。例如在太子舍身饲虎的过程中后，文中对众人的反应做出了详细的刻画，两位王子"心怀忧恼，愁苦涕泣，见是事已，心更闷绝，自蹩于地，以灰尘土，自涂垄身，忘失正念，生

---

① 胡亚敏. 叙事学［M］. 上海：华中师范大学出版社，2004：119-120.

狂痴心"；王妃"两乳汁出，一切肢节，痛如针刺，心生愁恼……疾至王所，其声细微，悲泣而言……说时语已，即时闷绝，而复躄地"；国王"心生愁恼忧苦所切，虽在大众，颜貌憔悴……倍生懊恼，举首号叫，仰天而哭……转复闷绝，失念躄地，忧愁盛火，炽然其身……良久乃苏，复起举首，号天而哭"；臣民眷属"哀哭悲号，声动天地，惶惶如是……而复悲号，哀动神祇"；信使"头蒙尘土，血污其衣，灰粪涂身，悲号而至"①。这些对太子死后周围人物情绪的刻画，在文中多次重复出现，从不同的角度对太子身死后众人悲痛的描述不断充实着太子的人格特质，充实着太子舍身饲虎这一核心情节。这种对哀痛情感的描绘，虽然角色不停地变换，但是基本动作确实是相同的，这就是文字描述的附属功能。通过核心情节和大量的附属描绘便组成了本文中所表现的以因果关系连接的复杂链状序列，即起因：三王子出游见到饿虎产子——过程：三位王子讨论，萨埵那太子发愿饲虎——结果：虎活了下来，太子身死；而这个序列的最后一个情节又成为下一个序列的第一个情节：起因：太子身死——过程：众人和虎都为太子感到悲痛并且被萨埵太子的慈悲布施感化——结果：太子身成佛陀，众人和虎成就道果。我们可以从中理解核心功能和附属功能在情节中的运行，以及释迦牟尼选择以萨埵那太子以身饲虎作为这个叙事作品中的"视点"，无疑包含着突出佛教义理中施舍和奉献的精神，希望读者理解在佛教义理中舍身的价值规范，即单纯以求得正觉为目的的舍身是有违戒律和佛法的，真正的舍身应该是像萨埵那太子那样，修行菩萨之道，心中无惧无畏，为了拯救众生而舍弃自身，同时也舍弃人性中的执念、恶念、欲望和眷恋，只有这样的舍身才能代佛以无上觉悟普度众生，也使自身得到救赎，成就佛果。

三、结语

以上所述，不是仅对《舍身饲虎》故事内容的研究，而是通过叙述者的视点所显现出来的意识形态与道德立场，来研究大乘佛教在印度与中国的传播过程中的具体体现，以及在与中国传统伦理道德体系对抗时所表现出的价值观念。北魏时期灭

---

① 金光明经. 卷4: 舍身品［M］. 大正藏: 第16册, 昙无谶, 译. 台北: 新文丰出版公司, 1986: 353-357.

佛运动使"舍生"精神成为佛教徒的精神支柱,佛法永恒不灭是他们最强烈的愿景,这就促使了佛教与中国儒道传统伦理的融合与演化,为我们研究中国佛教史提供了有力的佐证。

参考文献:

[1]《马克思主义文艺理论研究》编辑部.美学文艺学方法论(下)[M].北京:文化艺术出版社,1985.

[2]兰州大学敦煌学研究所,麦积山石窟艺术研究所.麦积山石窟艺术文化论文集(上):2002年麦积山石窟艺术与丝绸之路佛教文化国际学术研讨会论文集[M].兰州大学出版社,2002.

[3]王菡薇.莫高窟壁画与敦煌文献研究之融合:以北魏254窟壁画《舍身饲虎》与写本《金光明经卷第二》为例[J].新美术,2010,31(5).

[4]陈海涛,陈琦.图说敦煌二五四窟[M].北京:生活·读书·新知三联书店,2017.

[5]陈寿.三国志:卷49[M].北京:中华书局,2002.

[6]刘昫等.旧唐书:卷18上[M].中华书局编辑部点校.北京:中华书局,1975.

[7]查尔斯·埃利奥特.印度教与佛教史纲:第1卷[M].李荣熙,译.北京:商务印书馆,1982.

[8]渥德尔.印度佛教史[M].王世安,译.北京:商务印书馆,1987.

[9]季羡林.佛教十五题[M].北京:中华书局,2007.

[10]大般涅槃经后分卷上·遗教品[M]//大正藏:第12册.若那跋陀罗,译.台北:新文丰出版公司,1986.

[11]胡亚敏.叙事学[M].上海:华中师范大学出版社,2004.

[12]金光明经:卷4:舍身品[M]//大正藏:第16册.昙无谶,译.台北:新文丰出版公司,1986.

[13]查特曼.叙事与话语[M].徐强,译.北京:中国人民大学出版社,1978:40.

武山拉梢寺元代喇嘛塔艺术的风格特征

丁万本[①]

摘　要： 喇嘛塔是藏传佛教独特的建筑形式，其因元代藏传佛教的兴盛而流行开来。武山水帘洞石窟群拉梢寺单元塑有一定量的元代喇嘛塔，为我们研究元代藏传佛教的传播与艺术表现形式提供了珍贵的图像资料。本文试图对武山拉梢寺元代喇嘛塔相关文献和图像进行整理与归纳，并与周边同期的藏式佛塔进行比较分析，总结武山拉梢寺元代喇嘛塔艺术的风格特征。

关键词： 喇嘛塔；拉梢寺；元代；藏传佛教

引　言

元朝自忽必烈即位，尊八思巴为国师后就奠定了藏传佛教的绝对地位。藏式佛塔也随着藏传佛教的发展走出雪域高原、流行开来，多以建筑、浮雕、壁画等形式存在于石窟、寺之中。对于这一类藏式佛塔的研究，做专著论述的较少，整体集中讲解的居多，如张驭寰著的《中国佛塔史》[②]、萧默著的《敦煌建筑研究》[③]以及王南的《塔窟东来》[④]等书籍，均有提及此类型的佛塔，并做了相关的介绍。针对元代这一时

---

① 丁万本，1995年生，2020级，攻读硕士学位，主要研究方向为中国美术史论。

② 张驭寰.中国佛塔史［M］.北京：科学出版社，2006.

③ 萧默.敦煌建筑研究［M］.北京：机械工业出版社，2002.

④ 王南.塔窟东来［M］.北京：新星出版社，2018.

期藏式佛塔的相关研究，则多以研究佛塔个例为主，其中有秦保平的《开鲁镇元代佛塔》①、陈丽亚发表的《我国现存最大藏式佛塔——妙应寺白塔》②、常霞论述的《陇西发现的元代舍利塔研究》③等文章。学者主要从地方的元代藏式佛塔入手，谈及藏传佛教的传播、佛塔艺术形式、反映的佛教信仰等方面内容。

武山水帘洞石窟群拉梢寺单元现留存有一定数量的元代泥塑喇嘛塔。关于水帘洞石窟群现存元代泥塑喇嘛塔的相关研究，目前成果较少。大致有通过喇嘛塔图像论述其所反映的藏传佛教、佛塔的传播以及藏传佛教对水帘洞石窟群的影响④；或有谈及之所以以浮塑、石胎泥塑为主，且主要为喇嘛塔的两方面因素⑤；赵世金的硕士论文《甘肃武山水帘洞石窟群研究》中也对此稍有提及⑥。针对以上的研究现状，笔者拟以武山水帘洞石窟群现存的元代泥塑喇嘛塔为研究对象，在前人研究的基础之上，以佛塔实物为根据，结合历史背景、地方环境对其所表现的风格特征做一详细的考察与探讨。

一、拉梢寺元代喇嘛塔

武山，元代时称宁远县，属巩昌府，地理位置上临近临洮府、秦州、陇州等地，是大都至西藏地区的必经之地。由是，武山水帘洞石窟群有较为集中的藏式佛塔遗存。

武山水帘洞石窟群现存的藏式佛塔分布于拉梢寺单元与水帘洞单元。根据相关资料以及实物对比，水帘洞单元佛塔开凿绘制时间较早，拉梢寺单元佛塔群则多开凿绘制于元代。故笔者结合佛塔实物，对拉梢寺单元现存的元代喇嘛塔的分布与

---

① 秦保平.开鲁镇元代佛塔 [J].内蒙古文物考古，1998（1）：90-92.

② 陈丽亚.我国现存最大藏式佛塔——妙应寺白塔 [J].北京档案，2003（1）：44-45.

③ 常霞.陇西发现的元代舍利塔研究 [J].敦煌研究，2012（6）：47-52.

④ 王雪梅，汪新颖，杨成军.甘肃武山水帘洞石窟群舍利塔历史探究 [J].文化产业，2018，11（6）：47-48.

⑤ 张玉壁.甘肃武山水帘洞石窟佛教建筑的艺术特征及成因探究 [J].敦煌学辑刊，2014（1）：129-134.

⑥ 赵世金.甘肃武山水帘洞石窟群研究 [D].兰州：兰州大学，2017：103-104.

造型作以整理。

拉梢寺喇嘛塔艺术以开龛塑塔、浮塑的形式展现。其中，浮塑、彩绘的喇嘛塔多已残毁、漫漶不清，故本文的研究对象为开龛而塑的喇嘛塔。笔者参考《水帘洞石窟群》一书编号，对其进行整理。拉梢寺 L13、L15、L19、L22、L23、L24 为元代藏式佛塔，共计 6 组，其中 L19、L23、L24 未通栈道，毁坏严重，以下就 L13、L15、L22 进行简单描述。

L13 号佛塔位于拉梢寺单元壁画的右下方，L15 号佛塔的左侧，为一梯形龛。龛内塑一喇嘛塔（图 1、图 4），由塔基、塔身、塔刹构成。塔基为四层台基，从下至上依次递减，塔基下两侧现已残毁。塔身是较有棱角的圆形覆钵体，覆钵体上侧有一长孔，留有烧香供奉的痕迹；覆钵体下侧为一圈仰莲台。塔刹分为四部分：下侧是由下至上依次递减的十三层相轮；相轮上为一菱形饰物；刹尖则为摩尼宝珠；连接刹顶与菱形饰物的为伞盖，伞盖上绘覆莲纹饰。塔身表面多残毁、颜色少存。龛内于相轮两侧以石青、石绿两色绘制了飘逸的幡带，左侧以朱红绘画了火焰纹装饰。

L15 号佛塔位于 L13 号佛塔的右侧，一舟形龛内塑一喇嘛塔（图 2、图 5），其基本形制与 L13 号佛塔相似。塔基由五层依次递减的长方形台基组成，整体台基占比较大。连接塔身与塔基的为一圈仰莲台。塔身是一整体偏饱满、圆润的覆钵体，其上有十三层从上至下依次递增的相轮。相轮上方为一带有圆点的菱形饰物，菱形饰物上为一伞盖，刹顶则装饰有摩尼宝珠。佛塔保存完好，基本无残毁，饰色现已较为模糊。龛内于菱形饰物两侧以石青、石绿两色绘制有幡带；刹顶上方、龛顶以及龛两侧绘有大量的火焰纹装饰。

L22 号佛塔位于拉梢寺单元左侧，偏梯形龛内塑一喇嘛塔（图 3、图 6），形制与上述佛塔一致，由塔基、塔身、塔刹三部分组成。塔基是四层依次递减的方形台基，其上有十字几何装饰；塔身为一偏方圆的覆钵体，上绘有连续的珠状纹饰；塔刹由四部分构成，刹柱是七层相轮，其上有一菱形饰物，刹尖饰有摩尼宝珠，刹尖下连接一伞盖。龛内纹饰已残损，但从现存的颜色和模糊的形状看，相轮两侧同样绘有石青、石绿色的幡带做装饰。

图 1 拉梢寺 L13 号喇嘛塔　　图 2 拉梢寺 L15 号喇嘛塔　　图 3 拉梢寺 L22 号喇嘛塔

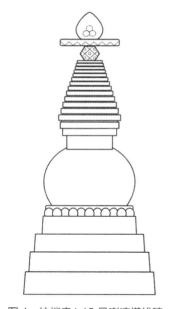  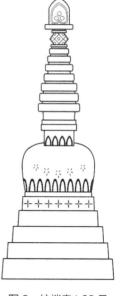

图 4 拉梢寺 L13 号喇嘛塔线稿　　图 5 拉梢寺 L15 号　　图 6 拉梢寺 L22 号
喇嘛塔线稿　　喇嘛塔线稿

二、拉梢寺元代喇嘛塔形制分类整理

元代藏传佛教的兴盛使藏式佛塔艺术在汉地流传开来。除其基本形制参考藏
式佛塔外，也可能由于汉地工匠以及地方信仰差异使佛塔呈现诸多个性。现笔者就

拉梢寺元代喇嘛塔分塔本身以及龛内装饰两类进行整理分析，以表格形式总结其内容（表1），归纳拉梢寺元代喇嘛塔的艺术特征。

表 1　拉梢寺元代喇嘛塔形制一览表

编号	塔基：从下至上	塔身	相轮层数	塔刹：从下至上	龛内装饰	龛内装饰线稿
L13	四层依次递减的长方形台基	较有棱角的圆形覆钵体	十三层	菱形装饰物，伞盖上绘覆莲纹饰，刹尖摩尼宝珠	石青、石绿幡带火焰纹	
L15	五层依次递减的长方形台基	一上部饱满、整体偏圆润的覆钵体，覆钵体下有仰莲台	十三层	菱形装饰物，伞盖，刹尖摩尼宝珠	石青、石绿幡带火焰纹	
L22	四层依次递减的长方形台基，上有十字几何装饰	一偏方圆的覆体，上绘有连续的珠状纹饰	七层	菱形装饰物，伞盖，刹尖摩尼宝珠	石青、绿色幡带（模糊）	漫漶不清

喇嘛塔本身：拉梢寺现存元代喇嘛塔具备藏式佛塔要素，分塔座、塔身、塔刹。塔座则由台基与莲花座构成，台基呈方形台状，由四至五层叠加石砌而成，有承载覆钵体，使其"漂浮在原始的海洋"上，台基上为莲花座，且均为仰莲。L22 无莲花座，台基上为一须弥座，但在覆钵体下方绘有一圈仰莲纹饰，或有莲花座之意，同时上层台基上绘有连续的十字纹饰；塔身部分均为覆钵体。L15 号、L22 号喇嘛塔的覆钵体更趋于方圆，而 L13 号喇嘛塔则棱角较为分明。不同的是 L22 号覆钵体上绘有连续珠状纹饰，更为注重装饰性；塔刹部分又细分为相轮、伞盖、刹尖，拉梢寺元代喇嘛塔相轮均为半圆状，同元代藏塔相轮特征一致，下大上小明显。L13、L15 的相轮为十三层，即藏式"十三天"，L22 号喇嘛塔相轮则只垒至七层。伞盖部分基本形制相同，为圆状。L13 号喇嘛塔伞盖装饰有覆莲，且比其他伞盖更为厚重，伞盖下连接相轮的均为菱形装饰物。刹尖以相同的摩尼宝珠为饰。

龛内装饰：拉梢寺元代喇嘛塔装饰主要分为幡带饰物、火焰纹饰。拉梢寺元代喇嘛塔均装饰有幡带，自相轮两侧绘制，呈"S"形、"八"字状，如"礼花"包装佛塔。幡带用墨线勾勒外形，再以石青、石绿、白色相间绘制填色，整体形态飘逸灵动、转折自然。龛内顶部、左右两侧装饰均以火焰纹为主。纹饰用平涂手法，墨线勾勒、填以红色装饰，样式不求凸显立体效果，是此期典型的纹饰图案化。

三、武山拉梢寺喇嘛塔艺术风格特征

（一）与同期周边喇嘛塔艺术的比较

佛塔作为佛陀的象征，代表着涅槃重生、佛法无边。《佛说造塔功德经》记载：

> 尔时，世尊告观世音菩萨言：……未有塔处，能于其中建立之者……其人功德如彼梵天，命终之后生于梵世，于彼寿尽生五净居，与彼诸天等无有异。①

《右绕佛塔功德经》同样记载了右绕于佛塔者，所得的诸多果报。佛教经文的宣传自然使得佛塔题材被广泛应用，如马蹄寺石窟佛塔群、妙应寺白塔、琉璃舍利塔等。故以下就拉梢寺元代喇嘛塔与周边同一时期的喇嘛塔艺术做一横向比较，试图在时代共性中分析其自身的"个性"。

1. 与同期周边石窟、寺喇嘛塔艺术比较

石窟、寺当中，与拉梢寺最为临近的是武山木梯寺石窟。其第11窟喇嘛塔（图7）与拉梢寺佛塔形制相似，均为元代雕刻。

图7　木梯寺喇嘛塔

---

① 《中华大藏经》编辑局.中华大藏经（汉文部分）：第24册［M］.北京：中华书局，1987：277.

但木梯寺佛塔塔基较低、塔身比例小、形制更偏短圆，塔刹相轮部分差异较大，拉梢寺佛塔相轮自下而上逐渐递减，木梯寺相轮则采用中间大两头小的形制，相轮上伞盖更为厚重，整个塔型较拉梢寺来说更为简单，且龛内无装饰。

宁夏回族自治区固原市原州区的须弥山石窟第112窟、114窟的舟形龛内各塑一藏式佛塔。其样式与拉梢寺佛塔更为一致，整体比例接近，台基均较为高大、厚重，覆钵体与拉梢寺L15号佛塔无差别，只有相轮层数与塔刹存在一定的差异。

同处于丝绸之路上的马蹄寺石窟现存有规模宏大的摩崖佛塔群，其大部分开凿于西夏末至明清，佛塔造型和装饰极为丰富。如马蹄寺南寺石窟东段的佛塔，开凿于元至明代，与拉梢寺佛塔相比较，马蹄寺石窟中的佛塔整体不设色，但佛塔台基形制多样，覆钵似铃铛状、瓶状，多开佛龛，相轮更为矮圆，刹尖装饰种类繁多，有宝珠顶、日月宝珠顶、葫芦顶等。而拉梢寺石窟喇嘛塔色彩装饰丰富、形制统一，伞盖下的装饰物较为独特，龛内主要装饰内容固定。炳灵寺石窟佛塔与拉梢寺佛塔比较亦是如此。

2. 与同期出土喇嘛塔艺术品比较

现藏于武山县博物馆的元代琉璃舍利塔（图8）与拉梢寺喇嘛塔有诸多相似之处。如台基上有莲台。覆钵体上的连续的纹饰与拉梢寺L22号喇嘛塔覆钵体装饰有相同意味，伞盖覆莲纹饰与拉梢寺第13号龛伞盖相似。二者差异在于，琉璃舍利塔为仰莲台、覆莲台，拉梢寺则只雕刻有仰莲台。拉梢寺覆钵体较琉璃舍利塔覆钵体更为圆润；相轮更为细长；塔刹形制也不同，拉梢寺塔刹均饰以摩尼宝珠，琉璃舍利塔刹尖为桃形装饰。

元朝时期同属巩昌府管辖的陇西，同样出土了相似的舍利塔，现藏于陇西县博物馆。其中（图9）有佛龛的舍利塔与拉梢寺喇嘛塔形

图8　元代琉璃舍利塔

制区别较大，塔刹装饰、覆钵体形状不一。有佛龛的舍利塔台基上有高大的须弥座，

纹饰丰富。较为相似的点在于覆钵体的装饰以及台基之上的莲台。另一件（图10）舍利塔则与拉梢寺喇嘛塔更为接近，与武山县博物馆藏舍利塔除却覆钵体装饰不同外，并无其他差异。

图 9　元代琉璃舍利塔　　　　图 10　元代琉璃舍利塔

3. 与同期其他喇嘛塔比较

现存建于元代，最为著名的喇嘛塔建筑应属北京妙应寺白塔。该塔整体造型壮硕，相轮下大上小明显，塔刹为一小型窣堵波。拉梢寺喇嘛塔形制与之基本相似，造型简洁。

新乡市辉县白云寺的普照大禅师石塔、江门市新会区圭峰山玉台寺的镇山宝塔同样为元代修建的喇嘛塔，但因功能的不同，其与拉梢寺佛塔差异较大，整体造型精致，更注重装饰性与细节刻画。

从石窟、寺中的佛塔群，出土的喇嘛塔艺术品以及喇嘛塔建筑，我们可以看出武山拉梢寺元代喇嘛塔艺术的出现并非个例。虽并非个例，但同期的元代喇嘛塔也因地埋位置与环境的差异而各有特点。

（二）拉梢寺喇嘛塔艺术风格特征

1. 形制简洁一致、菱形饰物独具特色

拉梢寺喇嘛塔遗存作为秦州等地少有的藏传佛塔艺术，相比较规模宏大的马蹄

寺石窟、炳灵寺石窟佛塔群来说则显得更为"渺小"，或许正是由于较为"渺小"，其形制才更为统一。根据以上整理归纳，我们不难发现拉梢寺元代喇嘛塔整体的形制更为一致，造型简洁。同时武山拉梢寺喇嘛塔与武山木梯寺喇嘛塔、周边同期出土的舍利塔形制也较为相似，由此反映了同一地区的佛教信仰与其艺术表现形式。

在一致的形制基础上，拉梢寺喇嘛塔也有其个性的造型展示。元代喇嘛塔虽受尼泊尔佛塔形制的影响，一般相轮为十三层，但其并非固定式样。拉梢寺元代喇嘛塔除去有十三层相轮出现，也有七层相轮。拉梢寺元代喇嘛塔艺术最为特殊之处应是宝盖下菱形饰物的存在。拉梢寺元代喇嘛塔宝盖下均有一菱形饰物，并在菱形饰物上做了精巧细致的细节刻画，选择用几何形，比如菱形和圆点来装饰饰物。将伞盖与相轮的圆润之感与几何菱形的理性相结合，使佛塔更为和谐，体现出更深层次的意涵。参考水帘洞、拉梢寺较早绘制的佛塔同样有菱形饰物，而同期其他地方的喇嘛塔伞盖下基本为圆状环形饰物，极少有装饰。菱形饰物可以说是独具地方特色的内容。

2. 喜以繁多装饰烘托佛塔形象

拉梢寺元代喇嘛塔不论是塔本身还是龛内，均做装饰，追求造型效果。特别是 L22 号喇嘛塔塔身装饰极为丰富，其他龛内则塔身装饰较少，尤其注重对龛内的装饰。

一般喇嘛塔覆钵体较少装饰，与基座繁多的装饰形成强烈对比，如上文提到的木梯寺、炳灵寺佛塔。但结合武山、陇西博物馆藏的舍利塔来看，个体的舍利塔更为注重覆钵体装饰。或许拉梢寺元代喇嘛塔参照了周边舍利塔的制作。从塔自身看，塔基均用直线、几何形表现，即点、线、面元素的勾勒组合，不同形状元素间相互融合；而塔身的装饰则将佛塔形象修饰得更为美好。龛内装饰较周边石窟、寺来说也更为纯粹统一，但其表现更为细致。整体以幡带、火焰纹为饰。幡带装饰以其柔美的线条，具有生命力的色彩增加了佛塔的神圣之感；火焰纹的装饰最早应用于佛背光，本身就是极为圣洁的。拉梢寺佛塔龛内绘制有大量的火焰纹，其光明与新生之意烘托了佛教的"神性"与"光芒"。

拉梢寺元代喇嘛塔用不同的几何形体塑造了简洁的造型，展现了元代喇嘛塔艺术的雄壮之美，周边灵动的曲线纹饰与塔身的简洁形成对比，塔身的高大形象与龛内装饰的灵动之感共同塑造了佛教信徒崇拜的对象。

3. 红色为主色调，辅以青绿点缀

通过整体归纳，笔者发现周边的石窟、寺佛塔基本不设色；而拉梢寺元代喇嘛塔却喜用颜色来烘托形象，并有其自身的规律。在色彩搭配上，藏传佛教的壁画色泽艳丽，对比强烈，大体可分为红绿色调和红蓝色调。可是敦煌壁画包括藏传佛教壁画，整体上以石绿色为基调，呈冷色调。①拉梢寺元代藏传佛教艺术则是二者的结合，红色为主色调，辅以青绿点缀。红色在藏传佛教中代表了崇高、权力与信仰。拉梢寺元代喇嘛塔艺术采用了这一形式，在塔身与龛内纹饰上大量选用了红色和红褐色，尤其是 L15 号龛内装饰与 L22 号塔身装饰。石青、石绿色则主要运用于幡带的装饰，并使用了少量的白色，使整个佛塔形象增添了几分淡然与理性。相比较藏传佛教用色强烈的视觉冲击，拉梢寺喇嘛塔艺术的色彩缓和了视觉冲击，使佛塔更为和谐、含蓄。

结　语

元代是水帘洞石窟群营建、修缮的又一黄金期。这一时期较为集中地在拉梢寺单元开龛泥塑了一定量的喇嘛塔，它所呈现的风格特征体现了佛教艺术之间的相互交流与碰撞。正是藏传佛教传入中原，与中原文化相适应，因地制宜，才使得拉梢寺喇嘛塔在其共性之中体现诸多个性，塑造出了简洁、和谐、独特的藏式佛塔。同时拉梢寺、木梯寺的喇嘛塔以及同地区出土的舍利塔又说明了元代巩昌府等地藏传佛教的兴盛，为我们研究该地区的藏传佛教信仰与藏传佛教艺术提供了珍贵资料。

注：该论文略作删减后已发表于《丝绸之路研究集刊》，2023 年第 1 期。

---

① 张静.藏区藏传佛教壁画与敦煌藏传佛教壁画色彩差异性之浅析［J］.美术界，2011（6）：72.

参考文献:

［1］甘肃省文物考古研究所,麦积山石窟艺术研究所,水帘洞石窟保护研究所.水帘洞石窟群［M］.北京:科学出版社,2009.

［2］敦煌研究院,甘肃省文物局,肃南裕固族自治县文物局.肃南马蹄寺石窟群［M］.北京:科学出版社,2020.

［3］《中华大藏经》编辑局.中华大藏经(汉文部分):第24册［M］.北京:中华书局,1987.

［4］王尧.中华佛教史［M］.太原:山西教育出版社,2013.

［5］宋濂,等.元史七志:四［M］.北京:中华书局,1976.

［6］李治安,薛磊.中国行政区划通史:元代卷［M］.2版.上海:复旦大学出版社,2017.

［7］陈庆英.元朝帝师八思巴［M］.北京:中国藏学出版社,1992.

［8］周晶,李天.雪山中的曼荼罗:藏传佛教大型佛塔研究［M］.北京:中国建筑工业出版社,2016.

［9］吴庆洲.藏传佛塔与寺庙建筑装饰［M］.北京:中国建筑工业出版社,2015.

［10］戴孝军.中国古塔及其审美文化特征［M］.武汉:武汉大学出版社,2018.

［11］全佛编辑部.佛教小百科:佛教的塔婆［M］.北京:中国社会科学出版社,2003.

［12］郭玉琴.马蹄寺石窟群摩崖佛塔结构特点及艺术特色［J］.新丝路(下旬),2016(6).

［13］常霞.陇西发现的元代舍利塔研究［J］.敦煌研究,2012(6).

［14］张静.藏区藏传佛教壁画与敦煌藏传佛教壁画色彩差异性之浅析［J］.美术界,2011(6).

图录:

图1　拉梢寺L13号喇嘛塔,图片为笔者拍摄。

图2　拉梢寺L15号喇嘛塔,图片为笔者拍摄。

图3　拉梢寺L22号喇嘛塔,图片为笔者拍摄。

图 4　拉梢寺 L13 号喇嘛塔线稿，图片为笔者自制。

图 5　拉梢寺 L15 号喇嘛塔线稿，图片为笔者自制。

图 6　拉梢寺 L22 号喇嘛塔线稿，图片为笔者自制。

图 7　木梯寺喇嘛塔，图片为笔者拍摄。

图 8　元代琉璃舍利塔，图片为笔者拍摄。

图 9　元代琉璃舍利塔，图片为笔者拍摄。

图 10　元代琉璃舍利塔，图片为笔者拍摄。

"那伽"形象中国化初探

陆子情[①]

摘　要： 印度佛教文化通过丝绸之路对中国的文化输出，也是中西方文化交流与融合的典范。其中，"那伽"的传入与发展，最具佛教中国化的典型性。在龟兹与敦煌地区的石窟中多有以佛教护法神龙王和灌浴太子为主题的佛传故事出现，对比印度佛教文化中的那伽，龟兹与敦煌地区的"那伽"形象与内涵都有了新的创造，从中可见中华传统文化的强大吸引力与创造力。

关键词： 佛教；那伽；中国化

引　言

佛教是世界性的宗教，早在僧团建立之初，佛陀就劝导其弟子到各地传播宗教。随着印度佛教的东传，佛教文化传入中国，这是中国文化史上的一件大事。中国的文化输出方式多与中外经贸往来有着密切关系。可以说，印度佛教向中国传播的主要通道就是丝绸之路。

印度是一个尊崇蛇文化的国家，而中国则推崇龙文化。在印度语中，那伽（Naga）的原意是蛇，印度佛教文化里流传着很多与蛇有关的故事。在中国的东汉时期，当佛教经由丝绸之路传入中国时，一些佛经翻译者为了方便佛教在中国的传

---

① 陆子情，1997年生，2020级，攻读硕士学位，主要研究方向为美术史论。

播，会根据当时的文化背景和民族审美倾向，采用群众易于接受的方式进行翻译。这些译经者在印度佛教故事的基础上，吸取了中华文化后进行了改造与创新。那伽就是其中改造得比较成功的典范，因为把蛇翻译为龙，更有利于中国佛教信徒接受其文化。"龙"在我国的传统文化里，其实是一种存在于人们脑海中的虚拟的动物。而本身具有特殊含义的"那伽"可以看作印度的蛇神，为了贴合我国的龙文化，其被翻译为龙王或龙神，从而具有了人格化的倾向。而"龙"作为想象中的动物，当其变为具有特殊能力的人格化的神之后，也激发了人们对龙文化的创造和想象。

一、佛教在丝绸之路上的传播

佛教是通过怎样的方式传入中国的？由于佛教的传播途经了多地，且年代久远，这也就成了一个错综复杂的问题。后来，许多学者把散落在各种文献、传统史料中的零星信息放在一起分析、类推和归纳，从而得到一个较为统一的说法，即佛教传入中国与中外经贸往来关系密切，其主要通道就是丝绸之路。

"丝绸之路"这一概念是一百多年前由德国地质学家李希霍雾在其《中国》一书中最早提出的。根据他的研究，可知丝绸之路有东段和西段之分。东段应始于中国渭水流域至阿富汗，西段则从欧洲西来中国。一百多年来，随着人们对丝绸之路的研究不断深入，其范围也越来越大，到目前为止，似乎中国历史上所有对外交通都可以称为丝绸之路。[1]

丝绸之路又可分为四条要道。(1)北方陆道：始于长安，经甘肃河西走廊，过敦煌出新疆；沿天山南麓，达喀什噶尔，逾葱岭，经大宛、康居、大夏、大月氏、安息，走向欧洲大陆。公元1世纪左右，大月氏(今中亚细亚撒马尔干一带)打败原先居住在那里的大夏，建立贵霜王朝，佛教开始在此丝路上传播。(2)西南道：起于保山，经大理、姚安，至西康会理、雅安以及四川成都，至汉中；然后北上达长安，南下沿汉水、武汉；后沿长江东下至金陵，走向海外。西南道的另一通路亦由保山西出腾冲，至缅甸北部，经曼德勒和仰光，再泛海至印度。(3)青州道：始于山东半岛

---

① 石云涛. 丝绸之路的起源 [M]. 兰州：兰州大学出版社，2014：1-12.

的蓬莱，经胶州湾等地，南至琅琊台，乘船至日本乃至非洲各国。（4）交广道：始于两广和交州（越南北部）一带，其中包括苍梧、南海、郁林、合浦、交趾、九真、日南等地，经富良或珠江出海，或经柬埔寨由湄公河出海，或经广东雷州的徐闻出海（向内陆则由珠江连接西江、左江、漓江，经桂林东出湖南，沿湘水、长江、汉水而至长安；或由珠江、北江、湟水，经连县出湖南，沿湘水而会长江、赣江、长安）。此道出海后，沿南海，穿过马六甲海峡，到达印度洋沿岸和波斯湾地区。[①]

印度佛教分南北两宗，南宗所传为小乘，北宗则为大乘，一般来说，小乘在先，大乘在后；海路所传为南宗，陆路所传为北宗。印度佛教在向印度本土以外地区传播的过程中，由于传播的路线不同、所经国家的文化差异等，传入中国时已出现不同的思想体系和实践模式。与此同时，佛教又以其具有渲染力的形式与丰富的内容题材为中国传统思想注入新的活力，从而在与中国文化的相互冲突中不断地融合、渗透，并最终与儒、道并驾齐驱，成为中国传统文化的三大组成部分之一。

二、那伽的中国化演化

（一）由蛇到龙

那伽在印度文化中，是一个以眼镜蛇为原型的动物神，源于印度远古土著民对于蛇的崇拜，其梵文名写为"Naga"，即眼镜蛇之意。按其形象类型可将其分为动物型、人格化型，另有单尾多头蛇型和蛇冠人物组合型。后被印度佛教吸纳，从而以佛教文化作养料充实了那伽这一形象。中国推崇的是龙文化，对龙的文字描述最早出现于《山海经》与《易经》，《山海经·大荒北经》中说："蚩尤作兵伐黄帝，黄帝乃令应龙攻之冀州之野。应龙畜水。蚩尤请风伯雨师，纵大风雨。"[②]其意为，应龙因为帮助了黄帝战胜蚩尤和夸父，遂不能返还上天，这件事带来的后果就是大旱。在传说中，人们认为龙有降雨的功能。这也是为何原始时代的龙被人民寄托了美好的愿望，被作为自然神崇拜。在经过漫长的历史时期以后，龙的形象和功能有了各种分

---

① 成祖渔.海上丝绸之路与中外佛教文化交流［M］.北京：中国社会科学出版社，2019：15.
② 苑利.二十世纪中国民俗经学典：信仰民俗卷［M］.北京：社会科学文献出版社，2002：121.

化。但印度的蛇文化与中国的龙文化的共同点是，二者都与"水"有关联，蛇生存在水里，龙则具有司雨的能力。

由此，早期的佛教传播者在翻译那伽时，结合中国的语境、传统文化和审美，将其翻译为龙，遂"龙王"一词应是舶来词。宋代赵彦卫《云麓漫钞》载："史记西门豹传，说河伯，而楚辞亦有河伯词，则知古祭水神曰河伯。自释氏书入，中土有龙王之说，而河伯无闻矣。"①学术界大多引用这段文字论证"龙王"一词为舶来词。根据文献记载，汉传佛经中将"Naga"译为"龙"可能在东汉时已出现，例如《四十二章经》第四十二章记载："视禅定，如须弥柱。视涅槃，如昼夕寤。视倒正，如六龙舞。"②西晋时期竺法护所译《佛说海龙王经》出现了"龙王"一词。文中记载："尔时海龙王白世尊曰：'唯佛加哀诸天龙神及无量人，令致安隐至于大海，诣我宫中屈神小食，所以者何？'"③

可见，对"那伽"的翻译，是佛教东渐至中国时，佛教传播者在佛教文化中创造性融入中华文化的典范。印度佛教在向中国传播的过程中，在途经多地、融合多种文化的背景下，为了更好地使其在中国传播，有意在翻译佛经时将其内容在糅合中华文化的基础上加以改造，让佛教在中国的传播更贴合本土审美。

（二）中国龙的人格化

关于龙的文化史和宗教史的发展在中国的历史洪流中经历了漫长的时空，据文献记载，龙崇拜文化和龙信仰的产生最早可以追溯至远古时期，这一时期的龙是存在于原始先民想象中的神灵动物，有关记载可见《尔雅·翼》。其中提到龙的角像鹿，头部与骆驼相似，眼睛像兔子的眼珠，而脖颈又似蛇等等，据统计"龙"这一形象融合了多达儿种动物的形象。而对于龙的属性和形象介绍，许慎在《说文解字》中解释说，龙在鳞虫类动物中占有比较高的地位，可以随意变化自己身体的长度，也可以变化体态的粗与细，在春分时期飞上天空，而在秋分季节潜伏在深渊休息。

---

① 赵彦卫.云麓漫钞［M］.上海：古典文学出版社，1957：146.
② 鸠摩罗什等.佛教十三集经［M］.北京：中华书局，2010：467.
③ 佛陀教育基金会.佛说海龙王汇编［M］.财团法人佛陀教育基金会，2005：68.

《南部新书》中对龙也有描述，"龙之性粗猛，而畏蝎，爱玉及空青，而嗜烧燕肉，故食燕肉人不可渡海"[①]。

在原始时期，"龙"这一形象饱含了原始人民对美好生活的希冀，也长时间地被作为部落中的图腾符号。总的来说，此时期的龙的形象还是存在于幻想中的生物，是根据可视性的现实中的动物原型进行糅合与创造而得出的形象，龙崇拜和龙文化，二者相辅相成，互相渗透与推进了龙文化的发展体系，也是龙王信仰产生前的铺垫。

而关于龙崇拜在现实生活中的体现，可追溯至旧石器时期。发现于河南濮阳西水坡仰韶文化墓葬第45号墓室中一组名为"龙虎北斗图"的雕塑作品，右侧雕塑被学者们认定为龙，此雕塑作品结合了死者权威、灵魂升天以及方位神祇，具有为死者引路升天的寓意。[②]同时，此时期在氏族公社中盛行的图腾崇拜为龙图腾形象，龙具有神秘力量的意味。此外，学者们在研究商代甲骨文过程中提取出了关于龙神祭祀的详情，在一些考古活动中也出现了以龙形象为创作原型的物品[③]，即内蒙古翁牛特旗三星他拉村出土的红山文化碧玉龙，此一时期还发现了红山文化中的玉猪龙和龙首璜。

关于龙这一形象的具体图式表现，还可通过在湖南长沙子弹库出土的一幅创作于战国中后期，现被收藏于湖南省博物馆的《人物御龙帛画》来一窥一二。此图中央绘制了一位仰头挺胸、头戴高冠、腰佩华剑的男子，有学者推测为墓主人的生前样貌。男子脚踩的就是一尾游龙，从画面来看龙头高昂、龙尾翘起，而龙身平伏，略呈舟形。细观此图，可看到龙的爪似鹰爪，龙背似有鳞片，画中所绘的龙是为墓主人引路升天。除去在墓葬文化和图腾文化中具有引魂升天寓意的龙形象，在龙文化和龙信仰的发展过程中"龙"逐渐被赋予了司雨的功能，在民间备受推崇。关于此，最早的记载当见于《山海经》，所谓"大荒东北隅中，有山名曰凶犁土丘，应龙处南极，杀蚩尤与夸父，不得复上。故下数旱，旱而为应龙之状，乃得大雨"[④]。翻译其大

① 苑利.二十世纪中国民俗学经典：信仰民俗卷［M］.北京：社会科学文献出版社，2002：121.
② 蒲松年.中国美术史［M］.北京：人民美术出版社，2008：10.
③ 蒲松年.中国美术史［M］.北京：人民美术出版社，2008：18.
④ 国学经典文库编委会.山海经［M］.成都：四川美术出版社，2018：245.

意应为，有龙名曰应龙，因在黄帝与蚩尤、夸父的大战中帮助黄帝得到胜利，因此受惩罚不能够返回天庭，这也导致了人间多年的旱灾。此条记载明确表示秦汉时人们认为，应龙具有降雨的功能。

战国中后期龙的形象都还只是作为想象中的神兽的图式出现，并没有成为具有人格化的形象。龙在佛教传入中国后，其形象完成了动物型到拟人型的转变。作为活在原始人民想象中的动物，龙吸取佛教文化中的护法神形象后，遂有了具体的人格化形象。那时的龙作为凤、麟、龟等四灵之首，其形象并没有摆脱动物的特点。

关于龙形象的主题在敦煌石窟中亦有表现。敦煌，位于河西走廊西端，地处丝路要冲，是古代东西交通的咽喉。隋代裴矩在《西域图记》序中说："发自敦煌，至于西海，凡为三道，各有襟带……总凑敦煌，是其咽喉之地。"① 自汉代以来，敦煌就是"华戎所交，一都会也"。在敦煌莫高窟中，龙作为动物型的图像出现，即初唐时期绘于敦煌329窟龛顶的乘龙仙人，其"头饰双发髻，着汉式大袖襦长裙的仙人，一手托莲花，一手持羽扇，她正跨坐在青龙飞行在云彩中。画面中的龙身修长，张口咋舌，吞云吐雾，是菩萨降胎时的引导者"②。同类型的龙形象在敦煌石窟第420窟也有表现。

五代在敦煌莫高窟第33窟和第38窟中绘有龙王礼佛图，展现了半人身半龙身的形象。在莫高窟第38窟西壁门南的龙王礼佛图中，描绘了半人身半龙身的龙王礼佛的场景，"佛教有五龙王、七龙王、八龙王、八十一龙王、一百八十五龙王之说。此窟原为第35窟前室，西壁为主室入口，两侧绘龙王礼佛（现为第36窟西壁），现存榜题中有大力龙王、大吼龙王、莲花龙王、翳罗叶龙王之名称。此三龙王应是小波龙王、中有大力龙王、持……一半人面人体，一半龙身龙尾，头戴宝冠，面相似天王，各捧供器，花宝浮游海面，海水波纹隐约可见"③。壁画中的龙王形象是中国的武士形象，已淡化了早期犍陀罗地区的佛教造像的影响，属于中国化的半人身半龙身图式。

在丝绸之路途经的龟兹地区和敦煌地区，此处的石窟壁画里不乏龙形象出现，

---

① 魏徵等.隋书［M］.北京：中华书局，1973：1579-1580.
② 段文杰.中国敦煌壁画全集：5　敦煌初唐［M］.天津：天津人民美术出版社，2006：末章31.
③ 段文杰.中国敦煌壁画全集：9　敦煌五代·宋［M］.天津：天津人民美术出版社，2006：末章14.

大致可分为动物型、上人身下动物型、拟人型。但在佛教传入中国前，中国并未有拟人化的龙王形象出现。学者苑利说过："印度龙王思想落地中土之后，中国的龙便出现了明显的拟人化倾向，大庙小宇所伺奉的龙不再是动物，而是一尊尊道貌岸然的人形。"同时，并判断"龙王的拟人化始于唐代"①。

（三）二龙灌浴到九龙灌顶

龙王形象在佛教中经历了从印式转向中国式造像的风格，"龙王灌顶"到"九龙灌顶"在中国洞窟壁画的图像演变过程，可视为印度佛教文化在中国经历本土化的过程。龙王灌顶作为中国洞窟壁画五代前较为频繁被采用的一种宗教题材，关于二龙向九龙的变化，陈怀宇在《动物与中古政治宗教秩序》中，有章节对这种变化的过程和原因进行研究分析，将九龙灌顶的数字"九"与中国对于数字的象征意义进行联系，结论是"九龙灌顶"是中国独创的图像模式，符合中国文化语境。除去龙的数量的变化，敦煌地区中还有为佛诞生灌顶的龙王，遗存在密教画卷中的形象也经历了印式风格转向中国风格的过程。

"灌顶"作为密教系统中的宗教仪式，在唐初就已在中原地区盛行，开元三大士之一的不空法师，曾为唐玄宗进行过灌顶仪式，后于开元寺为节度使至士庶计千余人进行灌顶②。在《修行本起经·菩萨降生品》对于菩萨降生描绘的场景，提到在菩萨两边负责吐水以便释达多进行沐浴的龙王两兄弟，左边的伽罗龙王负责吐温水，右边的郁伽罗龙王负责吐冷水。克孜尔第99窟的后室左甬道外壁上遗存有龙王灌顶图，据载，此窟的开凿年代大约在南北朝时期，画面中的太子背后头部还保留九条蛇的形象，此一时期中国对于印度的蛇文化还没有展开彻底的改革性创造。

但在北周的莫高窟290窟中的龙王灌顶中围绕的动物型，已经从"蛇"形变成了"龙"形。而在唐后期的敦煌地区的石窟中所见的龙形象和龙王形象均为中原化的形象，着中原武士的服饰，有中原人士的相貌，印度样式已消弭于此后一时期。

---

① 苑利. 华北地区龙王庙主神龙王考 [J]. 西北民族学院学报（哲学社会科学版），2017（4）：37-42.

② 潘桂明. 中国佛教百科全书：宗派卷 [M]. 上海：上海古籍出版社，2000：241.

对此可以通过五代至宋时期，榆林16窟遗存的天龙八部众的龙王形象见到龙王形象本土化的实例。敦煌洞窟中壁画所遗存的龙王形象，与不同时代所盛行的佛教经典有密切关系，初唐以后密教盛行，敦煌石窟遗存了许多密教题材的宗教壁画，如普贤变、观音经变、金刚经变等经变画，在普贤变与观音经变中，不乏龙王二兄弟的身影，有龙王在尊像前水池中托起莲座为佛护卫的姿态，有龙王作为武士形象在佛左右为其护法的形态。

画面队列的下方，最左边是一赤身夜叉形象，弓腰跟随在一手举掌、一手执宝剑的南方天王身后，而站立于南方天王另一侧的就是已然本土化的龙王形象。此时龙王头部的蛇形已经在初唐至五代宋初的发展中逐渐褪去蛇形象，用纯粹完整的龙形象对龙王进行艺术加工。龙王头顶一尾姿态生动、气势磅礴且刻画细致的游龙，其围绕于龙王头部，龙王手中握有武器，显示其孔武有力又可靠的护法神形象。龙王与天王同做武士装扮，人物形象魁梧雄壮。通过龙王图像由印式风格转向中式风格的变化，笔者认为这与龙王信仰在中国逐步被改造的世俗性的特征吻合，图像与信仰是互相对照而存在的，图像是信仰的可视化呈现，体现的是信仰在信众心中的具体形式。

龙王与佛教关系紧密，佛教文化吸收中国龙文化中的龙形象便于其在中国本土的流传和推广，而至于我国民间宗教信仰的龙崇拜，也吸取了佛教故事的脚本进行龙王形象的综合与创造。二者在龙王信仰的发生与形成过程中逐渐交缠，最后形成了以中国文化元素为主，印度佛教文化为辅的中国式龙王信仰与形象。

三、中西文化交流与佛教文化中国化

众所周知，佛教不是中国本土文化的产物，而是印度文化的产物。公元前586年，印度古迦毗罗卫国的太子悉达多·乔达摩29岁时，在北印度菩提伽耶附近尼连禅河畔的森林中苦修六年后，于菩提伽耶的菩提树下入定而证得无上正等正觉而创立的。后因阿育王的推崇，佛教在近三百年的时间里成了印度的国教，并开始向周边的国家传播。东汉年间，随着张骞通西域以及贸易往来，在河西走廊至西域乃至中亚地区与中原地区之间架起了丝绸之路，西域的佛教僧侣以及信奉佛教的商人等逐渐将印度佛教文化带入中原。佛教文化长期且持久地输入中原，为中华文化带来了新的养料，并逐渐为中原地区上至王公贵胄，下至贩夫走卒所了解和接受。

人类以不同的方式进行着文明的交往，文明亦因交互而精彩。中印佛教文化交往经由和平交往的法则，通过丝绸之路的贸易往来进行着文化的碰撞。一般来说，外来文化融入本土文化，首要的条件就是需要，印度佛教文化在中国传教的成功，亦要归功于时代背景和社会背景的需要。魏晋时期社会动荡，人民内心充满迷茫与恐慌，佛教文化中教人行善积德、轮回转世、因果循环等思想，给人民的内心带来了慰藉和寄托，上层统治者更是利用佛教文化以稳定政治统治，进而推进了佛教文化在本土的发展。

中华文化源远流长且博大精深，其文化本身具有包容性，在中国历史文化中，不乏外来文化被本土化创造性吸收和改造的例子，佛教中国化就是其中的典例。龙作为中国的传统文化，那伽作为印度文化中的原始信仰，二者在佛教文化传播中的巧妙融合，由蛇转向龙的创造性翻译，由印度本土佛传故事灌浴太子到中国创造性地改造为九龙灌顶，其中涵盖着中华文化的创造性和包容性。而图像的翻译既是两种语言的转换，也是在进行两种文化的交流与转换。从事佛教翻译的僧侣众多，如鸠摩罗什、安世高、真谛法师、玄奘法师等等，他们来自各地，有不同的文化素养和对中印文化的感知，印度佛教经由他们翻译后，其实是多重的文化交流与转换。印度佛教向中国的文化输入和传播历经千年，在丝绸之路上绵延不断地传播，从印度到中国，途经多地，吸纳各地的文化后落土中原，这不仅给中国佛教的发展带来巨大的影响，也是中印文化交流、中国少数民族与汉族文化交流的典型事件，是中国历史上第一次大规模发生的外来文化与本土文化的碰撞和交融。

参考文献：

[1] 陈怀宇. 动物与中古政治宗教秩序[M]. 上海：上海古籍出版社，2020.

[2] 石云涛. 丝绸之路的起源[M]. 兰州：兰州大学出版社，2014.

[3] 季羡林. 中印文化关系史论文集[M]. 北京：生活·读书·新知三联书店，
    1982.

[4] 李崇峰. 佛教考古：从印度到中国[M]. 上海：上海古籍出版社，2014.

［5］苑利.华北地区龙王庙主神龙王考［J］.西北民族学院学报（哲学社会科学版）2017（4）.

［6］王慧慧.佛传中的洗浴太子：从经文到图像的转变［J］.敦煌研究2014（6）.

［7］李静杰.北朝佛传雕刻所见佛教美术的东方化过程：以诞生前后的场面为中心［J］.故宫博物院院刊，2004（4）.

［8］敦煌文物研究所.1983年全国敦煌学术讨论会文集：石窟·艺术编：下［M］.兰州：甘肃人民出版社，1985.

［9］展千雯.印度早期佛教Naga图像及其中国化研究［D］.上海：华东师范大学，2020.

［10］赵玲.印度秣菟罗早期佛教造像研究［D］.上海：上海大学，2012.

［11］成祖渔.海上丝绸之路与中外佛教文化交流［M］.北京：中国社会科学出版社，2019.

克孜尔石窟壁画中花鸟图像的艺术风格

张 鑫^①

摘 要：克孜尔石窟遗存是龟兹佛教的见证，它以独特的洞窟形制和壁画风格揭示出佛教经西域地区向东传播的历史轨迹。本文将选取不同时期石窟壁画中的花鸟图像，以对比总结的方法探索其中的风格演变。首先，简述克孜尔石窟壁画中花鸟图像的概况，分别从石窟壁画中花鸟图像的起源和分布进行分析；其次，运用图像素材结合时代背景剖析克孜尔石窟壁画花鸟图像取材内容的来源；再次，重点阐释克孜尔石窟壁画花鸟图像在不同时代背景下的美学表现，并从线条、赋彩、位置构图以及花鸟的姿态等方面对克孜尔石窟壁画中的花鸟图像进行分析；最后，完成花鸟图像美学风格演变的归纳。

关键词：克孜尔石窟；花鸟图像；美学风格；艺术演变

一、新疆克孜尔石窟壁画中花鸟画图像的概况描述

内容繁多、题材丰富是克孜尔石窟壁画中花鸟图像最显著的特点。如孔雀、金翅鸟、飞雁、凫雁、鹌鹑、鸬鹚、勃鸠、鹰、鹊等十余种鸟都曾出现在石窟壁画中。克孜尔石窟壁画中花鸟图像多依附于佛像而存在，与佛像共同构成一幅完整壁画，其目的是衬托环境或装饰佛像背景。

---

① 张鑫，1998年生，2020级，攻读硕士学位，主要研究方向为国画山水。

克孜尔壁画中的花鸟画足以与中国画历史上最高造诣的花鸟画相媲美。中国传统花鸟画尤其注重画面的生动与意趣,而克孜尔壁画中花鸟在"写物之生意"方面可谓有过之而无不及。[1]

(一)新疆克孜尔石窟壁画中花鸟图像的界定

沿中国花鸟画的历史发展轨迹,其萌芽最早可以追溯到曾在彩陶上出现鸟类符号的新石器时代,单独绘制花鸟的作品到了隋代已经出现了很多;正式成为一个独立的画种被划分是在唐代。

在克孜尔壁画中,不管是鸟类还是花草树木,大部分是作为背景或者画面点缀而存在的,发展到后期也曾出现专门绘制鸟类的图案,如金翅大鹏鸟。花鸟图像是石窟壁画中较为重要的装饰图像,它的存在为石窟增添了独特的艺术语言。

在《中国花鸟画学概论》中,姚舜熙先生曾描述过关于"花鸟"的概念:"花鸟",就其属性而言,指的是自然界的植物与动物,代表相对一静一动的自然物象。但若是以一种传统观念来看待,它不但是一种人文生态下艺术家所寄寓的精神性符号,更是指被升华后的精神象征或图腾。先生的阐述十分符合新疆克孜尔石窟壁画中花鸟的界定,本文将沿用这样的思路探析克孜尔石窟花鸟图像壁画。

(二)新疆克孜尔石窟壁画中花鸟图像的布局划分

按照时期划分[2],花鸟图像在繁荣时期分布最为广泛,其次是发展时期、初创时期、衰落时期(如表1所示)。据图像资料了解,由于后期的克孜尔石窟更加注重描述佛传、因缘和本生等故事,花鸟图像分布的范围便愈加缩小。初创时期,壁画因年代久远及自然条件的影响,保存的花鸟图像并不很完整。花鸟图像的壁画主要分布在118窟壁画中。发展时期壁画花鸟图像保留相对较完整。其中38窟分布的花鸟类别最多。克孜尔繁荣时期花鸟图像相较于前两个时期分布的范围更加广泛,但

---

① 朱永.龟兹壁画艺术的中国画元素初探 [J].大众文艺,2010(7):118-119.
② 霍旭初.龟兹艺术研究 [M].乌鲁木齐:新疆人民出版社,1988:4.

种类较少；衰落时期花鸟图像不论是分布还是类别上都在缩小。

在克孜尔壁画中，树木一般称为"花树"。花树的形状各式各样，每一窟的形状都不尽相同但又很难做出区分，根和茎盘曲缠绕于佛像之后用以装点背景。鸟类的构图则偏重写意与画面装饰，虽未达到写实，但画面依然生动且有趣。

表1　克孜尔石窟壁画花鸟图像分布概况

初创时期	118窟→佛传图、山林禅修图、立佛、金翅鸟与猿猴、坐禅比丘与伎乐、伎乐与花鸟
	92窟→坐禅比丘与动物、背子雌猿、天人
	77窟→舞帛人、开屏孔雀、虎与鸟、坐禅毛猴、天人、弥勒菩萨与天宫伎乐、金刚神与伎乐天群
	47窟→坐佛、举哀弟子
	48窟→飞天
发展时期	38窟→思维菩萨、伎乐弹箜篌、摩尼珠及水中动植物、天相图、金翅鸟、雉鸟、狮王本生、菩萨本生等本生故事、雉鸟与盘羊
	114窟→虔阇尼婆梨王本生、狗王本生、婆罗门本、鸽本生等本生故事
	13窟→主壁右壁下沿以绿色的水为底，绘出鱼、莲蕾
	117窟→金翅鸟、精进力比丘本生、蛤闻法升天缘、鸯掘摩罗缘等因缘故事、零飞雁
	76窟、84窟、32窟均未发现
繁荣时期	207窟→金刚力士、布施竹园
	178窟主室券顶因缘故事
	17窟、14窟→主室券顶本生故事壁画、精进力比丘比、忍冬纹饰
	34窟→六中众生缘
	85窟→双排菱格图
	110窟→坐禅菩萨、四禅定佛、忍冬边饰
	196窟→飞天
	212窟→坐禅比丘
	167窟→金翅鸟
	新1窟→宝珠及莲蕾
	179窟→象王本生
	80窟→船师请佛渡水缘
	161窟、163窟、219窟、205窟、206窟、224窟、67窟、4窟、69窟、81窟、126窟、58窟、175窟尚未发现
衰落时期	123窟→立佛与菩萨
	8窟→金翅鸟
	227窟→树下观耕、迦陵频伽
	27窟、104窟、60窟、97窟、98窟、99窟、100窟、101窟、107窟、123窟、47窟、69窟、176窟、178窟、184窟、185窟、186窟、187窟、188窟、189窟、192窟、193窟、198窟、199窟、197窟、135窟、129窟暂未考证

二、新疆克孜尔石窟壁画花鸟图像的取材内容来源

地处我国西部边陲的库车地区，在文化发展的过程中受本土及多种文化的影响呈现出艺术大交汇状态，克孜尔石窟壁画比较多地受到犍陀罗（初创时期、发展时期）、秣菟罗、笈多佛教艺术及波斯萨珊文化（繁荣时期）、中原文化（繁荣与衰败时期）的影响，初创时期主要受印度佛文化的影响，因此初创时期的花鸟取材主要来源于禅修故事。券顶后侧初期的菱格山内绘有图案化的树木和水池、飞禽走兽等。花鸟存在的目的主要是表现山林禅修的意境。山中树木也图案化，有的似塔松，有的以几何抽象化的形式表现树木。壁画虽描绘的是比丘禅修的画面，但从绘制形式可以看出这是克孜尔石窟壁画早期的花鸟画。

发展时期大致对应东晋到五胡十六国，主要受古印度宗教哲学的影响，壁画题材以鸠摩罗什传播的大乘佛教理论为主。克孜尔石窟出现本生、因缘题材的内容，花鸟取材也更为丰富。38窟是发展时期石窟壁画花鸟图像最具代表性的石窟。由于发展时期多为本生、因缘故事，内容以表现人物为重点，但花鸟图案在其中作为装饰愈发突出，壁画在花鸟的点缀下更丰富多彩，同时填补了画面空间，又加强了装饰效果。

繁荣时期大致对应隋末唐初，由于唐文化的影响使得壁画与政治体制相连。该时期石窟壁画的建造主要是为了彰显王公贵族对佛的虔诚以寻求心理慰藉。克孜尔繁荣期的石窟壁画题材内容朝着佛传故事涅槃、化佛的方向发展，使壁画中表现花鸟的题材减少。

衰落时期受大乘理论以及战乱的影响，回鹘王朝的兴起使龟兹壁画的艺术中心由克孜尔石窟转为库木土拉千佛石窟。题材方面主要受中原佛文化的影响，克孜尔衰落期壁画内容也以涅槃佛传故事为主；花鸟题材在衰落时期呈下坡式发展。克孜尔石窟取材受其人文地理与所遵循的佛教派属不同的影响，取材内容呈禅修到涅槃的趋势发展（禅修是佛法的初门，后期逐渐发展进入涅槃），花鸟的种类在此过程中从丰富到递减。

三、克孜尔石窟壁画花鸟图像在不同时期的美学表现

不同时期的石窟壁画花鸟受不同因素的影响，而且每一时期的绘画风格也并非受东、西方某一种文化的影响。它在演变的过程中不断对本土及外来文化进行整合交汇，在其早期、中期、晚期演变过程中，克孜尔壁画花鸟图像绘画风格的变化呈现出鲜明的继承性，因此每一个时期的壁画都有其独特的美学风格。根据目前资料显示，尚未有学者对新疆克孜尔石窟壁画花鸟图像进行过系统性的探究分析。本文从线条、造型、色彩与绘画意象方面，对壁画中花鸟图像在不同时期的美学表现进行探索，其各个时期的美学表现将沿用霍旭初先生的划分方式。

（一）克孜尔石窟壁画花鸟图像在线条应用上的艺术表现

中国传统花鸟画尤为注重线条的应用，花鸟的姿态外形在线条的变化中展现得淋漓尽致，所以线条是表现花鸟画最为基础和最根本的元素。

克孜尔石窟壁画初创时期（3世纪末至4世纪初）的形式表现：早期洞窟中的花鸟线条的应用较为稚拙。118窟中花鸟的线条最能代表初创时期花鸟线条的形式表现，如线条的粗细、虚实变化不大，主要用以描绘鸟类的轮廓外形，但用线简约有力，充分体现大写意的美感。相对于鸟类来说，花草树木在线条表现上较为粗糙，树木的组成多以点与面相结合的形式出现，用线平铺直叙，增进了画面的平面感。

克孜尔石窟壁画发展时期（4世纪中至5世纪末）的形式表现：由于本生故事的增多（克孜尔石窟的大部分壁画都是以佛教本生故事为主）①，花鸟常伴随佛像出现，花草树木多以花树的形式出现。线条的特征接近"铁线描"。植物的线条富有张力且丰满有变化，使得花草植物繁盛茂密，增加壁画画面的装饰效果。相对而言，鸟类的线条使用简单干练，显得干净利索，线条疏密有致，体现出一种规律连续的节奏感。

克孜尔石窟繁荣时期（6世纪至7世纪）的形式表现：繁荣时期是洞窟中花鸟

① 柳泠.浅谈隋唐石窟画中"花鸟"的用色对花鸟画用色的影响［D］.中国美术学院，2014：10.

画的转折点，由此时期开始虽然洞窟中花鸟的出现逐渐减少但表现形式多样，并基本保持"屈铁盘丝"的勾勒方式，繁荣期的后期吸收汉风的"兰叶描"画法，用色多以暖色为主，常以赭线信手勾勒，使鸟类造型充满张力和动感，线条由长短、粗细等多变的表现形式组成，动感变化的花鸟线条与细腻精致的人物线条形成鲜明对比，使画面产生了丰富的层次感。

衰败时期（8世纪至9世纪中叶）的形式表现：线条虽然依旧吸收中原汉风的"兰叶描"画法，但是线条表现上保持了克孜尔石窟的传统绘制技法。花鸟的线条表现仍延续前期的方式，且线条变化逐步减少。花鸟的表现相较于初创、发展、繁华期有所减少。

总体来说克孜尔石窟在线的表现上集大写意之风，线条虽然简单粗犷，但依然吸引着观者去感悟它潜在的审美。

（二）克孜尔石窟壁画花鸟图像在造型上的艺术表现

初创时期的造型表现：一共出现了四种形式的树木的图案，分别是松塔状、针尖状、树叶状、花朵状。在鸟类的表现上相对写实。118窟禅修图中，飞禽较多且姿态各异；有几对小鸟弯下脖子在寻找食物；旁边的水池里有对鸟禽四目相对仿佛在诉说着什么；在一位弹阮咸天人的头上飞翔着一对漂亮的雉鸟，洁白的颈部和双翼，绿色的胸膛，赤色的长尾，色调和谐真实，飞翔的姿态也栩栩如生，呈现出一幅生动禅意的画面。77窟在重峦叠嶂、飞禽走兽之中，停立着一只开屏的孔雀，雀屏大而圆，花纹斑斑，十分醒目。头部呈高高扬起的高傲状态，仿佛是像众鸟炫耀自己的翎羽。总体来说，初创时期花鸟虽然造型简单，但生动有趣。

发展时期的造型表现：由于取材丰富，壁画中鸟类的绘制水平也更加高超。其中38窟的花鸟造型表现最为典型，如将鸟类神化，金翅大鹏鸟与人形相结合，人头鸟身，双翼展开呈飞翔状，翱翔天宇、展翅高飞，给人无限想象的空间。第38窟主室券顶左壁还绘出两只雉鸟。颈部白皙，双翼收拢，鸟尾高翘，两鸟回首观望后方。背景是石青色层层山峦，珍珠状小圆花环点缀其间，分外雅致。花草树木多以花树造型出现，造型丰富完整，在画面中起衬托作用。

繁荣、衰败时期的造型表现：相对于初创以及发展时期，花鸟的造型有所减少，图案多以表现人物为主，仅仅是在佛传故事中出现以装饰背景。

（三）克孜尔石窟壁画花鸟图像在色彩上的艺术表现

克孜尔壁画在设色时用宝石磨成的粉或者矿物质颜料上色，颜色经久不衰，加上用色较纯，使得画面颜色夸张艳丽，极具表现性。同时壁画中佛像人物多以赭石赋色，在夸张艳丽的同时又保持着庄严肃穆的画面感受。

初创时期的色彩表现：鸟类图像用色以暖色为主，使用的颜色以灰白、石青与赭石为多，画面比较素淡，花草树木以石绿、赭石为主。初创晚期用色艳丽，画面显得热烈且颜色层次变化丰富。花鸟的形态表现虽然没有在线条粗细上产生过多变化，但在赋色上却呈现出深浅不一的变化，如鸟类的羽毛用淡赭石色变化，外轮廓的线条则多用重赭石的颜色勾绘。

发展时期的色彩表现：赋彩设色的突出特征是对比色的大胆应用，使得壁画的画面层次更为丰富。在壁画的整体设色中松绿与赭红使用频率增加；鸟类的设色多以蓝白色作对比，使鸟的身体轮廓的变化以及肌肉骨骼的起承转折更加明显灵动，充分体现了中国传统绘画中对"随类赋色"的应用。但是不管赋色的对比如何强烈，壁画的整体画面依然给人一种肃静的感觉。

繁荣时期的色彩表现："凹凸晕染"画法是克孜尔石窟中最具特点的着色技法，繁荣时期凹凸晕染法应用最为频繁，这种晕染法多出现在人物绘制上，而且该时期赋色多为重彩。在花鸟上仍沿用发展时期的色彩对比法。

衰败时期的色彩表现：回鹘政权的建立以及龟兹佛教自身的衰落，使得衰败时期的壁画色彩以冷色调为主，石青和石绿的使用肉眼可见地减少，土红的大量使用使得画面缺少明快感，花鸟在这个时期的呈现不再鲜艳亮丽，这也暗示着克孜尔石窟逐渐走向衰退。

另外，初创时期和发展时期都出现了金翅大鹏鸟的形象。在造型上，初创时期的金翅大鹏鸟秉承大写意之风；而发展时期、繁荣时期和衰败时期的金翅大鹏鸟偏写实具体且都为双头造型。初创时期金翅大鹏鸟的表现还是原始的鸟类造型，但是体形动作比较夸张；发展时期、繁荣时期和衰败时期的造型变化受到政权的影响，金翅大鹏鸟出现神化的造型，且鸟类结构表现更抽象化。在色彩上，初创时期金翅大鹏鸟色彩单一，呈灰色调，而且外形线条表现粗糙无变化；相对于发展时期、繁荣时期和衰败时期而言，鸟的色彩表现偏重彩且颜色随结构的变化而变化，富有层次感。虽然金翅大鹏鸟在发展过程中有些形式依然保持着初创时期的特点，但其神话性却不断赋予图像新的变化。

克孜尔石窟壁画花鸟的设色随着时代的不同而发生变化，也随壁画画面情节的改变而改变：有的花鸟设色给人以庄严厚重之感（繁荣时期与发展时期）；有的给人以欢快之感（初创期）。花鸟赋色多以平铺为主，大都采用天然石色，且颜色经久不褪。

（四）克孜尔石窟壁画花鸟图像在意象上的艺术表现

自然意象：花鸟是自然界的动植物，它们的美从古至今都是人类情感的载体和符号。如山林禅修图第118窟主室描绘的是一幅比丘静修打坐的场景，四周充满了花草树木，周围水池中的鸟禽、正在昂起头开屏的孔雀以及正在展翅的雉鸟围绕着正在打坐的比丘，而坐禅比丘丝毫不受周围景物的影响，花鸟的出现反而衬托了幽静的禅修环境，这种动静相衬的表现手法充分体现花鸟的自然意象。

情感意象：克孜尔石窟壁画花鸟图像作为一种装饰图案，将日常生活中花鸟的姿态生动地表现出来，同时也传达着绘制者主体内心的情感认知。由于受不同时代精神以及认知情感的支配，每个时期不同绘制者呈现的花鸟风貌是不尽相同的，花鸟的表现融合了绘制者的想象力和感情思维，这些表现也会直接影响到后人对壁画所产生的情感体验。绘制者通过灵敏的洞察力将鸟禽、其他动物自身的特征表现得生动传神，使其动静结合地呈现在画面中。总的来说，石窟壁画的意象美感源于生活，而情感则是主观绘制者赋予壁画的灵魂。

联想意象：天象图是联想意象的典型代表，简洁的构图形式、大写意的造型表现，加上精心搭配的色彩，使得画面令人浮想联翩。该图中间为光芒四射的太阳，方格对角处绘有四只白色大雁，石窟壁画的背景为蓝色，在日常生活中，天空、大海通常以蓝颜色绘制，而壁画中大雁的动态可以联想到浩瀚的神秘宇宙。

四、结论

克孜尔石窟历经六个多世纪的漫长的岁月，在历史发展的潮流中形成了独树一帜的美学风格。花鸟作为其中重要的图像符号，随着时代的经济、政治、文化、交通等因素的改变而改变着，但亘古不变的是克孜尔石窟所传达出来的中国传统绘画深厚的文化底蕴。

在研究克孜尔石窟花鸟图像的过程中发现：虽然克孜尔石窟发展早于传统中国画几百年，但是石窟中的绘画风格不仅将中国传统画的大写意体现得淋漓尽致，画面中线条、赋彩、位置构图以及花鸟姿态也将"六法"贯穿其中，充分体现中国传统美术的美学特征。

壁画中的花鸟图像和谐地装点在图案中，动静结合，给人无尽美感。花鸟图像除了带给石窟壁画以装饰效果，也带给观者视觉感触上的禅意。花鸟同时也是反映世俗生活的载体，壁画中佛像花鸟的搭配都是绘制者精心搭建的画面，借以传达更深层次的内涵。在探索石窟壁画花鸟图像的同时，也发现花鸟图像虽然作为石窟壁画中的装饰图案，但是所应用的效果是不尽相同的：初创时期的花鸟图像偏重对禅修环境的衬托；发展时期强调装饰性；而繁荣与衰落时期壁画的画面越来越程式化。这种花鸟图像风格的演变是不同时期美学内涵的表达。

参考文献：

[1] 朱永. 龟兹壁画艺术的中国画元素初探 [J]. 大众文艺, 2010 (7).

[2] 姚舜熙. 中国花鸟画学概论 [M]. 北京：高等教育出版社, 2007.

[3] 霍旭初. 龟兹艺术研究 [M]. 乌鲁木齐：新疆人民出版社, 1988.

[4] 柳泠. 浅谈隋唐石窟壁画中"花鸟"的用色对花鸟画用色的影响 [D]. 中国美术学院, 2014.

[5] 雷启兴. 克孜尔壁画中的山水图式探析 [D]. 乌鲁木齐：新疆师范大学, 2012.

奉先寺卢舍那佛"帝佛统一"造像缘起

马金林 ①

摘　要：自北魏的法果一改沙门不礼俗的习惯以降，帝王的形象随着统治者的政治需要开始逐渐融入佛像造像当中去，这种帝佛统一的造像形式是佛教本土化的一个重要表现。它从云冈到龙门，自北魏到隋唐，随着民族的交流、融合以及王权统治的政治需要而不断被赋予新的含义，唐代的奉先寺卢舍那佛便是"帝佛统一"造像的一个完美典范。本文主要通过对奉先寺卢舍那佛的造像研究以及对唐初社会背景因素的审视，理清"帝佛统一"造像的艺术特征及发展历程，进一步从社会学的角度对奉先寺卢舍那佛"帝佛统一"造像的缘起进行新的阐释，并对其中的文化内涵做进一步的补充。

关键词：帝佛统一；卢舍那佛；奉先寺

引　言

　　自汉代伊始，佛教传入中国已有两丁年的历史。在长时间的影响下，佛教对我国的思想、文化、艺术等各个方面都产生了很大的影响，并在一定程度上推动着中国文化历史向前发展。佛教向中原传入，不仅促进了中原文化与艺术的繁荣，而且对当时人们思想观念的转变也产生了很大的影响。佛教的石窟造像从佛教传入之

---

① 马金林，1996年生，2020级，攻读硕士学位，主要研究方向为中国画花鸟。

后，与中原文化的相互融合，呈现出南朝士大夫的审美形态和审美取向，佛教造像在佛教教义的传播中具有非常重要的意义和作用。本文立足学界目前对佛教艺术以及龙门石窟佛教造像艺术的研究现状，将龙门石窟佛教造像艺术置于历史和文化的大背景之下，意在通过对佛教艺术在各个阶段的发展、特点以及兴衰分析，归纳出龙门石窟的艺术特色和文化特征，并揭示出北魏龙门石窟帝佛统一的本土化发展的流变。同时，本文将以龙门石窟的奉先寺卢舍那大佛为例，纵向对比历代武则天画像。奉先寺卢舍那佛不仅具有女性的慈祥柔美的特点，并且与历史画像颇为相似。这也充分说明了奉先寺卢舍那佛为武则天的模拟面身像不是空穴来风。

目前关于龙门石窟的研究，学术界以及相关学者研究甚多，研究层面以及研究角度不一，研究成果累累。很多学者都以造像本身或者影响因素为出发点进行阐释，或谈论某一石窟某一造像的艺术特点，如何养明先生的《洛阳龙门北魏石窟艺术的特点》；或对龙门石窟做宏观纵向的风格延续探究，如刘华东先生的《浅谈龙门石窟塑像的审美特点》以及马静的硕士论文《论龙门石窟佛教造像艺术》等；或对某一朝代的某一风格做单独论述，如吴艳月的硕士论文《龙门石窟北魏造像研究》以及王洁的《北魏孝文帝与龙门石窟古阳洞的雕造》等都对龙门石窟进行断代研究，从不同角度进行学术分析。也有从文艺交流角度进行造像汉化的研究，如黎臻的《从北魏龙门石窟艺术透视南北审美文化的交融》等。本文主要是在前辈的基础之上，进行对比梳理，立足于历史文化的交融角度，并结合时代背景，去分析这一源流并对其做详细的阐述。

一、帝佛统一的定义

帝佛统一，实则是佛像的帝王化，是佛教传入中国之后，受到中原文化的影响，所呈现出的一个新的样貌，也就是佛教教义本土化的一个表现。在我国传统文化中，政权与神权相统一是治理国家的主要方式。帝王的权力象征着神的权力，帝王的权力神圣不可侵犯。汉代董仲舒鼓吹"天论"思想时就说："臣闻天下之所大奉使之王者，必有非人力所能致而自至者，此受命之符也。"①

佛像的帝王化。一方面，是由于帝王的政治需要，借用佛教教义来教化百姓，以此来加固和提高帝王的权力与威信力。而帝王直接参与佛教活动之后，佛教美术在皇家权力的支持下，呈现出繁盛发展的趋势。《魏书·释老志》记载北魏宣武帝年间（500—515）的造像活动是："世宗笃好佛理，每年常于禁中，亲讲经论，广集名僧，标明义旨。沙门条录，为内起居焉。上既崇之，下弥企尚。至延昌中，天下州郡僧尼等积有一万三千七百二十七所，徒侣逾众。"②这则文献充分说明了佛教美术在世俗王权的"高压"面前，是谄媚、附庸的，表明了世俗统治者对于佛教发展的积极助推与良性互助。与此同时，为了进一步"附和"君主、"标榜"王权神圣不可侵犯，在佛教造像的艺术过程中也逐渐出现了帝王的形象。"昙曜五窟"就是一个十分典型的例子。《魏书·释老志》载："昙曜白帝，于京城西武州塞，鉴山石壁，开窟五所，镌建佛像各一……雕饰奇伟，冠于一世。"③我们知道，五窟前后由北魏自道武皇帝始文成帝止的五位皇帝在位时所开凿建造，因此，窟内五尊主尊佛像也分别象征着北魏道武帝、明元帝、太武帝、景穆帝和文成帝五位皇帝。五窟对应着北魏的五位皇帝，即五窟开凿的雕塑形象是按照皇帝的外貌特征而进行雕刻的，这便是"帝佛统一"的特征与含义。

（一）帝佛统一的表现形式

佛教造像是思想性与艺术性的统一。佛教教义在我国传输的过程中，佛教造像就起着至关重要的作用，也受当时历代帝王的关注与重视。从昙曜五窟以北魏诸皇的形象为蓝本开凿伊始，再到奉先寺卢舍那大佛以武则天的形象为基础雕造，佛教显而易见是将帝佛统一的佛像推入社会生活中去。《资治通鉴》卷二〇四记载道："公主方额广颐，多权略，太后以为类已，宠爱特厚，常与密议天下事。"④这个故事为

① 班固. 汉书［M］. 颜师古，注. 北京：中华书局，1962：2500.

② 魏收. 魏书［M］. 北京：中华书局，1974：3024.

③ 魏收. 魏书［M］. 北京：中华书局，1974：3037.

④ 司马光. 资治通鉴［M］. 标点资治通鉴小组，校点. 北京：中华书局，1956：6466.

武则天称帝当年即天授元年（690年）的事情。书中所记录的公主是太平公主，是武则天的亲生女儿。母女两人的相貌特征很相似，即方额头，圆脸颊，且都善谋权术，聪慧机敏。这个故事传递出的信息即武则天与其女儿都为"方额广颐"。而这四个字也就是后人对武后面貌特征的描述与概括，与奉先寺主像卢舍那佛的形象互为呼应。因此，"大卢舍那佛的形象，在一定程度上就是武则天形象的写照，或者说就是武则天的模拟像"①。

与此同时，佛教造像的"帝佛统一"在理论上也得到了一定的发展。佛教的出世思想需要由世俗中的皇权来认可并承认其存在的合理性，以及通过这种认可来进一步传播自己的教义。因此，在北魏初期，"皇帝即是当今如来"，佛教的沙门法果在这一时期也摒弃了"沙门不礼俗"这一沿袭了几百年的佛教习俗，更是带头礼拜皇帝，并且巧舌如簧，为自己的礼拜行为编撰了合适的理由，即"太祖明睿好道，既是当今如来，沙门宜应尽礼，遂常致拜。谓人曰：……'我非拜天子，乃是礼佛耳。'"②根据材料记载，"当今如来"的称谓被冠名在了北魏太祖皇帝的头上，此后这种称谓也在历任崇佛的皇帝中沿袭。毋庸讳言，这为"帝佛统一"的理论建构打下了坚实的内在基础，营造了良好的舆论氛围，也为"帝佛统一"这一概念在民众范围内的广泛传播起到了一定的推动作用。

（二）帝佛统一造像的发展历程

北魏以降，佛教随着统治者的统治需要而得以飞速发展，其教义也广泛传播。与此同时，佛教对于世俗王权的依附也愈加严重。从昙曜五窟以北魏诸皇的形象为蓝本开凿伊始，再到奉先寺卢舍那大佛以武则天的形象为基础雕造，无不表现着佛教对世俗王权的一种依附态度。

"龙门的北魏石窟以一种佛国的秩序变动方式呈现出一种朝廷的秩序演进，这是一种包含着历史动向的秩序。"③北魏时期，佛像造像的艺术特征按照时间、地域的

---

① 宫大中. 龙门石窟艺术［M］. 上海：上海人民出版社，1981：142.

② 魏收. 魏书［M］. 北京：中华书局，1974：3031.

③ 张法. 佛教艺术［M］. 北京：高等教育出版社，2004：114.

差别呈现出一定的差异特征，这种差异以北魏孝文帝迁都前后为划分点，呈现出佛教造像与鲜卑文化、汉文化不断融合的发展历程。迁都以前，云冈石窟更多反映犍陀罗造像与鲜卑文化的融合演进，主要表现在造型特征、服饰转变等方面，中原汉文化对其造像的影响相对较小，我们可以将其视为外来造像进入中国被"中国化"的第二站。迁都以后，龙门石窟的造像特征则在云冈石窟的基础上增添了更多的世俗性因素，逐渐受到中原汉族文化的渗透。这一点，我们可以从同一时期云冈、龙门的佛像造像中明显辨别出来。从一定程度来讲，龙门石窟的开凿也是佛教石窟造像进入中国后的再一次"中国化"，此后随着历史的演进，龙门石窟的佛像造像在汉文化的影响下进一步发展。到了唐朝时期，这种渗透逐渐由表及里，世俗性、艺术性、题材、技法等各个方面均进一步"汉化"，审美特征也是完全汉化了的石窟造像所呈现的独特的艺术特征。概括来讲，上文所提到的审美变化就是龙门样式在不同方面的表现，这种表现从内而外、由浅入深，不单单是某一个领域进行的改变，而是一次完全的整体的协调的汉化变革。在这个变革当中产生的新的石窟样貌自形体到衣饰，再到佛像群的等级比例，就是独具一格的龙门样式。

北魏龙门石窟的审美变化的产物就是龙门样式的产生，进而随着龙门样式的确立，一直以来受犍陀罗样式所束缚的佛像样式也随之消解。一方面来说，龙门样式的确立标志着犍陀罗样式的汉化终结，因为它已经丧失了它的价值，汉文化的包容性与创新性已经将外来程式彻底本土化。另一方面来说，龙门样式的确立也代表着佛像自西向东的影响路线被倒置，龙门石窟有代表性的中心地位所产生的中原龙门样式的审美特征逐渐自东向西对其他石窟产生了一定程度的影响。其全新的艺术特征逐渐向四面八方辐射并产生影响，数以百计的大小石窟都能不同程度地看到龙门样式。

二、帝佛统一造像的原因

（一）民族融合

公元 439 年，北魏灭凉，中国北方由分割独立走向统一。某种意义上讲，北魏政权的进一步统一不仅结束了北方各个独立政权的分裂局面，还使得各民族文化由闭塞、保守而逐渐转变为交流融合。就文化传播的角度而言，北魏的统一极大地促进了各民族间的文化交流与相互融合。北魏道武帝时期，北魏皇室开始与晋室通聘，这象征着统治阶级对于南北之间的交流融合的积极态度。统治阶级对南北之间的文化交流态度为普通民众做出了表率，民间的文化交流也络绎不绝。不仅如此，北魏中期的孝文帝改革更是为南北之间的文化交流提供了强力支撑，并且这种自上而下的改革进一步加速了南北之间的民族交流与融合，这次改革从某种意义上来讲更像是一次"全盘汉化"的改革。就佛像造像而言，南北之间的文化交流为佛教造像输入了新鲜的具有旺盛包容性的中原文化，中原文化此时流行的"瘦骨清像"的审美意识也渗透到北方的云冈，代表南方汉文化的雕刻工匠也为北魏的云冈石窟带去了先进的雕刻技法与表现形式。不仅如此，北魏统治者有意识地自上而下的汉化改革也为汉文化审美的传播创造了有利的条件，南朝士大夫的审美意识对龙门石窟的造像的审美特征也产生了重要的影响。原本带有浓厚犍陀罗样貌的昙曜五窟是迁都以前云冈石窟辉煌成就的代表，而在迁都以后，这种犍陀罗样式的造像逐渐被南朝士大夫的审美意识所影响，从鲜卑—犍陀罗样式逐渐转变为由汉文化所引导的带有鲜卑与犍陀罗影子的龙门样式。南北之间的文化交流与民族融合为佛像造像提供了丰富的创作土壤，民族融合的结果同样也表现在石窟造像之中。南北之间的文化交融、东西边界的艺术碰撞让佛教造像艺术在北魏统一的北方得以进一步发展，让这种始于印度的佛像造像样式也在这一时期民族大融合的背景之下被不断地赋予本土内涵，不断地被本土强势文化所影响，不断地进行汉化的审美转变。

（二）女权象征

在我国封建社会中，武则天是我国有记载以来，唯一的一个女皇帝。但是她执政期间属于封建社会，是夫权的社会，所以武则天在执政制衡中的难度不言而喻。她对于当时的唐王朝也做出了很大贡献。当时除了在政治以及军队方面对抗敌人以外，她其实更需要的是舆论方面的辅佐与支持。儒家圣人孔子曰："牝鸡司晨，唯家之索。雌代雄鸣则家尽，妇夺夫政则国亡。"指的是母鸡在清晨鸣叫，这个家就要衰败了，引申到国家层面则指一旦女性掌权，颠覆了传统的阴阳观念，就会导致国家的灭亡。儒家的宗旨不利于武则天执掌政权，而佛教与儒家文化相比，一方面佛教的教义能够得人心且也在寻求统治者支持，另一方面佛教相较于儒家文化对武则天执政的舆论有所帮助，武则天自然而然就把佛教作为她执政理政的舆论支撑。

（三）统治者意识形态的建构与帝佛统一

佛像的帝王化，是佛教教义本土化的一个重要表现。[①]自汉代佛教传入我国以来，佛教造像就在传播佛教教义、增加影响力的过程中占据举足轻重的历史地位。因此，在魏晋时期佛教逐渐受到广大民众所认同的历史时期，佛像造像也逐渐受到统治者的高度重视。北魏灭凉以后，佛教才得以在北魏统治者的地域广泛传播。与此同时，北魏政权也在自身发展壮大的同时开始进一步兼并周边的割据政权，以试图进一步扩大自己的影响力，完成统一南北的大业。但是，广泛的战争兼并需要一定的文化氛围去支撑，北魏统治者开始利用佛教来"驭化"民众，逐渐将教义运用到文化统治上，佛教在政治力量的参与下得到了大力支持，得以迅速发展。世俗皇权的统治者与佛教达成的共识建立在互利共赢的基础之上。所以，世俗世界中的帝王形象也被运用到了佛教造像当中去，这为"帝佛统一"的产生奠定了基础。从某种意义来讲，"帝佛统一"也是皇权统治者与佛教达成利益共识的产物。因为，北魏统治者迫切需要通过这种依托于佛教造像"拟人化"的艺术手段来教化民心和加强君权的统治，这种历史需要逐渐在后世统治者的加强下演化为一种独立的意识形态。安奈萨克在《佛教艺术》一书中说："佛陀……被表现为一位阿波罗（古希腊的太阳神）。象征性的车轮变成他的座椅的装饰品，而在这个空座位上是一位带着明亮的眼睛和波浪形头发的阿波罗……他们被描绘成宙斯（古希腊宗教的主神）和阿基里斯（古希腊的英雄）。"[②]可见，无论是汉族文化所标榜的君权神授还是北魏统治者所营造的帝佛合一的构建，实际上都与印度犍陀罗的佛像造像风格中对古罗

---

① 汪小洋. 中国佛教美术本土化研究［M］. 上海：上海大学出版社，2010：224.
② 转引自朱英荣. 龟兹文化与犍陀罗文化［J］. 新疆大学学报（哲学社会科学版），1988（1）：16.

马英雄的崇拜无实质性的区别。实际而言，帝佛统一就是佛教所要表现的一种极度崇拜与极度推崇，是一种神圣的不可亵渎的形象。唯一发生改变的是，犍陀罗风格中对古希腊英雄的崇拜到这里转变成对北魏帝王的一种崇拜。在这里，崇拜的意义并没有发生改变，发生改变的是标榜、崇拜、推崇的对象变成了现实生活当中的人（帝王），体现出北魏统治者为了标榜权威而更好地去统治人民的思想。从艺术的交流与融合的角度来看，崇拜对象的转变也是佛教造像犍陀罗样式的改变，体现出外来文化在进入中国时所受到的本土文化的影响，这也是犍陀罗艺术风格中佛教教义以及造像方式的一种转变。它顺应了北魏时期的统治者急于利用佛教来教化民众的心理，满足了朝廷、佛教、民众的三重需要，使佛教艺术在北魏得到了大力的支持与发展，同样也使得佛教造像进一步融入中原因素，在理想与现实之间取得了平衡，犍陀罗样式的汉化转向自此开始上演。北魏孝文帝改革迁都以后，这种帝佛统一的观念又进一步融入了中原的审美因素。这种转变在历史的演进过程中得到进一步的发扬，到了唐代，在朝廷、佛教、民众的三维之间均得到了充分认同。

三、结语

当一种外来文化传播到新的地域时，由于地域不同，两种地区的文化认同、思维方式、价值观念都是不尽相同的。由于地域的差别，当文化踏入其他地域的那一刻，它本身的文化形式就已经发生了改变。在传播的过程中，会随着当地文化而不断地进行本土化改造。帝佛统一本身就是佛教文化传播到中国的一种演变，统治者需要利用佛教来教化人民，故以帝王的形象为蓝本开窟造像，而佛教也想利用世俗统治者的威严来传播佛教教义。综上所述，佛教在中国的发展，对中国传统文化造成了巨大的冲击。佛教文化伴随着佛教的本土化进程，成为中国传统文化中独树一帜的部分，在某种意义上石窟造像是历史的一面镜子，是当时社会一个侧面的缩影，只不过它是通过宗教的折光，以佛教石窟艺术的面目出现罢了。

参考文献：

［1］宫大中.龙门石窟艺术［M］.上海：上海人民出版社，1981.

［2］张法.佛教艺术［M］.北京：高等教育出版社，2004.

［3］蒋述卓.宗教艺术论［M］.北京：文化艺术出版社，2005.

［4］豪泽尔.艺术社会史［M］.黄燎宇，译.北京：商务印书馆，2015.

［5］汪小洋.中国佛教美术本土化研究［M］.上海：上海大学出版社，2010.

［6］赖永海，王月清.中国佛教艺术史［M］.南京：南京大学出版社，2017.

［7］范瑞华.中国佛教美术源流［M］.北京：国际文化出版公司，1996.

［8］张豫.中国佛教石窟造像艺术探究［D］.武汉：武汉理工大学，2008.

［9］朱英荣.龟兹文化与犍陀罗文化［J］.新疆大学学报（哲学社会科学版），
1988（1）.

［10］夏琳瑜.卢舍那佛形态研究［D］.郑州：郑州大学，2017.

［11］黎臻，袁济喜.从北魏龙门石窟艺术透视南北审美文化的交融［J］.中国人
民大学学报，2011（5）.

［12］王霞.论北魏石窟造像样式的汉化历程［J］.齐鲁艺苑，2015（6）.

唐代敦煌凤鸟图案探析

李奕奇 [①]

摘　要：敦煌石窟是 20 世纪以来中国最具有文化价值和艺术价值的发现，它以精妙奇丽的壁画而闻名遐迩。敦煌壁画中出现的大量的凤鸟图案，对石窟内部起到了装饰的作用。本文将以唐代敦煌壁画中的凤鸟图案为研究对象，集合唐代敦煌壁画中出现的凤鸟图案，分析其艺术特征，运用形式美法则，从造型、构图、色彩三个方面分析敦煌凤鸟图案的装饰美，并从装饰图案的角度探析凤鸟图案作为组合图案的艺术价值。

关键词：敦煌凤鸟图案；唐代；装饰性

一、唐代敦煌壁画凤鸟图案概述

　　唐代是敦煌石窟艺术繁盛时期，在洞窟数量和艺术等方面都达到了很高的水平。随着各国文化之间的交流融合，这一时期的敦煌壁画借助描绘理想中的佛国世界来表达对现实生活的美好追求，形成富丽华贵的艺术景象。在大唐盛世之风的影响下，凤鸟纹的使用更加广泛。由于凤鸟具有祥禽瑞兽的寓意，常被用来表达人们希望吉祥富贵的现实愿景。唐代凤鸟造型写实生动，多与植物纹样相组合，在器具和织物上被广泛采用，同样也大量出现在敦煌壁画中。敦煌凤鸟图案在唐代发展繁

---

① 李奕奇，1995 年生，2020 级，攻读硕士学位，主要研究方向为艺术设计。

盛并作为组合图案的形式出现在石窟各个装饰部位，其图案艺术性和装饰性达到了顶峰。相比于前代，唐代凤鸟与花叶在延续鸟衔花枝、鸟穿花枝、鸟踏花枝等组合形式的基础上，变得更加写实自然，凤鸟不局限于早期以静态为主的形式，而多作飞翔状态，常与饱满的花叶搭配在一起，向人们展现出一种生机盎然的景色，并且具有富贵吉祥的寓意和佛教的寓意。

二、唐代敦煌石窟中不同装饰部位的凤鸟图案

凤鸟图案在敦煌石窟各个装饰部位中都有所体现，按照其在不同装饰部位的应用，可以分为以下三个类型：（1）凤鸟图案作为主体内容的装饰部位；（2）凤鸟图案作为局部内容的装饰部位；（3）凤鸟图案应用于特定的装饰部位。

凤鸟图案作为主体内容的装饰部位主要包括：人字披、佛龛、龛顶平棋和佛背光。多在建筑结构部位或者在具有明确的分区范围中，凤鸟图案作为主体装饰内容出现，同时搭配较少的其他纹饰，表现出适合图案的样式。

作为局部图案和其他装饰纹样配合出现的凤鸟图案主要出现在藻井中心和边饰。在各个时期，凤鸟与花叶之间的组织形式也各不相同，纹样之间相互呼应、和谐统一。

具体装饰部位中出现的花鸟图案具有很深刻的现实意义，花鸟图案出现在壁画及彩塑中的人物服饰、壁画中的团扇扇面等位置，这是对现实中真实织物纹样的一种模仿与重现。

（一）凤鸟图案作为主体内容的装饰部位

1.龛顶平棋凤鸟装饰

作为对于建筑部位结构的模仿，平棋图案结构性强，具有重复性、端正、工整的艺术特征。凤鸟图案灵动活泼，一般在平棋中应用不多，如唐代中期莫高窟第361窟西龛内龛顶平棋。在此应用中，装饰图案以平瓣团花作为外部的整体框架，中心圆内绘制有雁衔串珠纹，内部与外部的层次以联珠纹进行装饰分隔。凤鸟联珠

纹是从吐蕃地区传入的一种外来纹样,对雁与团花是中原地区的一种传统纹样,这一装饰图案的组合充分体现出了中原文化与外来文化之间的交融发展。

和其他装饰部位出现的凤鸟图案相比,平棋凤鸟图案较厚重,整体规整,呈现出一种连续反复的形式美感,工整且生动。

2.佛背光凤鸟装饰

唐代石窟内塑像一般都为圆塑形式,而不再塑出佛像头光,是在龛壁上配合塑像形式绘制出圆形头光,在其中心绘制团花、卷草等纹样,边缘绘制火焰纹,花草的静与火焰的动形成鲜明的对比。凤鸟图案被应用在背光的情况较少,如在榆林窟唐代第17窟中心柱南向面的佛塑像背光处,凤鸟、花叶以对称的形式绘制在圆形背光中,同时搭配有卷草纹、云气纹来丰富画面。佛塑像头光中描绘的凤鸟卷草纹,以青绿色为主。凤鸟形象鸡头细颈,挺胸做展翅状,长尾后扬飘逸,与卷草纹交织在一起,显得非常灵动活泼。

晚唐莫高窟第196窟佛坛背屏的佛光中,一对凤鸟共衔花枝图案,花中有一朵石榴花,凤尾为卷草纹样状,流动舒展欲飞翔展翅,色彩华贵。远看是花草,近看有禽鸟,卷草纹与禽鸟纹组合而成的这种装饰,采用卷曲流动的形式和色彩套叠的表现技法,具有清新明快之感。另外晚唐第16窟佛坛背屏中的凤鸟纹饰的颜色虽为宋代再次涂绘,但还是存留着唐代的稿样。

(二)凤鸟图案作为局部内容的装饰部位

1.藻井中的凤鸟图案

藻井图案是敦煌石窟壁画装饰图案中的重中之重,其中包含的纹样类型非常丰富,涵盖面也特别广泛。唐代的藻井图案依照方井内图案的不同可分为茶花纹、平瓣莲花纹、卷瓣莲花纹、团花纹四种。其中卷瓣莲花纹藻井通常在莲花中心搭配其他祥禽或者瑞兽纹样,如狮子、兔、龙、凤鸟等等,这一时期各种类型的器具装饰上也出现了龙、鹿、凤鸟等纹饰,这些纹样的大量使用反映出当时装饰图案的流行走势。莫高窟第360窟的灵鸟卷瓣莲花纹藻井图,中心方井内绘有十瓣式的卷瓣莲花,花瓣呈现出包合状,中心绘有迦陵频伽弹奏琵琶。以黑色圆环装饰带作为层次分隔界限，禽鸟、花叶之间用色统一以米黄色、青绿色为主，色调清新高雅但又引人注目。不同时期藻井凤鸟图案布局形式也各不相同，同其他装饰图案组合，共同体现出了藻井艺术之美，反映出了时代特色。

2. 边饰中的凤鸟图案

边饰是指敦煌石窟壁画中不同部位交界处出现的连续纹样装饰，起到分界以及衔接的作用，和其他装饰图案相配合，使石窟整体风格更加一致。凤鸟图案造型呈现生动活泼的特征，其一直是边饰图案的主要内容，能为石窟营造气氛，用来烘托美好的佛国世界或者繁盛的现世愿景，或是传递喜乐吉祥。唐代敦煌壁画的边饰主要以凤鸟卷草纹样为主，呈现出饱满而且厚圆的艺术风格。同时，这一时期边饰中的花鸟图案中出现了禽鸟、花叶造型之间的相互转化，例如多将卷草纹作为凤鸟尾巴，花鸟图案融合为一个有机整体，相互融合、构图饱满、富有生动活泼的画面感。

（三）作为特定装饰部位的凤鸟图案

敦煌石窟壁画中多处出现人物形象，如佛、菩萨、供养人等等，其服饰和配饰华美精致而且灵动，是对真实生活中服饰配件的模仿与再创造，能够具体地反映出当时生活中人们服饰的纹样特征。晚唐时期的凤鸟纹饰，更多地出现在供养人画像中。如晚唐第9窟壁南侧下部绘制一排女供养人，其中有的贵妇肩披淡色披帛图案，披帛上饰以凤鸟纹样，淡红色的凤鸟们正展翅做飞翔状。凤鸟淡红色和深红色襦裙的色彩相互呼应，凤鸟图案呈现出散点分布状，飞翔方向各不相同，显得轻快飘逸，和披巾的轻柔之感和谐统一，十分融洽舒服。

三、敦煌花鸟图案的装饰美

（一）写实而又细致的装饰美

凤鸟图案写实细致的很多，特别是在壁画衬景中，如初唐莫高窟第71窟的缠枝百花草纹边饰。这是盛行于初唐和盛唐时期的代表纹饰之一，以细长卷曲的缠枝纹样作为骨架，其上绘制卷叶和各式花朵，周围绘制有凤鸟、蝴蝶等，体积较小，画面生动、自然。

唐代凤鸟造型一般都保持鸟类的真实身体构造，包括头、颈、躯干、翅膀和尾巴等等，结构十分准确，同时又重视细节的描绘刻画，例如在头部绘制中将凤鸟的眼、冠、喙绘制得十分精确，绘制翅膀则注重表现羽毛的根根分明。写实细腻的造型艺术并不是单单指像工笔花鸟画那样写实生动地描绘，其造型处理也经过艺术手法的加工，如在细节处将头冠、尾羽进行适当的变形，添加或者融合一些植物纹样的装饰特征，翅膀的羽毛排列一般由上至下呈现扩散状，营造出生动且有秩序的美感。花叶相比于早期则多出现自然生长形态，会绘制出根茎、叶脉。叶片的翻转也更加柔和自然，并且出现较为立体的前后遮挡关系，更加倾向于现实。综上，写实细腻的造型在更加贴近自然形态的同时又具有装饰的美感，营造出生机盎然的自然之景，同时不失规整的装饰特征。

（二）构图中的装饰美

敦煌壁画中凤鸟图案的数量较多，在许多装饰部位都有所体现。作为装饰图案出现的凤鸟图案在构图形式上也非常多样，如对称式构图、连续构图、适形构图等，以满足不同内容的装饰需求，这里选取对称式构图和连续构图来进行分析。

1. 对称式构图

莫高窟中唐第 361 窟西壁佛龛龛口上部仿神帐帐额形式的边饰图案中，花鸟图案呈现左右对称形式，不管在体量、造型还是在色彩上完全相同，具有十分规整的视觉效果。灵鸟尾羽呈波浪状卷草纹样向后舒展，四周同时点缀花叶，在沉稳的基调中又添加了一份灵动。花鸟边饰配合其他具有稳定性、连续性的图案，如茶花、团花、龟甲纹等，共同装饰这一建筑结构部位，营造出整齐、匀称的装饰美感，表现出了图案装饰性与功能性的完美统一。

2. 连续构图

连续性构图排列有十分明显的规律性，形成反复出现又不失规律变化的形式美。唐代的边饰图案多为综合式连续构图。综合式连续构图指多个二方连续的构图图案的组合运用，在唐代及以后的边饰图案的装饰中多有体现。如莫高窟晚唐第85窟藻井的缠枝凤鸟石榴卷草纹边饰，以缠枝卷草纹为连续骨架，卷草缠枝起伏缠绕、叶片圆润厚重，组合具有饱满丰富的画面感。同时搭配凤鸟、石榴等元素交替，它们有序排列，这样的组合不仅没有破坏图案的连续性，而且营造出了丰富的层次以及繁复精致的装饰效果。缠枝纹样和花鸟图案的自然生动协调统一，展现出晚唐时期石窟艺术的精致华美。但相比于唐前期凤鸟的飘逸灵动，此窟中出现的凤鸟形态较为平整，双翅向后伸展但弧度较平，体积感更为明显，色调较为暗淡，整体画面呈现浓烈厚重之感。晚唐第85窟为翟法荣的功德窟，翟法荣在吐蕃占领敦煌时期曾任僧政，因此这一花鸟图案在一定程度上受到了吐蕃艺术交流的影响。

（三）色彩的装饰美

1. 简洁的色彩

盛唐莫高窟第45窟北壁西侧观无量寿经变的壁画下方绘有脚踏莲花的鹦鹉，这一花鸟图案绘制简洁不失生趣，鹦鹉、莲花都以简洁准确的线条勾勒出外部轮廓，花鸟形态绘制写实而又细腻，但对细节的描绘较少。色彩上同样采用简洁概括的形式，鹦鹉以同一单调的绿色平铺，只在鸟嘴的位置以红色点缀。莲花花瓣为白色，花芯为绿色，与鹦鹉的绿色相呼应，并以土红色线条勾勒外部轮廓。鹦鹉与莲花两部分都体现出整体的色块感，彼此之间产生色彩的对比与呼应，具有清新高雅的色彩视觉感。

2. 和谐的色彩

中唐莫高窟第116窟藻井的凤鸟卷草纹边饰具有和谐统一的色彩装饰特点，这一藻井图案色彩特征与造型特征相符，凤鸟与卷草使用相同的颜色和设色方式，大面积平涂浅蓝色与土红色底色，使其形成对比，将花鸟装饰图案凸显出来；在结构转折处绘制以较深的石青色，如凤鸟翅膀侧方连接处和卷草叶片的翻卷处；并在局部点缀土红色、赭石色，营造出色彩层次感，如花叶中心、小朵花叶和卷草的第三层翻卷处，与图案底色相呼应。这一花鸟图案的色彩层次不同，具有写实立体的艺术效果，同时禽鸟与花叶之间使用相同的色彩组合营造出和谐统一的视觉效果，体现出对比协调的装饰之美。

四、结语

唐代敦煌壁画中的凤鸟纹是众多中国传统纹样中的一种，无论是哪一种都有无可比拟的艺术价值和文化价值。在中外文化艺术交流日益增强的当今，我们应本着对传统文化的继承与创新的观念，在立足于弘扬和发展敦煌文化的基础上，不断地探寻传统艺术的美感，并将其更好地融于现代社会，增强文化自信。

参考文献：

［1］陈雨琪，高阳.浅谈敦煌唐代壁画中的花鸟图案［J］.艺术教育，2019，（8）.

［2］李玮恬.隋唐时期敦煌壁画凤鸟纹在视觉传达设计中的应用研究［D］.北京：北京交通大学，2018.

［3］吕晓芳.鸟语花香之演变：敦煌莫高窟壁画花鸟图案艺术造型分析［J］.中国文艺家，2019（3）.

［4］陈雨琪.敦煌花鸟图案研究及在文创设计中的应用［D］.北京：北京林业大学，2020.

墓葬遗址图像传播

古人认为墓葬是生命的延续和重生之地。葛兆光先生曾说："关注灵魂，是产生而且是古代中国宗教信仰的起点与基础，死亡、下葬以及死后世界的想象，在古代中国社会生活中相当严肃。"所以解读墓葬遗址图像不能只关注"风格分析"，而是要将墓葬放到整体艺术中进行空间性解读。正如巫鸿先生在中国美术史的长期研究中所总结的"空间概念"，强调墓葬遗址的"整体性"。一座墓葬包含不同材质的随葬品，它们有不同的表现形式和象征意义。而随葬品与墓葬的空间结构、建筑造型的完美契合，传达了墓葬设计者在严肃礼制约束下的初衷。无论是李寿墓与长乐公主墓人物风格、唐墓壁画上的"狩猎""出行"，还是史君墓中的"天国之桥"图像、阿斯塔那 217 号墓《六屏式花鸟图》探析以及阿斯塔那 13 号墓《墓主人生活图》源流考，抑或是伏羲女娲图像西传问题、安菩墓墓葬中唐代粟特人祆教信仰、秦兵马俑雕塑艺术等，图像渊源、美术形象流变、艺术形式探析，都再现了长安与西域的地域文化交流。

正如郑岩先生所说："古人对于死后世界的种种假设，见于制度、宗教、仪式和书写，更直接呈现于墓葬之中。"中国古代墓葬艺术在"礼仪"制度约束下，沉淀、发展和形成。墓葬中当世见证者眼中的任何"碎片"都是墓葬"整体"的一部分。因此通过墓葬图像与文献的梳理，阐释不同见证者在不同历史语境下，基于图像变化而赋予墓葬遗址的"整体性"和"碎片化"的辩证关系，是墓葬研究的全新视角。这种注重空间性的研究视角，将成为结合中国历史、发现中国古代美术宝藏的文化密码。

阿斯塔那 13 号墓《墓主人生活图》源流考

嵇　徐[①]

摘　要：出土于新疆吐鲁番地区阿斯塔那墓群 13 号墓的《墓主人生活图》是我国早期绘画形象的重要佐证，但学者们对该幅绘画是否为最早的纸本绘画以及其较为准确的绘制时代、作用等相关细节争议颇多。前人研究中较少涉及的画中墓主人帽饰形象等"微末之处"对确定本画所绘制的时间断代有较大的帮助；同时与相近时间段的河西墓室壁画牲畜形象表现的对比亦可对本画作大体的时间断代进行佐证。

关键词：《墓主人生活图》；高昌地区；纸画

在我国漫长的纸本绘画发展的历史中，目前被认为是迄今为止最早出土的纸本绘画作品的是 1964 年在新疆维吾尔自治区吐鲁番地区阿斯塔那古墓群 13 号墓穴出土的《墓主人生活图》（亦被记录为《地主生活图》），现藏于新疆维吾尔自治区博物馆。[②]

由于《墓主人生活图》本身遗留下来的信息相对粗略，目前暂未发现题跋、落款或文字，再加上目前研究文献较少且时间较早，故与《墓主人生活图》相关的研究角度较为有限。目前能查找到的较近时间发表的文献有叶尔米拉发表于《文物鉴定与鉴赏》2013 年第 3 期上的《天上人间——记吐鲁番出土墓主人生活图》一文。该文章对《墓主人生活图》进行了大致的描述并对画作的细节进行了一定的分析。作

---

① 嵇徐，1998 年生，2020 级，攻读硕士学位，主要研究方向为中国美术史。
② 该判断最早出自潘吉星的《中国造纸技术史稿》（文物出版社，1979 年，第 54 页），但作者未对画面进行具体描述，未对所下判断进行论证分析。

者在文中提出了两个值得推敲的观点。

第一，作者对《墓主人生活图》并未采用单纯的纸本绘画的概念来定义，而是将其称为纸质壁画，与墓室壁画形成了一个被包含的子集关系。这种说法是否有理论支撑尚不确定，因为作者并未标注该观点的出处或引用文献佐证。

第二，作者在文中写道："新疆吐鲁番地区以独特的地理位置和优越的气候条件保存了大量的墓室壁画，其中1964年出土的魏晋时期墓葬纸质壁画《墓主人生活图》一度被誉为我国最早的纸画，从风格和内容上可以看出这幅图与嘉峪关出土的同时期的画像砖很相似。"笔者认为"一度被誉为"的说法有待商榷，因为经查阅，目前尚无确定或较为一致的声音或物证来证明有更早期的纸本绘画。叶尔米拉所认为的"一度"较大可能来自一篇短通讯。[①]但此通讯用词较为模糊，笔者认为难以佐证其观点，故该处阙疑。[②]

除此之外，其他较为早期的期刊与文献资料大多集中于对该幅图画的形式内容进行笼统的描绘与细部分析，辅以对其出土年代与墓主人身份的讨论。仅有孟凡人先生在其文章《吐鲁番十六国时期的墓葬壁画和纸画略说》中较为详尽地从壁画和纸画概况、题材技法和形式来源等方面进行了探讨，其中对《墓主人生活图》也涉及颇多。

就目前所整理到的文献来看，对《墓主人生活图》的画面内容分析争议不大，主要的异议集中在大致出土年代的界定。同时对画面内容与时代较为相近的河西墓室壁画进行了一定的比较与分析，有些对比研究也扩展到了今天的东北与江东地区。但总的来说，还有很大的空间去继续完善对比结论。

本文的写作目的在于总结汇集前人研究成果，在此基础之上对出入较大的方面的数据进行整理比较并进行力所能及的勘误。同时尝试进一步将本文对象与同时代

---

① 《甘肃玉门发现我国最早的纸质绘画》，《敦煌研究》2003年第5期，第88页。纵观该通讯，尽管标题使用了"甘肃玉门发现我国最早的纸质绘画"这一肯定的陈述性语句为标题，但实际行文中对出土画作的时间判断多使用"可能"等推测性较强的字眼。且该文认定此画的出土时间为1600年前（即5世纪初），据时间属于东晋时期。故无法完全佐证"时间最早"这一观点。

② 经查找目前可与《墓主人生活图》相比的墓室纸画仅甘肃玉门官庄魏晋墓于2003年发掘时得到的棺板纸画。但该考古简报将此画称为"甘肃省境内迄今发掘的墓葬中出土年代最早的纸画"。鉴于出土时间的先后，故敦为最早存疑。详见谢焱、李永峰：《甘肃玉门官庄魏晋墓葬发掘简报》，《考古与文物》2005年第6期。

的相关形式的墓室艺术进行比较研究，并对发掘出土至今一个较少涉及的问题（即纸张问题）进行力所能及的分析，并以此来佐证魏晋南北朝时期高昌地区在丝绸之路上的地位与其在外来文化冲击影响之下所表现出来的特征。

一、《墓主人生活图》的形制与图像分析

《墓主人生活图》是一幅1964年出土于新疆维吾尔自治区吐鲁番地区阿斯塔那古墓群13号墓的未署名纸画（图1）。在其出土的古墓所属的古墓群的发掘简报中对该幅纸画只字未提，故出土时的详细情况与细节不得而知。[①] 该纸画由六块大小近似的小纸拼接而成，纸质厚度尚可，纸面呈土黄色；所采用的纸本的类型尚无具体证据，先前研究者多认为是桑皮纸。

图1 《墓主人生活图》博物馆中陈设

该画总长为106.5厘米，宽47厘米。[②] 画面边缘处有黑色波浪线纹样勾边；内容以墓主人为中心横向展开，画面主体为墨色勾线；除黑色之外画面所设色彩以赭

---

① 王素《吐鲁番出土〈地主生活图〉新探》（《文物》1994年第8期）曾提及此问题。值得一提的是，其文章中引用的《新疆古代绘画〈地主生活图〉》（《新疆艺术》1985年第3期）等文章目前均无法查找到，只能见到作者的转引，十分遗憾。相关考古报告可见李征《吐鲁番县阿斯塔那—哈拉和卓古墓群发掘简报（1963—1965）》（《文物》1973年第4期）。

② 该画作的长宽数据总体上没有较大的争议，与新疆维吾尔自治区博物馆原始数据有出入的如孟凡人《北庭和高昌研究》（商务印书馆，2020年，第359页）中的长105厘米、宽46.2厘米，阿迪力·阿布力孜《东晋时期的纸画：〈墓主人生活图〉》（《中国民族报》2018年7月27日）中的长106厘米、宽46厘米。因差距不大，故以自治区博物馆原始数据为准，其他数据仅为对比参照。

红为主。画面虽然没有明显的层次区分，但纸张的拼贴痕迹似乎有着充当分割线以隔开不同场景的作用。虽然《墓主人生活图》的所属时间有争议，但大致的区间经目前文献整理可以锁定在西晋至十六国期间（具体论证见后文）。故与同地区且推断所属时间较近的相邻墓葬群哈拉和卓出土的墓室壁画 75TKM97、75TKM98 就有了比较价值。这两幅壁画的小结原文如下："哈喇（拉）和卓古墓发现的这批壁画，属十六国时代，其画风与我国内地魏晋古墓中壁画画风完全一致。壁画在我们面前展现了一幅幅古高昌地区地主阶级骄奢淫逸生活的景象。这是一批研究北凉以来高昌社会生活习俗的形象材料。"①

根据所能看到的相关图像线稿与照片（图 2）不难发现，尽管两幅画均有五到六栏，且画面横向展开，但每栏均为独立场景或个体。因此画面中这些小块的划分可被认为是所要描述的整体场景的一个部分。而《墓主人生活图》由六块纸张拼接而成。六张纸的任意一张单独取出则无法描绘某一场景，只是某一场景的一部分，可谓是"碎片的碎片"。但稍加观察不难得出，纸张拼接之处人为地在横向展开的画面上隔开了不同内容的场景。类似的情况在南朝刘宋时期出土于南京西善桥大墓的竹林七贤砖画中，以树木为阻隔区分人物的设计有一定相似性。

图 2　75TKM98 壁画

（一）画面基本情况概述

画面上的人物、动植物、器具和自然景象自 20 世纪 60 年代出土以来就已经有了一定的分析。目前大多数学者认为，该图画反映出了高昌贵族生前的日常生活与居

---

① 穆舜英.吐鲁番哈喇和卓古墓群发掘简报［J］.文物，1978（6）：7.

所财产概况。

画面上方左右两角各有一圆圈，其中右边（即平面图上的东边）的圈中绘有一只三足乌鸟，是谓金轮，即象征太阳。在汉墓艺术中就已经有此形式。①而左边（即平面图西边）的一轮圆圈中有一只蟾蜍，象征月亮（图3）。若真是如此，足以见得平面图上辨识方向的方法规则早在魏晋南北朝就已经得到了认识与运用，并出现在了远

图3 《墓主人生活图》局部：日月

离当时政治中心的高昌地区。由此可见，此时高昌地区主流文化中汉文化所占的比重，亦可证明墓主人生前的民族文化倾向。

同时，在画面中央上半部出现了两组七个圆圈辅以线串起来的图案（图4）。目前涉及《墓主人生活图》的文献对其有两种看法：一方把其认作是北斗七星，另一方把其认作是树果。②对于为何画中有一对轴对称的"七连珠"，笔者认为将此解释为星宿迁移运动现象比较妥当。这一点在出土的同一古墓群的唐代墓葬内画作中表现得较为突出。

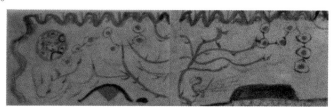

图4 《墓主人生活图》局部：星辰

绘画作品中的主人公（即墓主人）位于画面中下部分，体态较其他人物显得壮硕，脸颊两侧有胡须。左手持扇，右衣袖作画潦草而不见手掌；头戴黑色帽饰，打坐

---

① 李淞.陕西古代佛教美术［M］.西安：陕西人民教育出版社，2000：65.

② 绝大多数文献资料均认为日月轮两侧的七个圆圈联成的图案样式为北斗七星，而孟凡人在其著作《北庭和高昌研究》（商务印书馆，2020年，第359—360页）中将明显未有果子的树木称作果树，故可知其对该图像的看法。

于卧榻之上，头顶上方有华盖。墓主人右侧身后立有一女性，神情姿态较为谦卑，目前身份存疑。墓主人左侧有一男性仆从正在牧马。马的画法较同时代其他地区的动物画法有较大相似性，但技法粗糙简单。与马同时竖立着的还有仪仗信物①，对信物的分析在之前的研究中已有涉猎，大多数研究者认为虽然墓主人生平姓名目前不可考，但其生前在高昌地区有极大概率拥有较高的地位。

画面最右侧有一女仆正在忙着处理庖厨事务，锅碗瓢盆等相关物件画得较为粗糙但不至于抽象；厨房上方为庄园农业事务，可凭干草叉等农具来佐证。

故尽管该幅画作尺幅不大，但墓主人日常生活中较为重要的部分均得到展现。在记录日常生活之余也混合了当时人们对自然的认识与思考，同时也混有一定的汉地神话传说色彩，一定程度上从侧面表现出高昌地区当时的社会习俗与风貌。

（二）现有问题校勘

笔者在参阅与研究了相关文献之后，通过对各文献资料进行校对参照，总结出了《墓主人生活图》一些目前尚无定论或存疑的一些问题，并将进行一定的论证，力图给出一些自己的观点与看法，以求推动与该画相关的研究的发展。

1. 成画年代界定

表1中列出的七种文献资料的结论也代表着目前对《墓主人生活图》大致成画年代的几种看法。该画出土地的考古简报可见刊载于《文物》1973年第10期，由李征执笔，以新疆维吾尔自治区博物馆集体名义发表的《吐鲁番县阿斯塔那—哈拉和卓古墓群发掘简报（1963—1965）》。但遗憾的是，或许是年代、时间等多方面原因，该份简报全文对《墓主人生活图》只字未提，甚至于画作出土的13号墓穴的情况也提及甚少，故目前无法得知现场考古勘探人员对该作品的第一时间的界定与分析。

表1 出土年代

作者	成画年代
新疆维吾尔自治区博物馆	著作：《新疆出土文物》（1975年）：编者定时代为"晋"
赵华	《新疆古代绘画〈地主生活图〉》（1985年）：东晋

---

① 王素. 吐鲁番出土《地主生活图》新探 [J]. 文物, 1994（8）：90.

作者	成画年代
王素	《吐鲁番出土〈地主生活图〉新探》(1994年)：西晋
郑岩	《魏晋南北朝壁画墓研究》(2001年)：西晋至十六国时期
叶尔米拉	《天上人间——记吐鲁番出土〈墓主人生活图〉》(2013年)：西晋
阿迪力·阿布力孜	《中国民族报》(2018年)：东晋，未有详细理由
孟凡人	《北庭和高昌研究》(2020年)：十六国时期纸画，时间在四世纪末

　　目前仅仅从新疆维吾尔自治区博物馆于1975年出版的《新疆出土文物》以及王素先生的《吐鲁番出土〈地主生活图〉新探》一文中可得知，当时将《墓主人生活图》的成画年代界定为"晋"。但这个界定事实上相当模糊，王素根据《新疆出土文物》的结论，认为此画后紧接着排版的时代为"十六国——前凉"，所以此处的"晋"为西晋不免有些草率。

　　近年资料中，叶尔米拉承接了王素对画作中墓主人仪仗物品考据后的观点，通过引用《〈通鉴〉胡注序》来试图巩固此系列仪仗物品(曲盖、节、麾、幢)为墓主人身份的论证。这本是有理可依的，也是给王素先生的研究进行了补充，但叶氏在其引用的内容中直接得出了"西晋时期"这一观点，笔者认为不免有些唐突且并不具有较强关联性。[①]

　　通过对画面细节的观察，笔者认为历代研究中对该画的细节研究方面忽视了墓主人所戴帽子对佐证其身份等方面的作用。服饰历来是身份与职业的象征，在门阀制度依然较为牢固的魏晋南北朝时期，其作用自然不言而喻。尽管《墓主人生活图》的绘画风格较为古朴，但墓主人所佩戴帽子的大体样式依然被较好地描摹下来。

　　从图中可以看出，墓主人所佩戴的帽饰为纯黑色，帽身平而有前后两角(图5)。这种帽饰起源于周代，成熟于汉代，自三国时期开始普及，与两晋时期以来广为流

---

① 原文内容为："《通鉴》胡注序称：'晋制：诸公任方面者，皆给节、麾、缇幢、曲盖。'由此推断，该墓主人虽然姓名不可考，但身份却不简单，因为其不仅有作为高级仪仗的幢盖，还有象征权力的节和指挥军队的麾。因此，他绝非一般地主。至少是州一级军政首脑。西晋时期，高昌能够产生如此出类拔萃的人物，与当时高昌虽未建郡，但在选举方面却已享受郡的待遇颇有关系。"见叶尔米拉：《天上人间——记吐鲁番出土的〈墓主人生活图〉》，《文物鉴定与鉴赏》2013年第3期，第34—35页。

传的皮弁具有极大的相似性。由于东晋
衣冠南渡之后将原有样式与当地的帽饰
相结合，故外形与较早时期的皮弁或有
一定的差距①，再加上魏晋时期绘画描摹
能力总体还处于萌芽阶段，故不可与后
世图画相比。

再加上墓主人所戴的帽饰与湖北襄

图5 《墓主人生活图》局部：主人形象

阳贾家冲画像砖墓出土的《侍饮》中的
男子所戴皮弁形象的帽饰具有极大的相似性，因此可以推断出尽管该砖画为南朝出
土的画像砖，但一定因袭了东晋遗风。而此处两者的皮弁具有较强的相似性，不难
发现其中的内在联系。同时，墓主人坐在榻上，头顶华盖的造型也和辽阳东晋壁画
墓的壁画的坐姿有一定的相似性，故由此两样发现可以基本断定《墓主人生活图》
的大致年限应该为东晋十六国时期。

2. 纸画的作用

由于缺少相关的落款与其他文字信息，《墓主人生活图》的用途也引起了一些
讨论。目前，对该幅画作的用途主要有三种看法，其中的两种看法引起了较大的争
议。即在结合吐鲁番地区自然环境的前提下，该幅纸画是作为粉本小稿还是一幅正
式的画作兼陪葬品的（表2）。

表2 纸画的作用

王素	《吐鲁番出土〈地主生活图〉新探》（1994年）：为墓室壁画正式绘制之前的粉本或小稿
郑岩	《魏晋南北朝壁画墓研究》（2001年）：提到两种看法，即陪葬品或墓室壁画的粉本或小稿，未有自己的倾向
叶尔米拉	《天上人间——记吐鲁番出土〈墓主人生活图〉》（2013年）：提出了纸质壁画这一观点，但并未多展开
孟凡人	《北庭和高昌研究》（2020年）：陪葬品，且纸画的艺术水平与表现高于砖画，是当时最高的艺术表现形式

表2所罗列的也正是目前几种主要的观点。一部分著作会列出主要的观点

---

① 张珊. 东晋南朝男性的日常冠饰［J］. 大众考古，2018（7）：35-36.

而不去进行或避免进行与主体不相关的详细探讨，故此处不再赘述。目前主要讨论的观点是《墓主人生活图》到底是小稿、粉本抑或是其他尚未多深入研究过的其他艺术形式。与同时代的哈拉和卓墓区出土的、同为横向展开的两幅墓室壁画（75TKM97、75TKM98）相比，如上文所述，《墓主人生活图》具有较强的整体性。即不同于将几个较为独立的场景拼成一幅画作；《墓主人生活图》的六张纸上所绘的内容无法独立成画，需要放在整体之中才能反映出画作内容。由此可判断，此画作虽画艺不精但能具有如此独特的构思，可见并非信手涂鸦之作。

无独有偶，在阿斯塔那墓地第六区 3 号墓被斯坦因盗走的、现保存于印度新德里国立博物馆的一幅十六国时期的纸画与《墓主人生活图》有一定相似性。该画由上下两张纸拼接；纵向构图且不分栏[①]；画面不同于之前提及的纸画与壁画的地方在于该画不再以墓主人为中心。墓主人的位置位于画面的右上角，在右上角的帷幔之下。但相同的是，墓主人均坐于榻上，身后均立有一女性。不同的是，该场景内除墓主人之外仆从较多。画面中央人物从墓主人转变成了乐师、舞女与仆从，不变的是右下角依然是庖厨之事。

而在画面左下方，高昌地区出土纸画中一贯的农耕桑竹之事亦被加到了画面之中；树木因画幅所限，被加到了屏风之上。人物的刻画大体上强于《墓主人生活图》，但若仔细观察其人物结构，可发现该画作画师对人体结构的理解尚显浅薄，所绘人物的下半身直接接在了大腿上，显得较为古怪。而身着"褒衣博带"的墓主人、随从与着裙装的舞女则因服饰遮掩，显得较为正常，而此种遮掩方法与《墓主人生活图》的构思设计则又显得较为一致。

可见虽然画工技术有优劣、特点有千秋，但不阻碍相同时代的画作反映出其共通的特点。再加上邻近的哈拉和卓墓区发现的成稿壁画（75TKM97、75TKM98 等）的尺寸大小皆与该幅纸画相近[②]，故我们可以推测：《墓主人生活图》应为具有墓室壁画作用的相应陪葬品，而非墓室壁画绘作草图的粉本小稿。

---

① 赵华.吐鲁番古墓葬出土艺术品［M］.乌鲁木齐：新疆美术摄影出版社，1992：8.

② 75TKM97：长2.20米，高0.6米。75TKM98：长2.25米，高0.63米。另有介绍75TKM96：残长1.70米，高0.45米。皆在墓室后壁。详见孟凡人：《北庭和高昌研究》，商务印书馆，2020年，第357—358页。

叶尔米拉的纸质壁画的论点在其论文中并未给出依据与支撑的文献或说明。根据相关类型资料，初步认为是一种近似于贴落的艺术形式——一种中国绘画中的传统装饰方法。但这种古老的技艺的成品目前较为罕见且主要集中在 17—18 世纪及以后的时间段，宋以前少有实物，故无法在相近的时间段内与《墓主人生活图》进行比较，故在此不再进行赘述。

3. 墓主人身边女性身份

关于画中墓主人身后的女性的身份也一直争论颇多。但基于《墓主人生活图》自身有效信息较少的特殊情况，对立在墓主人身后的女性的身份也只是推测，缺少相关证据。目前对画中该女性的看法主要有两点，即妻子（女主人）或侍女（表 3）。

表 3　墓主人身边女性身份

叶尔米拉	《天上人间——记吐鲁番出土〈墓主人生活图〉》（2013 年）："身穿条纹袍服。身旁立一身着红裙、头梳双髻、毕恭毕敬之女子，不难看出两者的主仆关系。"叶氏认为此女性为侍女，但其论据较为粗浅
孟凡人	《北庭和高昌研究》（2020 年）："其妻在右侧跪坐。"孟氏认为此女是妻子，但未给出具体原因与分析
阿迪力·阿布力孜	《中国民族报》（2018 年）：作者未下结论，认为是妻子或侍女

首先，通过图 2 我们不难发现，在相近时代的墓室壁画中，墓主人夫妇共同出现的时候，是以男前女后的状态跪坐出现的。而《墓主人生活图》的情况较为特殊，墓主人一人独自坐于榻上，是一种较少出现的情况。但通过图 1 我们可以发现，虽然该画中的人物比例和早期绘画一样，显得不太协调，但作者对天空、地面之间的区别的意识还是展现得十分明显的。在纸底部均绘有小块长条形黑色方块；且在同一平面上，无论是后面的厨女还是前方的马夫其双脚或裙摆均是着地的，墓主人的坐榻脚也是着地的。不着地的是马夫，照看着的马匹与墓主人身后的女性。

虽然通过画面即可看出此女态度谨慎谦卑，也不似图 2 之中女性与丈夫共同跪坐，但其裙摆最下处与地面保持了一定的距离且与墓主人坐榻平行。故笔者认为该情况应该是一位墓主人的贴身侍女侍立于卧榻一侧，只不过《墓主人生活图》所表现出来的感觉较为平面，且缺乏纵深。离地的高低或许巧妙地象征着在场人物地位的高低。

再谈到画面左下的马匹四蹄与地面亦无接触这一情况。笔者认为或许可以被认作是一种抽象的代表符号。因为魏晋时期的墓室壁画或纸画均把墓主人生前所拥有的大体境况压缩在一起展现出来。故此处的马匹是为了表现该类型绘画必要的程式而绘制的，未必拥有实际意义，即墓主人坐于华盖之下时并非此瞬间前方树下有马倌正在照顾马匹。

二、《墓主人生活图》相关问题试析

在目前的研究中，对画面内容与图像进行分析的研究已经涉及得较为广泛，但一些与画作息息相关的内容依然值得我们继续深入研究。因此本章节主要着眼于一些较少被人关注到的部分并尝试得出一定的结论。

（一）画作纸质考辨

在目前涉及《墓主人生活图》的研究成果中，对于该画所采用的纸质尚无正式的定论。或不曾提及，或一笔带过认为是桑皮纸，但多使用"可能"等字眼。[①]再结合目前该画作的收藏管理机构尚无发表有关纸质的鉴定结果或检测消息，笔者在此结合纸的出现与传播历程进行一个简单的考辨。

尽管尚有争议，但目前依然以东汉蔡伦的发明来作为书写用纸运用的开端。在丝绸之路沿线上，不仅起点长安出土了灞桥纸，近年来在甘肃与新疆吐鲁番地区也出土了大量的魏晋南北朝至唐朝的纸制品，尤其是在出土丝织品的地方，就有极大的可能有纸张出土。[②]尽管目前桑皮纸的制作工艺已经成了新疆和田地区墨玉县的一项非物质文化遗产，但仅凭此无法得出该画用纸为桑皮纸。故桑皮纸在西晋至十六国期间的高昌地区运用的可能性需要进行一个讨论。

---

① 使用"可能"等字眼的见叶尔米拉：《天上人间——记吐鲁番出土的〈墓主人生活图〉》，《文物鉴定与鉴赏》2013年第3期，第34页；阿迪力·阿布力孜：《东晋时期的纸画：〈墓主人生活图〉》，《中国民族报》2018年7月27日。其他较早的研究者如潘吉星、王素、孟凡人等则未讨论纸张类型。
② 潘吉星.中国造纸技术史稿［M］.北京：文物出版社，1997：179.

潘吉星在其著作《中国造纸技术史稿》中认为：新疆出土的古代纸张所用的原料和河西地区一脉相承，为我国传统的造纸原料，且主要类别："其一为麻类，主要是大麻、苎麻等；其二为木本韧皮纤维植物的树皮，主要有楮、桑等。间或有麻类和树皮纤维混合原料。造纸原料中以麻类为最多，尤其唐以前绝大多数是麻纸。"[①]

故目前大多数推测纸质为桑皮纸的观点在传播路径上有一定的依据，但不是决定性因素。故笔者准备从纸的传播与丝织品传播的角度进行一个推测。

由于桑皮纸原料中所需的桑枝、桑皮等原料与丝织品的制作息息相关，故一个地区成规模的丝织品的传播与发现，即可证明当地存在相当规模的桑类原料。

宿白先生在其著作《考古发现与中西文化交流》中的魏晋南北朝章节专门对丝织品传播与纸张的西传进行了分析。其中在分析丝织品的传播时，宿白先生结合当时的考古发现给出了一个大致的路径。

斯坦因在民丰盗掘的 3 世纪遗址中就发现了大批枯死的桑树，故可证明 3 世纪时蚕丝技术已到了于田地区。

于田是一个中继站。4、5世纪时新疆已有好多地点生产织锦了。吐鲁番出土的十六国和稍后的文书中有丘慈锦、高昌所作丘慈锦、疏勒锦的记录。520年前后，从西亚回到洛阳的慧生说，康国出锦，520年滑国遣使南朝的梁，贡献波斯锦，可见6世纪初期粟特人和波斯人都能织锦。织锦不一定会养蚕植桑，也可以用东方运来的原料（丝）。但6世纪东罗马人记查士丁在任时（527—565年）有波斯人把蚕桑技术传到君士坦丁堡。这个记录，至少可以证实当时波斯人是掌握了东方的蚕丝技术的。看来，最迟6世纪以前东方的蚕丝技术已越过了葱岭，应该是不会有什么问题的。[②]

由此传播路径不难发现，在西晋至十六国这个时间段内，今日新疆的绝大部分沿丝绸之路地区都已经习得了包括养育蚕、植桑和缫治在内的丝织技术，再结合新

---

① 潘吉星.中国造纸技术史稿［M］.北京：文物出版社，1997：181.

② 宿白.考古发现与中西文化交流［M］.北京：文物出版社，2012：65.

疆当地一些类似于桑类植物纤维的本土植物^①，在《墓主人生活图》绘制的这个时期内，桑皮纸的原料已经较为普及，桑皮纸有了运用的基础。

同时，纸在新疆的传播经过也十分重要。其传播的方式大体与丝织技术一样，也是一个由与河西地区接壤的东部地区一路向西南部靠近的过程，大体上依然是丝绸之路沿线。

在纸的传播途径上，也遵循着和丝织物大同小异的传播方式。

"若羌东北罗布泊（罗布卓尔）西楼兰遗址，这里在 3、4 世纪时是西域长史治所所在地，曾出土了好几批古纸，都是作为书写公私文书用的，其中有纪年的是从曹魏嘉平四年（252 年）到西晋永嘉六年（312 年）。"但值得一提的是，在出土纸的区域也出土了大量的简牍。由此可知在此时期简牍与纸张还处于并用的状态。

"吐鲁番高昌及其附近遗址，是汉以来戊己校尉的驻地。有人在这里找到有东晋隆安三年（399 年）纪年的纸，附近石窟和佛塔中出了不少 3—6 世纪书写的纸卷佛经，其中最早的纪年是西晋元康六年（296 年），也出土了不少这个时期的非佛经的纸卷书籍。"

"库车曾发现西凉建初七年（411 年）纸卷写经。这卷经尽管还证明不了是否是在库车书写的，但也没有证据可以否定。如果可以推测是书写在库车，那么最迟 5 世纪初纸已出现在库车了。库车已经到了新疆中部偏西。"

"从库车往西，在今喀什西南的莎车，过去有人在这里购得一些用婆罗迷直体字母书写的纸本残卷，据字体估计时间约在公元 500 年以后，大约是 6 世纪的遗物。这样 6 世纪纸已经传到葱岭的东麓了。"^②

由此不难看出，除了库车地区出土的纸制品有一定疑问以外，大体上这是一条自东（高昌地区）向西南，即今天所说的南疆方向传播的路径，也符合丝绸之路大体上的方向。由于宿白先生在此段描述路径中的时代断点在南北朝，故在南北朝之前，纸已经到了西域地区并自曹魏时期伊始已发展了近三百年。在《墓主人生活图》绘制的大体时间范围内，纸的运用是符合当时的生产力发展状况的。

---

① 潘吉星. 中国造纸技术史稿［M］. 北京：文物出版社，1997：56.
② 宿白. 考古发现与中西文化交流［M］. 北京：文物出版社，2012：67-68.

在解决了纸在晋至十六国时期在西域存在的必然性与桑皮纸被使用的可能性之后，我们也需要注意到，当时的桑皮纸或植物纤维混合纸并非主流，直至唐代在高昌地区出土的古纸中，依然以麻纸为主。[①]潘吉星在此处列举了一张表格，详细记录了当时化验的纸的成分。结果则是除了出土于阿斯塔那墓群的北凉缘禾六年（437年）的一份衣物疏[②]为混有苎的麻纸以外，其他纸制品无论是公文还是史书抄本均以麻成分的纸张为主。乃至于到了唐代，除了营地名册与买卖地契等非正式文书或私人文书之外，出土的公文与较为高级的抄本均以麻纸为主。再根据上文，该画为代替同时代墓室壁画陪葬物品而非壁画粉本小稿一推论，不难看出该画的重要性远高于一般的公私文书。故笔者推测《墓主人生活图》的用纸极可能是麻纸，至少以麻为主而并不一定是桑皮纸。

（二）与河西墓室壁画的联系

这一观点在目前涉及《墓主人生活图》的相关研究资料中均有提及。且根据关于高昌的历史背景信息和其与内地的交流记载来看，高昌地区的墓葬绘画与体制均是和河西地区有交流与联系的。孟凡人在其文章《吐鲁番十六国时期的墓葬壁画和纸画略说》中也曾多次提到了这一点。其中就提到了高昌墓葬美术与河西地区乃至中原的继承发展关系。而本节则以图片为切入点，寻找其中的相似性。

第一，既然是墓室壁画，就会出现当时极其重要的非人劳力——牲畜。虽早在韩非子时期就已经有"画犬马最易"的看法，但在魏晋时期惟妙惟肖地描摹动物的范本依然少见，今可见的多为后世摹本，更无论以中原的视角来看均为偏僻之所的河西地区与高昌地区了。但河西地区接纳了中原来的逃难士人，在此基础上继承发展了中原汉制文化并形成了具有本地区特色的文化风格，其中较为直观的反映即表现在墓葬美术上（图6）。

---

① 潘吉星.中国造纸技术史稿［M］.北京：文物出版社，1997：182-183.
② 衣物疏是一种小册子，发源于东周时期的遣册，除记录墓中陪葬物之外兼有宣示墓主人对墓中陪葬品具有合法所有权的作用。

图 6 《墓葬主人生活图》中马的形象与嘉峪关新城 6 号胡人牵驼画像砖

尽管就人物描绘与动物描绘而言，两者均显得很稚嫩，但总体上相近时代里河西地区的绘画明显比高昌地区的绘画要显得更加精妙。虽然人物比例有一定问题且表情较为程式化，但难以掩饰此时的河西地区已经开始对细节部分（如人物衣纹等）有意识地进行描绘。在马匹等动物的描绘方面，仅以本画对比河西地区的水准，高昌地区的描绘依然较为粗糙，无法较好地表现出马身体的连接性与连贯性；程式化地以一个阿拉伯数字"0"与倒"9"的形态来描绘马首与马后腰，中间仅仅以马鞍为连接，底部配上马腿且前马腿过于纤细也并未与后腿对称。但观察两幅画马与骆驼眼睛的绘画方法与牲畜眼睛所表现出来的神态，不难看出两地绘画的传承发展。

第二，壁画分栏而纸画少有分栏的一部分原因可见甘肃酒泉丁家闸 5 号墓西壁的壁画与文中图 1 的对比。在保存较为完好的甘肃酒泉丁家闸 5 号墓西壁的壁画中，我们可以直观地感受到其与《墓主人生活图》之间存在的联系。此壁画上的墓主人也坐在榻上，头顶有近似于华盖形状的顶；墓主人身后跟随跪有两人，外形近似一男一女。墓主人的形象与丁家闸 5 号墓的壁画一样居于右侧偏上的位置，城区壁画上的拱门之外，总体上大致分为上卜两部。其中的内容也大致包括了歌舞赏乐等墓主人日常生活的爱好与琐事。结合现有相关资料，丁家闸 5 号墓中的此部分为甘肃酒泉丁家闸 5 号墓第三层的西壁，且该墓室目前已知有地下四层。[①] 而与此相对的是在高昌地区，无论是阿斯塔那墓葬群还是哈拉和卓墓葬群，均可发现无论是墓室

① 郑岩. 魏晋南北朝壁画墓研究［M］. 北京：文物出版社，2016：46-48.

壁画还是纸画的规模与尺寸都较为狭小且内容较为紧凑；目前已出土的壁画与纸画均有试图把河西地区繁复的多层墓室壁画的内容搬到一幅壁画之内的倾向。

同时高昌地区墓室美术的艺术形式较河西地区同类艺术形式也显得较为稚嫩。但总的来说，两个地区的墓葬艺术仍然属于相同的艺术范畴，是一种基于当时的两地较为相似的政治、经济和文化等要素的基础上所反映出来的一种时代特性。[①]

三、结语

《墓主人生活图》十分直观地向我们展现了当时人们的治葬观念、思想意识、审美情趣。它既是绘画艺术在魏晋时期发展的体现，也是人类社会及思想发展变迁的成果。本文结合现有的研究资料，对高昌地区阿斯塔那墓室纸画《墓主人生活图》的基本信息进行了一个大致的梳理与总结，并对学界长期有争议的几个问题给出了自己的观点与推测。

（1）《墓主人生活图》的尺幅宽度与同时期相同地点的墓室壁画基本相当，长度相差较大，但与同时期的纸画大小相比却相近。故该纸画应该为代替壁画的正式作品而非粉本草稿。

（2）结合相近地点与时期的纸画，本画中墓主人身后女性的身份应该为高级侍女而非妻子。同时《墓主人生活图》也是除了传世的几卷绘画摹本之外，魏晋时期为数不多尚存的纸本绘画。目前对魏晋时期的艺术多流于书面绘画理论的研究，而该画的出现和与之相关的研究，也对我们深入研究魏晋时期的纸本绘画大有裨益。

（3）虽然《墓主人生活图》与同期同地的纸本绘画在绘画风格上与同时代河西地区的墓室壁画和砖画有一定的相似性与传承发展性，但在具体布局方面存在着一定的差异。其中较为显著的有以下两个特点。

其一在于高昌地区出土的纸本绘画倾向于将墓主人生前的主要生活瞬间与相关物品集中于一张纸上，并以手绘边框线或纸张拼接时的缝隙作为分隔栏。而这么做的原因据笔者推测在于高昌地区的墓室面积与高度较河西地区偏小和偏低，因

---

① 赵华. 吐鲁番古墓葬出土艺术品［M］. 乌鲁木齐：新疆美术摄影出版社，1992：8-9.

此不得不对画作的体积与构图设计进行浓缩，这一点在几幅纸画的尺幅中也能看出来。

其二在于墓主人的衣着颜色与所骑马的颜色的象征意义，这一点似乎与河西地区的墓室砖画有着相似之处。仅按文中所用图片为例，高台县博物馆藏砖画《出行图》左侧人物着较深的橘红色上衣，骑着深色偏黑的马匹。这一形象特点与《墓主人生活图》中的墓主人形象十分相似。故可得出在高昌地区乃至于临近的河西地区，赭石红色在画面中当为身份尊贵的标志之一，而马匹的贵重也与色泽的深浅有着一定的联系。

注：该论文略作删减后以《新疆吐鲁番地区阿斯塔那 13 号墓〈墓主人生活图〉源流考》为题发表于《美术大观》2022 年第 8 期。

参考文献：

［1］李凇.陕西古代佛教美术［M］.西安：陕西人民教育出版社，2000.

［2］孟凡人.北庭和高昌研究［M］.北京：商务印书馆，2020.

［3］郑岩.魏晋南北朝壁画墓研究［M］.北京：文物出版社，2016.

［4］潘吉星.中国造纸技术史稿［M］.北京：文物出版社，1997.

［5］宿白.考古发现与中西文化交流［M］.北京：文物出版社，2012.

［6］赵华.吐鲁番古墓葬出土艺术品［M］.乌鲁木齐：新疆美术摄影出版社，1992.

［7］阿迪力·阿布力孜.东晋时期的纸画：《墓主人生活图》［N］.中国民族报，2018-07-27.

［8］王素.吐鲁番出土《地主生活图》新探［J］.文物，1994（8）.

［9］叶尔米拉.天上人间：记吐鲁番出土《墓主人生活图》［J］.文物鉴定与鉴赏，2013（3）.

［10］李征.吐鲁番县阿斯塔那—哈拉和卓古墓群发掘简报［J］.文物，1973（4）.

［11］谢焱，李永峰.甘肃玉门官庄魏晋墓葬发掘简报［J］.考古与文物，2005.

［12］李庆发.辽阳上王家村晋代壁画墓清理简报［J］.文物，1959（7）.

［13］张珊．东晋南朝男性的日常冠饰［J］.大众考古,2018(7):35-37.

［14］穆舜英．吐鲁番哈喇和卓古墓群发掘简报［J］.文物,1978(6).

图录:

图1 《墓主人生活图》博物馆中陈设,现藏新疆维吾尔自治区博物馆,图片为
　　笔者拍摄。

图2 75TKM98壁画,图片引自穆舜英:《吐鲁番哈喇和卓古墓群发掘简报》,
　　《文物》1959年第6期。

图3 《墓主人生活图》局部:日月,现藏新疆维吾尔自治区博物馆,图片为笔者
　　拍摄。

图4 《墓主人生活图》局部:星辰,现藏新疆维吾尔自治区博物馆,图片为笔者
　　拍摄。

图5 《墓主人生活图》局部:主人形象,现藏新疆维吾尔自治区博物馆,图片为
　　笔者拍摄。

图6 《墓葬主人生活图》中马的形象与嘉峪关新城6号胡人牵驼画像砖,图片
　　为笔者拍摄。

史君墓中的"天国之桥"图像

王若凡[①]

摘 要：史君墓是丝绸之路上北周时期重要的粟特人墓葬之一，出土于陕西省西安市未央区大明宫，现藏于陕西省西安市博物院。该墓虽已被盗扰，但它仍是目前保存较好、也较为完整的粟特人墓葬。本文将重点放在史君墓的棺椁东壁——史君夫妇亡灵穿过钦瓦特桥时的景象，先后从史君夫妇过桥由右至左的场景顺序介绍其画面的构成、图像寓意及文化蕴含，以此来解释"天国之桥"。此外，汉代画像石、画像砖中也存在亡灵过桥升天的场景，乃后世奈何桥的前身和祖型。由此看来，史君的墓葬形制既吸收了汉民族的制度，又努力传承本民族的文化习俗，这对于研究中西方文化的交融碰撞有关键作用。

关键词：史君墓；天国之桥；生死观

一、史君墓简介

史君墓出土于西安市未央区大明宫乡井上村东，属于佳偶合葬墓。墓葬由墓道、天井、过洞、甬道和墓室等组成。[②]该墓已被盗贼侵扰，现四壁残高仅存0.5米。墓葬里的石门、石椁和石榻，都采用了浮雕彩绘贴金的工艺来制作。（图1）

① 王若凡，1996年生，2020级，攻读硕士学位，主要研究方向为国画。

② 杨军凯，孙武，刘天运，等.西安北周凉州萨保史君墓发掘简报［J］.文物，2005（3）：5.

图1　史君墓俯瞰图

二、有关史君墓中的桥

（一）史君墓桥图像的内容

史君墓中的桥图像位于史君墓东壁浮雕的下半部分（图2），两只狗在山间岩石后护卫着桥的入口，同时两位戴着口罩的拜火教祭司也站在桥的入口。在钦瓦特桥的熙熙攘攘的队伍中，一对夫妇和两个小孩已经抵达了桥的另一头。在人物身后，位于两个燃烧火球下的，是两匹马、一头驴、一头奶牛、一只羊、两匹骆驼和一只鸟。桥底下浊浪滚滚，有两个怪物的头从波浪中涌出。东壁最左侧是布满岩石的岸边，岸上飞翔着许

图2　史君墓东壁，史君和妻子穿过钦
瓦特桥（局部）

多有羽翼的神兽。东壁的上半部分是神灵的世界。[①]桥的右上方有一个光环，光环

_____

① 西安市文物保护考古研究院. 杨军凯. 北周史君墓［M］. 北京：文物出版社，2014：1.

里有一位神灵盘坐在三头牛上，右手握着三叉戟。神灵两边各有一位天界侍者，拽着在光环上飞舞的长飘带。光环下面是一对夫妇，面对着三位戴王冠的人物。妻子身着汉服并手持酒杯；丈夫穿着胡服，戴帽子，手里托着一个圆盘。一位有翅膀、戴王冠的天界女使站在夫妇面前。在她身后的左侧，两位相似的戴王冠的女使者手持酒杯和鲜花出现在山岩之后。这些山岩自然地把上部天界和下部过桥场景分开了。天界场景继续展开，紧随着的是四匹有羽翼的天马：其中两匹向着右侧飞翔，还有两匹飞向左侧。飞向左侧的天马上搭乘着那对夫妇，一路上有许多天人奏乐相迎，还有一个长着羚羊头、有多个尾巴的神兽，飞翔在布满岩石的桥岸边。

占据浮雕下部三分之二的桥就是钦瓦特桥，即让亡灵跨越地狱的桥，钦瓦特桥本身被架在魔兽形状的桥墩柱头上，地狱是由恶魔头从旋涡里升起来代表的。有两个细节可以帮助我们来判定这是钦瓦特桥：两只狗从山间岩石后出来，看护着上桥的入口，这是拜火教经典《阿维斯塔》里提到的看桥之犬；桥的上端悬着两个帮助亡灵照亮黑暗的火球。《扎德斯普腊姆》选集第 30 章第 52 节记载："火焰将引领着亡灵穿越钦瓦特桥……然后出现山间岩石，在那里亡灵将飞升天界。"恰好，我们刚才所见的史君浮雕上，钦瓦特桥抵达之处正是山间岩石。

（二）桥的双重属性

桥具有连接性与分割性。它通常在无法到达的两个地方之间，又可以通过连接性来重新建立沟通。桥的连接和交流是最基本的功能属性，在中国古代神话传说中往往会体现出来。比如"鹊桥"代表了"有情人"的沟通。

生与死的分割是桥梁分割性最彻底的表现。比如民间"奈何桥"的说法。笔者认为，史君墓中的"桥"不仅体现了生与死的分割，还体现了善与恶的双重性。

（三）史君墓桥的内在寓意

史君石椁浮雕的下半部分，有些场景细节并不与拜火教经典文本完全对应。那两个戴口罩（据研究，以手掩口是拜火教举行伤悼仪式的专用手势）的拜火教祭司只是站在上桥的入口处，并没有走上桥，他们看起来是主持过了一场"察哈隆"仪式，于是他们"派遣"亡灵去到桥的另一端。①死去的史君和他的妻子走在桥上，正好是在巨大的恶魔浮出水面的上端之际，此刻恶魔正朝天张着大口。这个场景说明史君夫妇已经成功地通过了钦瓦特桥的考验，再也不用担心坠入地狱受苦。史君夫妇的身后跟随着各种各样的动物。这个细节刚好与《扎德斯普腊姆》选集第30章第57节有关天堂生物的文字相对应："善良的动物们将会变成五种形状：在大地上变成牛羊，在水中变成游鱼，在空中变成飞鸟，它们快活的叫唤声带给亡灵许多欢欣。"史君墓浮雕上穿过钦瓦特桥的还有骆驼，身上驮着货品，这也是一个丝路粟特商贩特别惦念的细节。

三、简析历史中桥的图像学意义

（一）史君墓中桥的文化蕴含

史君墓东壁画面上部急速奔跑的翼马、戴着华丽宝冠的飞天和图像下部分张口往上看的水兽分别预示着善良者要进入天堂，邪恶者要坠入地狱的结果。②桥上火的图案是洁净的象征。这些图像更容易帮助我们理解琐罗亚斯德教的"善恶"二元论。

（二）汉画像石中桥的文化蕴含

信立祥先生认为汉画像石墓主车马出行队伍与河、桥联系在一起，与我国古代的宇宙构成观念有密切关联。战国时期之前，现实人间世界与其他三个宇宙构成部分之间具有难以跨越的边界线的观念就已经形成。其中，现实人间世界与诸神天上世界的分界线是一条流淌在天际的大河，被称为云汉、天河或银河。③它隔绝在天人

---

① 魏庆征.古代伊朗神话［M］.太原：北岳文艺出版社，1999：329.
② 信立祥.汉代画像石综合研究［M］.北京：文物出版社，2000：332.
③ 信立祥.汉代画像石综合研究［M］.北京：文物出版社，2000：331.

两界之间，成为人与神交流的最大障碍。因此，墓主车马游于河桥之上的绘画形式，也应该是受到了此观念的影响。画像石中的河桥是现实世界与鬼魂世界的分界线，车马列队越过河桥，从地府的鬼魂世界带到地上的墓地祠堂来接受子孙的祭拜。

巫鸿先生提出"大限"的观点，他认为桥、亭等建筑物，在汉代墓葬艺术中代表了一种生与死的阈限。①

四、史君墓中桥的历史溯源

关于现实人间世界与地下鬼魂世界之间的分界线到底是什么，魏晋以前的文献中找不到任何记载，从隋唐以后的记载可知是河流。《太平广记》卷三百四十六收录的《宣室志》所载董观故事和卷一百八收载的《报应记》中的张政故事都有类似的内容。从这些记叙中可以清楚看出，关于奈河隔绝现实人间世界与地下鬼魂世界的观念，早在唐宋以前就已形成。汉代（大约 1 世纪）佛教传进中国，并对我国的物质和思想产生了深远影响。②

从佛教教义的角度看，"桥"具有渡人过河、沟通彼岸的实用功能，所以修建桥梁在佛教教义中被比作慈善事业。从更纯粹的角度来看，建造桥梁也满足了僧众实现超度的愿望。正所谓"建此般若桥，达彼菩提岸"，从而僧人们会积极投身造桥事业。③在佛教寺院壁画中，绘制的"桥"一端连着尘世，而另一端通向天国。

从印度和中国的宇宙分界观念来看，奈何桥的来源不是汉以后传入中国的古印度思想，而是中国传统的宇宙分界观念。所以可以说明汉画像石中的河桥图是后世奈何桥的前身。而且汉代佛教传入中国后大力推行八种善行，其中的一种就是修筑桥梁，也更加促进了桥梁这个题材在画像石中的兴盛。所以笔者认为，同样都是起分割作用的桥，受佛教影响的汉画像石中的桥与琐罗亚斯德教中的钦瓦特桥都有分

---

① 巫鸿. 礼仪中的美术［M］. 郑岩，王睿，李清泉，等译. 北京：生活·读书·新知三联书店，2005：205.

② 柯嘉豪. 佛教对中国物质文化的影响［M］. 赵悠，陈瑞峰，董浩晖，等译. 上海：中西书局，2015：190.

③ 柯嘉豪. 佛教对中国物质文化的影响［M］. 赵悠，陈瑞峰，董浩晖，等译. 上海：中西书局，2015：190.

割"此岸"与"彼岸"的作用。但是，汉画像石中的"桥"主要受到了"事死如事生"丧葬观念的影响，为亡灵建造了美好的生存空间；史君墓中"过桥"的图像在此基础上，运用了"善恶"的对比手法，从而更能体现史君生前为人的正直。在佛教轮回说的影响下，这条奈河在后世被描绘成一条极为阴森恐怖的死亡之河：奈河的河水是从阴曹地府牢房中流出的血水，河水中潜伏着各种穷凶极恶的鬼怪和毒蛇，人死后的灵魂经过这里时，凡在阳世有罪恶者都会坠入河中，遭受恶鬼、毒蛇的残酷折磨。从印度和中国传统的宇宙观念特点来看，可以断言其来源绝不是汉以后传入的古代印度思想，而是中国传统固有的宇宙分界观念。故可推测汉画像中的河桥图是后来奈何桥的前身。①

五、史君墓中桥图像所反映的中西文化的碰撞

（一）对粟特文化的恪守

从史君墓东壁可以看出，史君在努力继承粟特文化。其中，钦瓦特桥和犬视这两个意象是琐罗亚斯德教中最具特点的描绘。同时，还有对本民族服饰的恪守②，浮雕中出现的男性形象均为窄袖的胡服样式，尤其是墓主人史君。在浮雕图案中，史君从小到大，再到升入天国的几个场景中，他一直以翻领或圆领、紧身窄袖的胡服形象出现。除此之外，史君墓中东壁的钦瓦特桥的建筑样式和细节不是汉式风格。史君墓中有骆驼穿过钦瓦特桥，身上还载着货品，这也是一个丝绸之路上的粟特商人特别关心的一个细节。

（二）对中原文化的吸收

尽管石堂东、西两壁图像以不同的方式来对待史君夫人亡魂是否接受妲厄娜审判、通过钦瓦特桥，但最终史君夫人都得以出现在天堂（中界或天堂"伽罗·恩玛

---

① 信立祥.汉代画像石综合研究［M］.北京：文物出版社，2000：332.

② 申虎.北周史君墓石椁浮雕研究［D］.西安：陕西师范大学，2018：36.

纳"），我们从中或多或少可以感受到史君后人在处理琐罗亚斯德教传统教义和亲情方面的矛盾心态。实际上，这种矛盾心态也是琐罗亚斯德教传入中亚，并糅杂内亚社会丧葬习俗影响所致，其中最为典型的便是史君石堂东壁图像中女性奴仆及牲畜一同得以通过钦瓦特桥升入中界的场景，这正反映了内亚葬俗与琐罗亚斯德教丧葬礼仪间的相互渗透。虔诚奉神的义者，可通过此桥上达天界；牧者、妇女、儿童等卑微者之灵，则无法通过此桥，而坠入地下之冥世。

史君墓的墓葬制度必然要受到北周政权的影响。由于史君身为凉州萨宝（保）的身份，因此也决定了史君墓上的图像也是依照北周当时"墓主夫妇宴乐（夜宴）+ 犊车/驼马出行"的丧葬图式来配置的。即"墓主夫妇宴乐（夜宴）"居北中，而"犊车/驼马出行"则分居两侧前（南）行。此外，这种丧葬图式也与粟特人的游牧习惯相关，这同样也包括粟特贵族受内亚风俗的影响。并且，在史君墓东壁中同时出现的马匹、骆驼，是墓葬壁画中驼马出行图的一种变体，该现象也见于内亚。[①]

"殉马"图像是中亚丧葬仪式和内亚游牧社会丧葬仪式的体现。殉马在石葬具图像系列中的设计可以与中国丧葬制度中的诞马（仪仗队中不施鞍辔的备用马）相媲美。[②]《多桑蒙古史》载："人死，置肉乳于其前，素日亲密之人皆来献食。及葬，则在墓旁以其爱马备具鞍辔，并器具弓矢殉之，以供死者彼世之用。"[③]在钦瓦特桥的最上部，史君夫妇身后的马演变成了"翼马"并升入天国，由此可以推断史君夫妇身后的两匹马承担着载墓主灵魂升入中界的神圣使命。

六、结语

史君墓中的钦瓦特桥情节与中国民间神话观念中的奈何桥极为相似，桥不仅是墓主人由生到死的转变，反映了粟特人对死后天国美好生活的憧憬，更是中外文化交流的体现。史君的墓葬吸收了汉民族的礼节制度，又力求将本民族的文化习俗承接下来。其中钦瓦特桥上的两条犬、两个火球、史君的服饰以及骆驼载货物的情节

---

① 沈睿文.中古中国祆教信仰与丧葬［M］.上海：上海古籍出版社，2019：205.
② 沈睿文.中古中国祆教信仰与丧葬［M］.上海：上海古籍出版社，2019：381.
③ 多桑.多桑蒙古史［M］.冯承钧，译.上海：上海书店出版社，2003：29.

等反映了史君对本民族文化的坚守；史君夫妇和其随从一同进入钦瓦特桥的场景、驼马出行的丧葬图示和殉马的图像，反映了史君对于汉文化的吸收。

参考文献：

[1] 杨军凯，孙武，刘天运，等.西安北周凉州萨保史君墓发掘简报[J].文物，2005（3）.

[2] 西安市文物保护考古研究院.杨军凯.北周史君墓[M].北京：文物出版社，2014.

[3] 魏庆征.古代伊朗神话[M].太原：北岳文艺出版社，1999.

[4] 信立祥.汉代画像石综合研究[M].北京：文物出版社，2000.

[5] 巫鸿.礼仪中的美术[M].郑岩，王睿，李清泉，等译.北京：生活·读书·新知三联书店，2005.

[6] 柯嘉豪.佛教对中国物质文化的影响[M].赵悠，陈瑞峰，董浩晖，等译.北京：中西书局，2015.

[7] 申虎.北周史君墓石椁浮雕研究[D].西安：陕西师范大学，2018.

[8] 姜伯勤.中国祆教艺术史研究[M].北京：生活·读书·新知三联书店，2004.

[9] 沈睿文.中古中国祆教信仰与丧葬[M].上海：上海古籍出版社，2019.

[10] 多桑.多桑蒙古史[M].冯承钧，译.上海：上海书店出版社，2003.

图录：

图1 史君墓俯瞰图，图片为笔者拍摄。
图2 史君墓东壁，史君和妻子穿过钦瓦特桥，图片为笔者拍摄。

伏羲、女娲图像西传问题考

—— 以阿斯塔那墓葬群为例

周晓会 ①

摘　要：伏羲、女娲作为中国传统文化中的始祖神，广泛地被发现于与墓葬有关的遗迹上。随着丝绸之路的开辟和发展，内地和西域的沟通往来加强，不仅促进了经济贸易的交流，文化艺术的融合更是随着大量的考古发现而被证实。伏羲、女娲图像在新疆吐鲁番地区出现，并非偶然。本文通过梳理、对比内地和阿斯塔那墓葬群出土的伏羲、女娲图像，对其形象进行溯源考证。同时对阿斯塔那墓葬群中的伏羲、女娲形象的不同类型进行梳理分析，运用考古学、图像学、比较学的研究方法，对伏羲、女娲图像文化西传的时间问题及其西传的特征变化进行剖析和探究。

关键词：伏羲、女娲图像；西传；阿斯塔那墓葬群

伏羲、女娲作为中国传统文化中的始祖神，在特定的时期较为广泛地出现在与墓葬有关的装饰中。对伏羲、女娲图像的梳理和研究也比较多，比如研究某一地域、某一时期，或者某一材质类型的伏羲、女娲图像的特征、类型及其特定的文化含义，但是区域间的对比研究还比较少，尤其是将阿斯塔那墓葬群出土伏羲、女娲这类图像放到整个同类型的图像中对比研究。阿斯塔那墓葬群出土的伏羲、女娲图像极具典型性，与其他地区的图像之间有着较为明显的区别，但也存在很多的联系。本文试图在阿斯塔那墓葬中的伏羲、女娲图像与其他地区的伏羲、女娲图像的对比研究

---

① 周晓会，1992年生，2020级，攻读硕士学位，主要研究方向为艺术美学。

中，探索伏羲、女娲除了作为一种图像，更重要的是作为一种文化的西向传播的相关问题。

一、伏羲、女娲形象来源考

（一）伏羲、女娲形象的源起及形象类型

中原地区关于伏羲、女娲的传说大致起源于战国中后期，流行于两汉时期。最初伏羲、女娲并不是同时出现的，女娲最早出现在《楚辞·天问》中，王逸注："女娲人头蛇身。一日七十化。其体如此，谁所制匠而图之乎？"在长沙的一座楚墓中出土的帛书，是先秦传世文献中对伏羲、女娲二神的详细记载。王延寿游鲁灵光殿观图画而作赋云："伏羲鳞身，女娲蛇躯。"现鲁灵光殿早已无存。黄文弼认为武氏祠所刻和《鲁灵光殿赋》所述男女形象基本相同，可能是同一传说的描写。在后来的演化过程中，伏羲、女娲两个不相干的神，在"阴阳对立统一"和"阴阳结合乃生命之源"的宇宙观下，以对偶的形式登上艺术舞台。

根据出土的材料可知，该图像主要的流行区域是中原地区（鲁西南、苏北、皖北、豫南、鄂北）、西南地区（主要是四川）、北方地区（主要是陕北）、河西走廊地区（甘肃）以及出土了绢麻画的今新疆吐鲁番地区。材料或者载体主要是帛画、壁画、画像石、画像砖，或绘或刻在棺上，均出土墓中或者与墓有关的附属建筑上。

因地域不同，这些同题材的伏羲、女娲图像及意义略有差异，现对目前内地所见的伏羲、女娲图像进行整理、归纳，图像上的主要构成包括以下的内容：（1）伏羲、女娲图像主体为人首蛇身。根据目前的资料可知，伏羲、女娲为人首蛇身的形象是无异议的。两者或者单独出现，或者成对不交尾出现，或者成对交尾出现。一般情况下，伏羲为男子形象带冠，女娲为女子形象，头梳发髻或者带冠，所着服装因时代、地域等差异较大。（2）规、矩。在大多数的图像中，伏羲、女娲手持有物品，为规、矩的情况最多，但是不同地区的伏羲、女娲到底谁持规、谁持矩并不固定。《说文解字》曰："规，有法度也。从夫、从见。"男子束发插簪是夫之范式。《楚辞·离骚》曰："圆曰规，方曰矩。"《周礼·考工记》曰："圆者中规，方者中矩。"伏

羲、女娲作为传说中的创世神，具有制定人类社会秩序、规范的能力，所以伏羲、女娲手持规矩，象征着其神力的作用。（3）日、月。在伏羲、女娲图像中，两者还多与日月相伴。一种是腹部分别绘有日、月轮，如甘肃佛爷庙湾 M1 画像砖。一种是在伏羲、女娲的旁边画有日、月的形象，日中画有金乌，月中绘有蟾蜍。如洛阳西汉卜千秋墓葬壁画升仙图。此外，还有一种情况，伏羲、女娲分别以手托日、月，这种类型多出现在西南四川地区，如四川省新津区宝子山崖墓 4 号石棺。（4）芝草、华盖。在河南南阳地区的画像石中，伏羲、女娲手持的物品不再是规、矩，物品的形象一般上部呈伞状，下部连接一个长柄，可能是仙草，也可能是灵芝或华盖。（5）鼗鼓、排箫。这种类型的图像，主要出现在四川地区出土的汉画像石中，有学者通过对比汉代乐舞百戏图发现，伏羲、女娲一手擎日、月，一手所持并非规、矩，而是当时十分常见的鼗鼓和排箫。①（6）朱雀、玄武。东汉晚期，画面上不只有伏羲、女娲，还伴有朱雀、玄武图像，表现方式趋于多样化。（7）蔓草、云纹。主要出现在北方地区，例如陕北绥德县刘家湾出土的画像石中，周围刻有装饰性花纹，形似蔓草或云纹。

根据出土的材料，伏羲、女娲图像从数量上来看，中原地区（鲁西南、苏北、皖北、豫南、鄂北）多于西南地区（主要是四川）、北方地区（主要是陕北）、河西走廊地区（甘肃）。从伏羲、女娲图像的兴盛时间上来看，中原地区（主要是西汉晚期到东汉时期）、早于北方地区（主要是东汉）、西南地区（主要是东汉晚期至蜀汉时期）、河西走廊地区（魏晋南北朝时期）。通过收集、整理、归纳出土的伏羲、女娲图像资料，可知伏羲、女娲确实存在一个西传的问题，这里所说的西传指伏羲、女娲图像首先兴起于中原，然后经过西南、北方地区，到达河西走廊的甘肃地区，以及新疆的高昌地区，也就是今吐鲁番地区，这是有较多资料可支撑的。

（二）阿斯塔那墓葬群中的伏羲、女娲形象类型

今新疆吐鲁番阿斯塔那墓葬群，是高昌故城居民的公共墓葬群。在其中出土了

---

① 牛天伟.四川"伏羲、女娲执乐器"画像略考［J］.音乐探索，2006（2）：47-49，53.

一批绘有伏羲、女娲的绢帛画，这是绢画领域中难得的古物，具有重大的价值。在中国的墓葬石刻中保存有大量的实例，但是绢画代表了一种独立的类型。这种独幅的，主体形象只是表现人首蛇尾交尾形象的绢画，只出现在远离内地的吐鲁番古墓中。

根据阿斯塔那墓葬群中所发掘的图像材料，伏羲、女娲图多为绢、麻质地，大部分被钉在墓室的顶部，画面朝下，也有的折叠包好放在墓主人身边。一般长不足2米，宽1米左右，多为上宽下窄的倒梯形。[①]画面的组成较内地出土的同类型的图像要简单一些。总的来说，现在各种资料中具体提到的伏羲、女娲图约30件，其中刊布图版者约20件。但是其数量应该远不止于此，冯华在《记新疆新发现的绢画伏羲、女娲像》一文中介绍，仅1959年10月至1960年11月在阿斯塔那墓葬群发掘的四十座墓葬，就发现了伏羲、女娲图20多幅。[②]从赵华《吐鲁番出土伏羲、女娲绢、麻布画的艺术风格及源流》一文的统计一览表中可知[③]，1964—1969年出土的伏羲、女娲图有17幅。由此可见，在高昌故城地区的墓中，陪葬伏羲、女娲图已经成为该地区较为盛行的一种殉葬文化。

虽然数量上是可观的，但是有些或漫漶，或残缺，或资料不全未见图版很难归类。根据可见的较为清晰的图像整理归纳可知，阿斯塔那墓葬群中的伏羲、女娲图像整体上有以下几个特征。（1）伏羲、女娲的形象都是成对交尾出现，但是交尾数量并不确定，有两交、三交，甚至更多。（2）两者手中均持有规、矩。在这一地区的图像中伏羲大多手持矩，女娲大多手持规。对于两者的位置关系，也不固定。或者伏羲在左、女娲在右，或者伏羲在右、女娲在左。（3）日、月分别位于整幅画面的上下部位。少数图像中，日中画有三足乌，月中多画有玉兔、桂树和蟾蜍。星辰围绕在日月或者伏羲、女娲的周围。星辰或连线，或无连线。（4）伏羲、女娲所着服饰差别较大。伏羲、女娲所着衣饰除了中原特色的服装之外，还出现了面部具有西域特色的深目高鼻，留络腮胡子，穿着典型的对襟的胡服的胡人形象。孟凡人认为，根据

---

① 孟凡人. 新疆考古与史地论集［M］. 北京：科学出版社，2000：17.

② 冯华. 记新疆新发现的绢画伏羲、女娲像［J］. 文物，1962（Z2）：86-87.

③ 赵华. 吐鲁番出土伏羲、女娲绢、麻布画的艺术风格及源流［M］//赵华. 吐鲁番古墓葬出土艺术品. 乌鲁木齐：新疆美术摄影出版社，1992：26-27.

男女二人上身相连的形式、蛇尾缠绕的次数、手臂的不同姿势，可略将其分为两型四式。[1] 赵华认为，这些绢麻画虽然形式大体相同，但从构图和画风可分为两种类型。[2]

二、关于伏羲、女娲文化的西向传播问题

（一）高昌故城的历史渊源

阿斯塔那古墓葬群是西晋至唐代高昌城居民的公共墓地。自张骞通西域、汉武帝设河西四郡以后，中原的政权统治已达到河西走廊的西端，汉宣帝始设西域都护府，西域从此正式纳入汉朝的版图，尤其是当时的高昌地区，比西域其他地域有着更多的汉人存在。随后，前凉在高昌设郡，郡太守都为汉人。[3] 从汉武帝到唐高宗，高昌已经成为中原王朝当政的地区，在汉唐及周边国家或政治集团的政治视域和经济生活中，高昌、西州是东西方经济贸易往来的交通要道，东西方文化艺术的交流发展也随着该地区所具有的黄金地理位置而兴盛，多种文化艺术相融，形成独特的面貌。

总之，高昌成为丝绸之路政治经济活动的重要的地理节点，更是东西方文化艺术交流得以全面展开的重要依托。

（二）伏羲、女娲文化西向传播的时间问题

阿斯塔那墓群曾遭严重的盗窃，有着和敦煌莫高窟一样的命运，其中最有价值、最宝贵的早已被各国的探险家们所盗窃占有。黄文弼于 1928 年、1930 年两次在此进行发掘。中华人民共和国成立以来，国家先后有计划地进行了 14 次考古发掘，从成

---

① 孟凡人. 吐鲁番出土的伏羲、女娲图［M］//赵华. 吐鲁番古墓葬出土艺术品. 乌鲁木齐：新疆美术摄影出版社，1992：10.

② 赵华. 吐鲁番出土伏羲、女娲绢、麻布画的艺术风格及源流［M］//赵华. 吐鲁番古墓葬出土艺术品. 乌鲁木齐：新疆美术摄影出版社，1992：28.

③ 陈丽萍. 关于新疆阿斯塔那-哈拉和卓地区出土的伏羲女娲画像及一些问题的探讨［J］. 敦煌学辑刊，2001（1）：63-77.

果来看，其墓葬年代为公元 3 世纪中叶到公元 8 世纪末期，时间跨度为 500 年。

根据孟凡人的观点，阿斯塔那墓葬群的年代大致可以划分为三个阶段。[①]：第一阶段：高昌郡至高昌国前期（3—6 世纪）。第二阶段：麴氏高昌国时期（6—7 世纪）。第三阶段：唐西州时期（7—8 世纪），该时期的随葬品数量和种类增多，有伏羲、女娲图，除绢帛外，还有麻布材质。目前所能断定最早的伏羲、女娲图是 1959 年发掘的，据墓志载有"和平元年（551 年）"[②]。从中原等地区的出土材料可知，最早的伏羲、女娲图像见于河南洛阳卜千秋西汉晚期的壁画墓中。而具有明确榜题的图像，则是山东嘉祥武梁祠画像石上的伏羲、女娲图像，其年代大概是在东汉桓帝、灵帝时期。

根据文化传播中心理论，文化从中心向外传播过程存在时间差。即使在西汉已经打通了西域和内地联系，但是这时的文化传入是需要一定的时间的。根据目前掌握的资料和出土的文物可知，伏羲、女娲文化首先在两汉盛行，当其传入今吐鲁番地区时，作为一种墓葬文化最早出现于南北朝时期。仅仅是从地理位置上看，符合文化传播学的关于文化圈时间差的理论。魏晋南北朝时期，中原战乱不断，大量的汉人西迁。河西走廊西端的敦煌和高昌故城地区，社会相对安定。中原的战争带来的人口迁移，必然也伴随着相关文化的传播，不管是中原的兵卒，还是迫于迁徙的流民百姓，在西迁之后，将他们的生活方式、信仰、风俗等等带入了这一片相对祥和之地。汉人历来重视丧葬，丧葬习俗和文化构成了中华文化的独特的一部分，荀子曰："礼者，谨于治生死者也。生，人之始也。死，人之终也。始终俱善，人道毕矣，故君子敬始而慎终。始终如一，是君子之道，礼义之文也。"[③]丧葬习俗形成了中华文明中极为独特的部分。阿斯塔那墓葬群由于其所处的独特的历史背景和地理位置，墓葬中出现与汉代中原地区的葬俗相符的伏羲、女娲图像也不足为奇。这也充分证明了伏羲、女娲不仅仅是作为一种图像，而且是作为中原文化的一个重要组成部分，确确实实存在着向西传播的事实。

总之，由于特殊的历史背景，高昌故城的居民中汉族居民的比重很高，汉人作为中原文化组成部分的伏羲、女娲文化传播的载体，不管是世家大族，还是士兵百

---

① 孟凡人. 高昌的地理、历史和文化 [J]. 中国历史文物，2003（2）：36-42，90-93，97.

② 新疆维吾尔自治区博物馆. 新疆吐鲁番阿斯塔那北区墓葬发掘简报 [J]. 文物，1960（6）：17.

③ 王先谦. 荀子集解 [M]. 沈啸寰，王星贤，点校. 北京：中华书局，1988：358-359.

姓，当其到达敦煌后，又继续西至今吐鲁番地区，作为中原文化极为重要的一部分的伏羲、女娲文化，必然在这儿扎根生长。正如颜廷亮所说："伏羲文化的西向传播，是和中原以及江汉地区的汉人西迁联系在一起并以之作为最根本的载体的。"①

（三）伏羲、女娲文化西向传播的特点

任何一种文化在传入一个新的地区之后，必然会与当地的文化、风俗、观念、生活方式等等相互影响，相互渗透。伏羲、女娲文化传入高昌地区之后，在图像方面，出现了时代和区域的独特特征。根据已知的材料，伏羲、女娲文化在传到吐鲁番地区后，除了主体图像的相同之处之外，也形成了这个区域的时代特征和地域特征。伏羲、女娲图在西向传播到新疆高昌地区之后，无论是形式上还是内容含义上，都发生了不同程度的变化。

首先，从图像的形式上看，西向传播后的伏羲、女娲有了西域地方化的特点。赵华将吐鲁番出土的伏羲、女娲图像按照构图和画风分成两种类型，他认为"第二种类型的人物形象、敷彩和用笔都是典型的西域画风。其人物造型均为深目高鼻的少数民族形象，服饰多为对襟胡服式样，更主要的是在绘画手法上具有明显的'凹凸晕染法'。此法源于古印度画法，史称'天竺遗法'……"②所以，从高昌故城出土的伏羲、女娲图看，伏羲、女娲文化不仅仅被当地民族所接受和推崇，而且已经与当地的文化进行了融合，且一部分已经改造成了深目高鼻、卷髭络腮、胡服对襟、眉飞色舞的西域民族的形象。除此之外，伏羲、女娲还受到了西域乐舞图像画法的影响，画面中人物衣裙有凹凸晕染。这自然与吐鲁番地区的居民构成有关，这里的居民除了汉人统治者之外，还有柔然、高车、突厥、粟特以及车师遗民混杂而成的西域居民。当一种外来文化传入时，不可能原封不动地被接受、被保留，而是会与当地的文化进行某种程度的融合，伏羲、女娲图像出现的这种地域化特征，就是文化在传播过程中的适应改造，最终完善丰富，具有了当地民族文化特征的。

---

① 颜廷亮.关于伏羲文化的西向传播问题［J］.敦煌研究，2006（6）：121.
② 赵华.吐鲁番出土伏羲、女娲绢、麻布画的艺术风格及源流［M］//赵华.吐鲁番古墓葬出土艺术品.乌鲁木齐：新疆美术摄影出版社，1992：28-33.

其次，阿斯塔那墓葬出土的伏羲、女娲图像，除了西域类型之外，在另一类典型的汉风格的图像上，则表现了明显的时代特征。从人物形象到官帽服饰更写实，比如女娲服饰有短襦披帛，这是隋唐妇女典型的服饰；女娲所梳的凤髻是唐代妇女的流行发式，伏羲所戴高冠与吴道子《送子天王图》中天王所戴高冠类似。

再者，从图像的内容含义上看，西向传播后的伏羲、女娲图像，在单纯的创世神之上又加入了宗教内涵。这一点或许可以从敦煌莫高窟第285窟中出现的伏羲、女娲图像中间接地得到印证。敦煌莫高窟285窟开凿于西魏大统年间，该窟中伏羲、女娲图像是伴随着中国传统的神话诸神与佛教的护法神形象而出现的，有摩尼宝珠、力士、飞天、雷公、乌获畏兽、禅僧等等。伏羲、女娲图像作为一种文化的象征和思想的载体，在演变的过程中，"从祠堂、宫殿而进入坟墓和石窟，已经失去了神话的原始意义而成为保护死者安宁或引导灵魂升天的仙人、神异"①，伏羲、女娲图像经过敦煌西传入高昌故城地区之后，必然已经是文化多方融合的产物，其内涵与之前的相比，也不可避免地加入了一些宗教因素，出现在墓葬之中，其意义在原始神话之上而更加丰富。

三、余论

伏羲、女娲图像向西传播的问题研究还有很多的空间，本文试图在前人研究的基础上做一点深入挖掘，其中还是会有很多困惑，如在对内地出土的伏羲、女娲图像进行梳理的过程中，发现其类型是多种多样的，但是目前吐鲁番地区出土的伏羲、女娲图像相对来说还是比较单一的，以成对的交尾的形式出现，而且根据目前出土的材料，还是不能很好地梳理出一条明确的伏羲、女娲图像西向传播的路径。同样是作为丝绸之路要塞的河西走廊地区，出现了伏羲、女娲图像宗教化的现象，吐鲁番地区的伏羲、女娲是否也受宗教的影响，还需更多材料去挖掘和印证。总之，文化的融合发展是多元复杂的，丝绸之路像一条宝藏之路，很多秘密都在等待我们去探索！同时，期待更多的地下文物的挖掘，可以与地上的材料进行更多的互证。

---

① 段文杰. 段文杰敦煌艺术论文集 [M]．兰州：甘肃人民出版社，1994：160.

参考文献：

[1] 牛天伟. 四川"伏羲、女娲执乐器"画像略考[J]. 音乐探索，2006（2）.

[2] 孟凡人. 新疆考古与史地论集[M]. 北京：科学出版社，2000.

[3] 冯华. 记新疆新发现的绢画伏羲女娲像[J]. 文物，1962（Z2）.

[4] 赵华. 吐鲁番古墓葬出土艺术品[M]. 乌鲁木齐：新疆美术摄影出版社，1992.

[5] 陈丽萍. 关于新疆阿斯塔那－哈拉和卓地区出土的伏羲女娲画像及一些问题的探讨[J]. 敦煌学辑刊，2001（1）.

[6] 孟凡人. 高昌的地理、历史和文化[J]. 中国历史文物，2003（2）.

[7] 新疆维吾尔自治区博物馆. 新疆吐鲁番阿斯塔那北区墓葬发掘简报[J]. 文物，1960（6）.

[8] 王先谦. 荀子集解[M]. 沈啸寰，王星贤，点校. 北京：中华书局，1988.

[9] 颜廷亮. 关于伏羲文化的西向传播问题[J]. 敦煌研究，2006（6）.

[10] 段文杰. 段文杰敦煌艺术论文集[M]. 兰州：甘肃人民出版社，1994.

唐代洛阳安菩墓墓葬图像及其宗教信仰探究

贺 雪[①]

摘 要：自张骞西行陆上丝路开通，东西往来便已存在，至唐代愈盛。而粟特人在中外商贸活动与文化交流方面发挥了不可小觑的作用，并以其鲜活的流动性与文化适应性成为丝绸之路上反映隋唐时期社会现状、揭示文化习俗的关键。随着粟特人逐渐融入华夏之地，一种与异域文化相联结的宗教信仰——祆教悄然流入中原。近年来陆续发现了将近二十座于各时期入华定居的粟特人墓葬，本文以唐代丝绸之路起点之一——洛阳为落脚点，以安菩夫妇合葬墓为例，利用文献学、图像学、美术考古学等研究方法，以墓葬图像为中心展开研究，得出了墓主人留存祆教信仰的结论，同时揭露外来信仰与中原文化交融后所存的汉化趋势。

关键词：唐代；粟特人；洛阳安菩墓；祆教；华化

一、唐代洛阳安菩墓墓葬出土概览

1981 年 4 月，在河南省洛阳市南郊附近修建新厂的过程中，爆破人员无意中发现了浓烟背后的古墓，随后经过洛阳市考古工作队对墓志的识辨，认定这是唐定远将军安菩与其妻何氏的合葬墓。该墓葬不仅规模较大，且是一座未经盗扰的相对完整的墓葬，在墓葬中不乏大批量的随葬物品，总计 129 件。随葬品器物造型优美，

---

① 贺雪，1998年生，2020级，攻读硕士学位，主要研究方向为美术史论。

种类繁多。首先映入眼帘的是置于甬道中间的一黄釉小碗，在甬道两侧由北向南按顺序分别放置了文俑、武俑、镇墓兽，其间置墓志。继续向内可见两座棺床之间有秩序地摆放着牵马俑、牵驼俑、三彩骆驼俑等，此外还置诸多骑行动物如骆驼、马，牲畜类如鸡、鸭等器物。余下的器物多置于墓主夫妇的两棺床之上①，该墓随后搬迁到洛阳北郊邙山。

　　洛阳考古队发表该墓的资料后便引发学界许多从事考古、宗教信仰和美术史方面研究者的关注。学者们从墓葬中的墓志、葬具以及葬具图像，或从其中的随葬器物等角度进行深化研究，针对不同问题深入讨论并得出诸多结论。其中，沈睿文先生结合《安菩墓志》《唐书·安金藏传》等相关资料，认定安菩一家具有祆教信仰，其核心证据体现在《唐书·安金藏传》记载的"原上旧无水，忽有涌泉自出"以及"犬鹿相押"②等文字中。在祆教丧葬文化中有"犬视"仪式，"鹿"是祆教战神的英勇化身之一，作者在字里行间透露出墓主人的宗教信仰并无汉化的观点，从而以安金藏生平传记的角度探析并驳斥了蔡鸿生认为从安菩墓志记载中看不出和祆教有关的信仰，安氏家族在入主中原后突厥化、汉化了的观点。本文尝试结合安菩墓葬中的石刻图像以及随葬物品的相关图像深入考稽，对安菩一家是否存在祆教崇拜做出分析。

二、唐代洛阳安菩墓墓葬图像

（一）棺床石边"十二属神"线刻图像

　　在安菩墓的两石棺床石侧发现了刻凿在石板上的十二辰图像和莲花纹、卷草纹等植物纹样（见附录）。十二辰，又名丨二神，有辟邪、吉祥之寓意。十二神在我国产生甚早，东汉时期文献中就已涉及生肖动物，山西太原北齐娄睿墓中的十二神图像以及北魏时期山东临淄崔氏墓中发掘的十二生肖动物俑是目前发现较早的十二神

① 洛阳市文物工作队.洛阳龙门唐安菩夫妇墓［J］.中原文物，1982（3）：21.
② 孙武军.入华粟特人墓葬图像的新解读：读沈睿文《中古中国祆教信仰与丧葬》［J］.唐史论丛，2021（1）：374.

形象。安菩墓出土石刻应为相属式十二属神，其每条石边上刻两组图案，东、西棺床各分布六个属神，其中南北两侧由动、植物组合而成，东西侧各石边则由两动物构成，此种排列方式使左右棺床图像布局对称，十二方位依"四方之神"的空间陈布，用意为压邪，象征守卫平安。所刻画的十二神皆充满动势，呈奔走状，部分动物口形张大，露利齿，威武凶猛，凸显猛兽特征，譬如西棺床东边南侧之兔，弓背匍匐于地，刻意夸大的眼部与压低的身姿将兔奋力跃起前敏锐跳脱的神情展露无遗。图像整体线条细劲流畅，并无繁复细节，似是草草勾勒，然整体动势已跃然于石板之上，西棺床充斥的莲花纹与东棺床的卷草纹作为装饰背景打破十二辰各自孤立的布局。十二属神在唐代墓葬中十分流行，据统计，在陕西省博物馆收藏的 342 件唐代墓志中，刻有十二属神图像的占近四分之一①，这些典型的中国元素大量出现在来华粟特人的墓葬中，无疑证实了到了唐代，粟特人汉化的程度愈来愈深。

（二）门额"鸟"的形象

自古以来，在出土的墓室壁画中朱雀形象层出不穷，譬如洛阳出土的北魏围屏石棺床、山西太原北齐娄睿墓挡土墙上的朱雀等。在古代，朱雀姿态鲜活灵动，被赋予"护灵升天"的功能，表达墓主人畅想羽化升仙的愿望，而安菩墓门额中部刻两只对称的鸟形图案，与中国传统朱雀神鸟形象相似。据沈睿文描述安菩墓：门额处中间一"人"字形花枝顶一硕大花朵，两侧大面积区域刻画两只对称的展翅欲飞的大鸟，羽翼丰满，双腿有力向下蹬，鸟尾往后向上回翘，认真查看细部可知，该鸟为双爪足、头上有大冠，值得注意的是，鸟的形象并不硕大，可视作一种飞禽②，再结合墓主的粟特人身份，沈睿文推测该形象为袄教斗战神的十种化身之一。关于鸟的形象，在袄教教义《阿维斯塔》中可寻多处，《阿维斯塔》中有一概念叫作'光耀'，是'灵光神'的术语。'灵光神'也就是袄神，其会幻化成许多形象，在《阿维斯塔》的《亚什特》卷第 19 篇当中就提道："当灵光神得知人类的国王开始编撰虚假的谎言去欺骗普罗大众，并不知悔改时，灵光神就化身为一只鸟飞向远离国王的地方。"卷中

---

① 陈安利.古文物中的十二生肖［J］.文博，1988（2）：41-50.
② 沈睿文.重读安菩墓［J］.故宫博物院院刊，2009（4）：18.

所提及的鸟的具体形象不得而知，不过在《拜火教研究经文史料》一书中，"鸟"一词被直接翻译成"隼雀"。隼雀是一种体型较小的鸟，由此可知，由灵光神化身而成的神鸟在琐罗亚斯德教的教徒眼中体型并不大。再则，《伊朗百科全书》中有列举斗战神的多个化身，其中提到了鸟作为其化身之一，亦是一种体型不大的隼雀或猛禽。目前不能断定安菩墓中神鸟形象是祆教战神韦雷斯拉格纳的一种化身，但至少从神鸟的体型与墓主人身份层面考量，的确存在此种可能性。

据前文所述可知，不论是祆教艺术中最原始的神鸟还是中国传统的朱雀，均在胡、汉丧葬体系中具有特殊地位。将安菩墓门额与粟特人安伽墓葬的门额进行比对发现，安菩墓门额图像与安伽墓出土的圣火祆神图结构十分雷同，皆为中心布局、左右对称，且二者的门额图像均与鸟形象有关，不同的是安伽墓中呈现的是人首鸟身的祆神形象与圣火坛。人首鸟身形象是粟特人在入华后受中国传统墓葬习俗中朱雀神鸟的功能性与华丽外观影响的同时，不完全剔除本土祆教文化而逐渐衍生出的特殊形象①，属于典型的祆教艺术华化后的产物。因此，墓葬中是否留存祆教"圣火祭拜"图像成为辨明入华粟特人宗教信仰的关键。单从图像层面考量，安菩墓中并无此类图像，门额内的鸟形象与传统朱雀形象的基本吻合仅能说明身为粟特人的安菩在一定程度上受到汉文化影响。不过，安菩墓门额中心的人字形花枝从两侧汇集于一处形成的花卉图案，花尖卷曲，花瓣成股向周边舒展呈现一股不规则的流动走势，似具有旺盛生命力，虽未明确呈现"圣火祭拜"的典型祆教标志，却与安伽墓中心的火坛图像有投契之处。基于对门额中图像以及构图的思考，笔者认为安菩墓体现了墓主人安菩经历汉化后在墓葬建构中的灵活变通趋向，可以推断这是一种隐晦保留祆教信仰的体现，此种融合与安菩仕于唐朝的地位与处境有较大关系。

（三）三彩骆驼鞍鞯皮囊上的兽面神像

骆驼是丝绸之路的象征，除此之外，骆驼其本身形象也具有深刻含义，祆教圣书《阿维斯陀》曾言：发情的骆驼是祆神的十种化身中的一种。姜伯勤曾在《唐安菩

---

① 谌璐琳. 从人到鸟神：北朝粟特人祆教祭司形象试析［J］. 西域研究，2013（4）：90-95，139，143.

墓三彩骆驼所见"盛于皮袋"的祆神——兼论六胡州突厥人与粟特人之祆神崇拜》一文中专门强调安菩夫妇合葬墓中发现的一具唐三彩骆驼俑。其在文中指出：一件三彩双峰驼，引颈张口做嘶鸣状，驼鞍鞍鞯的中央有一兽面形象，两只眼睛大到可怕，一鼻与骆驼鼻形状相似，鼻下有一巨型大口，龇牙咧嘴，下巴有胡须。[①]骆驼褡裢上的兽面神像，其用笔粗犷利落，整个形象富有装饰性，由图可知，神像面积较大，基本覆盖整个驼鞍，作者认为其与《酉阳杂俎》卷四所记"突厥事祆神，无祠庙，刻毡为形，盛于皮袋"[②]大致吻合。除此之外，作者将安菩墓出土骆驼俑上的兽面形象与山西介休祆神楼中的神兽图像进行比对，认为二者颇为相似，由此作者推测安菩墓发掘的骆驼俑鞍鞯中的兽面形象是突厥人崇拜的祆神形象之一，得出作为平定突厥人的唐定远将军安菩存在祆教信仰的结论。自北魏至隋时期，突厥势力强大，粟特人受其统治，直至贞观四年，粟特人随突厥而降于唐，六胡州作为行政疆域，其设置的目的是安置这批来降胡人。有据可考，安菩其父为安国首领，此后安菩继承这一官职兼任六胡州统领，被封为唐定远将军。作为粟特人的安菩在与突厥部落接触的过程中自然会受到"刻毡为形，盛于皮袋"这种祀祆方式的影响，很可能在日常交流活动中将其传至洛阳。沈骞结合章怀太子墓壁画《狩猎出行图》进一步佐证了姜先生的这一论点[③]，而学界诸多学者认为该观点有待进一步探讨。

作为外来宗教的祆教，它的流行范围主要在入华的粟特人聚落中，没有传教，更没有深入宫廷当中，因此祆教一直是以粟特人为主的胡人的信仰宗教。所以沙武田质疑，他认为倘若这些驼鞍上的图案代表祆神，为何代表祆教信仰的兽面图像反复出现在洛阳地区的一些汉人墓葬当中，因此持"骆驼所载皮囊上的兽面神像应不是祆神形象"[④]的论断。孙机对此推断也持不同意见，认为此兽面若意味着祆教信仰，那么汉人将其带入墓葬中不符合逻辑。崔世平从实际出发，认为出于对祆教的崇拜，粟特人似乎不会在刻有祆神形象的皮囊上堆砌旅途杂物。[⑤]

① 姜伯勤.中国祆教艺术史研究［M］.北京：生活·读书·新知三联书店，2004：227.
② 转引自姜伯勤.中国祆教艺术史研究［M］.北京：生活·读书·新知三联书店，2004：227.
③ 沈骞.从唐章怀太子墓壁画"狩猎出行图（四）"骆驼图像看所谓"唐安菩墓三彩骆驼所见'盛于皮袋'的祆神"［J］.南方文物，2014（1）：201-202.
④ 沙武田.唐墓出土三彩骆驼驮囊兽首形象属性考［J］.文物，2021（2）：51-58.
⑤ 崔世平."刻毡为形"试释：兼论突厥的祆神祭祀［J］.敦煌学辑刊，2010（3）：61-67.

类似于驼鞍上出现的兽面神像，于洛阳出土的唐三彩中有诸种表现。譬如于关林59号唐墓出土的骆驼俑，双峰塑造一面露凶色、咧口突眼的深绿色兽面形象。1963年，关林2号唐墓出土的一件浅黄色釉骆驼俑，昂首弓颈，张口露齿作嘶鸣行走状，双峰间堆塑大型高浮雕突目兽面，并以绿色为边的棕红色毯为衬。面对洛阳出土三彩骆驼上常有兽面的现象，有研究者认为此兽面为虎的形象，并在丝绸之路中起到驱邪、震慑功能，而非祆神图像。[①] 现存考古报告显示，早在北魏时期，洛阳元邵墓出土的陶骆驼的驮包上已有兽面出现，而明确拥有粟特人背景的安伽墓、虞弘墓、史君墓等粟特人墓葬中并没有发现此类骆驼兽首驮囊形，这一问题颇值得考虑，仅通过骆驼俑的兽面形象证实墓主人具有祆教信仰的说法还需进一步斟酌。

三、面对异质文化的交融变通

不同的思想观念对于人死后灵魂去向有多种不同看法。祆教因崇尚光和火，也称作"拜火教""火祆教"，其圣书《阿维斯塔》是波斯最古老的文献，书中围绕的最基本的神学理论关乎"善恶二元论"，善神与恶神永不停歇地斗争，善神最终战胜恶神，这一理论反映出原始时期人们对世界正义与邪恶的正确认知与判断。"祆"字的左右偏旁部首组合表示以礼拜天，唐朝人按中原礼俗中的深刻含义来命名祆教并专门为之造字，这种现象确实少有，也充分体现了祆教在古代中国的影响力。在我国传统文化中，儒家不否定鬼神的存在，只是不过分强调这一点，《论语·先进》中曾有一段论述：季路问孔子是否相信有鬼神存在，子曰：人的事还未能穷尽，更何况鬼神之事。道教则有超凡脱俗、回归元气、自然看待生死的观念。佛教则信奉人之善恶、报应不同等观念，信徒对行善事人死后灵魂归天，享受极乐净土而成佛，而邪恶的人死后会与生命层次更低的动物相结合，遭受来世的苦难的教义深信不疑。总体而言，我们的丧葬文化希冀于人死后能够灵魂升天、通往极乐世界，这与祆教徒所信奉的真理似乎有殊途同归之妙。

正是与根植于思想观念层面的不谋而合，祆教徒才能在丧葬形式上逐步融入

---

① 李思思.洛阳的三彩时代：洛阳出土唐三彩中的异域形象 [J].荣宝斋，2014（3）：54-73.

中原汉文化，在葬式上最能体现这一点。纯粹的祆教天葬习俗经过粟特民族的转化产生一种专门用来收藏骸骨的葬具，即"盛骨瓮"，这种葬俗也称作瓮葬。不过就目前考古发现来看，在唐代入华粟特人的墓葬葬式上，汉族的土葬反而成为他们统一使用的埋葬方式，如宁夏固原市的史诃耽夫妇墓、宁夏盐池县的何姓粟特人墓、洛阳的安菩夫妇合葬墓等都是土葬方式，最原始的天葬和瓮葬似乎已被摒弃。不仅如此，在唐代，丧葬习俗中夫妻合葬之风盛极一时，在思想观念上夫妻合葬被认为符合唐朝礼法，唐安菩夫妇合葬墓就是中原夫妻合葬风俗的具体表现。在安菩墓中，西棺床死者左手中的开元通宝以及十二生肖线刻图像中可见粟特人对汉文化的认同趋势，不过从安菩墓出土的随葬胡俑、三彩骆驼俑、玛瑙珠和西棺床死者攥在右手心的东罗马钱币图像来看，安菩有意强调家族的粟特文化。墓葬内中原汉俗与粟特习俗并存的复杂属性表明安菩家族在入主中原后并未完全汉化，在不断接受汉文化的同时，仍保留对自身文化的认同。

四、结语

至唐代，丝绸之路的开拓与发展已达到一个新的高峰，其繁荣与畅通得益于大唐盛世下对外政策的开放、唐朝国力的强盛、各外来民族的经商往来等诸多因素。恰因丝绸之路的从无到有，才令异域与丝绸之路的核心站点长安、洛阳等地联系起来，这不仅使经济发展得到物产交易的支持，更重要的是在精神层面提供了不同文明交流碰撞的机会。粟特人在丝绸之路上的独特存在，承担了在整个中亚与东亚之间传播宗教文明与多元文化的重担，在东西方文化交流史上发挥了不容小觑的作用。从波斯传来并由粟特人带入中原的琐罗亚斯德教是丝绸之路上宗教文化交融的一个鲜明缩影，虽然祆教并未传教且未在中国掀起大的风浪，但它在中国历史上延续的五个多世纪，在当时中国古代社会的宫廷艺术、丧葬习俗、民俗文化等方面都留下了不可磨灭的痕迹。从如今被发掘的粟特人安菩墓墓葬当中，我们仍旧能找寻到粟特人祆教信仰留下的痕迹以及入华后的汉化趋势。

参考文献:

[1] 陈安利.古文物中的十二生肖[J].文博,1988(2).

[2] 陈海涛,刘慧琴.来自文明十字路口的民族:唐代入华粟特人研究[M].北京:商务印书馆,2006.

[3] 谌璐琳.从人到鸟神:北朝粟特人祆教祭司形象试析[J].西域研究,2013(4).

[4] 程永建,周立.洛阳龙门唐安菩夫妇墓[M].北京:科学出版社,2017.

[5] 崔世平."刻毡为形"试释:兼论突厥的祆神祭祀[J].敦煌学辑刊,2010(3).

[6] 姜伯勤.中国祆教艺术史研究[M].北京:生活·读书·新知三联书店,2004.

[7] 寇小石,胡安林,王保平,等.西安北周康业墓发掘简报[J].文物,2008(6).

[8] 李鸿宾.安菩墓志铭再考:一个胡人家族入居内地的案例分析[C]//中国唐史学会,西南大学历史文化学院.唐史论丛:第12辑:中国唐史学会第十届年会第二次会议暨唐史国际学术研讨会专集[C].西安:三秦出版社,2009.

[9] 李思思.洛阳的三彩时代:洛阳出土唐三彩中的异域形象[J].荣宝斋,2014(3).

[10] 洛阳市文物工作队.安菩夫妇墓发掘简报考[J].中原文物,1982(3).

[11] 马晓玲.北朝至隋唐时期入华粟特人墓葬研究[D].西安:西北大学,2015.

[12] 荣新江,罗丰.粟特人在中国考古发现与出土文献的新印证:全2册[M].北京:科学出版社,2016.

[13] 沙武田.唐墓出土三彩骆驼驮囊兽首形象属性考[J].文物,2021(2).

[14] 沈睿.从唐章怀太子墓壁画"狩猎出行图(四)"骆驼图像看所谓"唐安菩墓三彩骆驼所见'盛于皮袋'的祆神"[J].南方文物,2014(1).

[15] 沈睿文.中古中国祆教信仰与丧葬[M].上海:上海古籍出版社,2019.

[16]沈睿文.重读安菩墓[J].故宫博物院院刊,2009(4).

[17]孙武军.入华粟特人墓葬所见人首鸟身形象述论[J].丝绸之路研究集刊,
2018(1).

[18]孙武军.入华粟特人墓葬图像的新解读:读沈睿文《中古中国祆教信仰与
丧葬》[J].唐史论丛,2021(1).

[19]滕磊.西域圣火:神秘的古波斯祆教[M].北京:人民美术出版社,2004.

[20]王小甫.拜火教与突厥兴衰:以古代突厥斗战神研究为中心[J].历史研究,
2007(1).

[21]杨硕.来华粟特人墓葬图像艺术研究[D].株洲:湖南工业大学,2019.

[22]叶四虎,王耀辉.生气勃勃的盛唐气象:以洛阳唐三彩为例[J].上海文博
论丛,2009(4).

[23]尹夏清.北朝隋唐石墓门及其相关问题研究[D].成都:四川大学,2006.

[24]郑岩.北周康业墓石榻画像札记[J].文物,2008(11).

新疆阿斯塔那 217 号墓《六屏式花鸟图》探析

王思怡①

摘　要："花鸟"是唐墓壁画的主要内容。阿斯塔那 217 号墓《六屏式花鸟图》的发现使花鸟画再次成为学术研究的焦点。唐代是中国花鸟画独立成科的关键时期，绘画史上出现了第一批著名花鸟画家的记录，但有关花鸟画的实物资料并未传世。因此，本文立足原始图像，运用对比研究的方法，将阿斯塔那 217 号墓出土的花鸟画与唐代墓室早期花鸟画进行对比研究，由此窥见唐代墓葬中花鸟画的演变与发展。此外，通过文献考据与图像学相结合的研究方法，把地下文物和传世史料进行综合、多重的互证，尝试从题材、构图和技法三个方面对壁画作品进行分析，归纳出阿斯塔那 217 号墓《六屏式花鸟图》的艺术特征，并结合唐代的社会文化背景来综合分析其花鸟画的成因及其影响。

关键词：唐代；墓室壁画；花鸟画

一、唐代墓室花鸟画的发展

新石器时期彩陶上的花、鸟纹样长期以来作为装饰品依附于器物，可将其视为花鸟画独立成科之前的萌芽发育状态。到了唐代，花鸟画才真正开始独立成科，据张彦远《历代名画记》中记述，唐人绘画可分"人物、屋宇、山水、鞍马、鬼神、花

---

① 王思怡，1998年生，2020级，攻读硕士学位，主要研究方向为国画花鸟。

鸟"①等科，而花鸟画是最后一个独立分科的。朱景玄在《唐朝名画录》中记载的花鸟画家便有三十余人，出现了边鸾、薛稷、陈庶等花鸟画家，他们的成就几乎都是驰誉千秋。由此可知，花鸟画在唐代已是蔚然可观了。但遗憾的是，他们的作品（就卷轴画而言）并未流传下来。所幸的是，近代以来，随着唐代壁画墓的不断发掘，埋藏在地下数千年的壁画呈现在我们面前。在无唐画卷轴花鸟保存的情况下，唐代墓室壁画花卉禽鸟以实物资料揭示了唐代花鸟画的基本面貌，可以帮助我们进一步了解花鸟画的发展路径，管窥唐代花鸟画独立成科的过程。

在唐代初期，墓室壁画中独立成幅的花鸟画还未出现。这一时期墓室壁画中的花鸟图像仍然处在发展的初级阶段，花鸟并没有成为独立的创作对象，而是作为人物画的附属部分，常以配景或装饰点缀的身份出现。这类的花鸟图像或是作为人物画背景的点缀，为画作所呈现的故事增添色彩；或是作为画中人物所逗玩的禽鸟，使画面具有生活情趣。比如陕西省富平县献陵陪葬墓李凤墓（675年）甬道东壁绘持扇侍女图，两名相向而立的女侍中间绘有一株盛开的百合，这时画面中出现了简单的花草点缀。又如山西省太原市金胜村七号墓（武周时期）墓顶和墓室西壁的一幅壁画（白虎与人物），画面虽以人物和树木为主，但杂以碎石、花草，在一定程度上反映出花鸟画开始兴起的趋势。唐景云二年（711年）陕西省章怀太子墓前室西壁南侧画有一幅观鸟捕蝉女侍图，这幅壁画中的花鸟图像也是作为人物画的陪衬出现的。以上三幅壁画可以说明花鸟画在初唐已见其雏形，虽在墓葬材料中只是作为人物画的陪衬出现的，可是对花鸟画的发展有了较大的突破。

公元711年是唐代墓室壁画中花鸟图像的一个重要转折点。在这之前，花鸟图像在画面中不占主要位置，依然属于对人物形象的烘托和画面场景的点缀；在此之后，花鸟画获得了迅速的发展，背景题材中的花卉、禽鸟都开始出现独立画面，逐步走向唐代墓室壁画的核心，甚至取代人物画成为墓室中的主要内容。章怀太子墓石椁西壁花鸟线刻图，从制作时间来看，这是初唐时期最早的一幅具有独立主题的花鸟画。从画面内容来看，画面中花卉占主体地位，蜂蝶作为配景出现。花卉与禽鸟的表现，当是花鸟画在发展过程中粗具面貌的作品。从物象特征的准确性来

---

① 张彦远. 历代名画记［M］. 俞剑华，注释. 上海：上海人民美术出版社，1964：17.

看，花卉虽然特意区别了彼此花头和叶片的不同形状，但因花卉造型稚拙，尚不能明确辨别是什么品种，称不上完整意义上的"花鸟画"，但是它却在一定程度上反映了花鸟画独立成幅的趋势。从表现对象来看，章怀太子墓的花鸟线刻图，既有花卉又有禽鸟，可以从字面上对应"花鸟画"这一概念，但这样的表现还只是个例，并不能成为一种风尚。所以，单凭这幅作品把中国花鸟画独立成科的时代提前，显然依据不足。绘画的发展，都是逐步而来的，花卉与禽鸟组合构成主题的这种画面为花鸟画科发展创造了一定的条件。对于章怀太子墓的这幅花鸟线刻图，我们可将其视为中国花鸟画在确立之前的一种过渡形象，或者称之为雏形。与此同时，这一现象也提醒着我们，这些古代墓葬材料中的变化很有可能与整个中国绘画史的发展有所对应。

到了盛唐时期，墓葬美术可能是受到世俗绘画的影响，在墓室中开始出现完整的独立成幅的花卉壁画。以西安西郊陕棉十厂唐墓（741—746年）西壁的花卉屏风图为例，虽然壁画破落严重，画面现仅残存四扇花卉屏风，但我们依旧可以从画面中看出其物象的特征。此画主体为花卉样式，并无禽鸟相配，在花卉的根部衬以依稀可见的小草和石头，画面整体呈现左右对称的构图样式，可以称之为完全的花卉屏风。墓葬中只有动物、没有花卉的情况也同样存在，富平县吕村乡朱家道村墓（713—754年）北壁东侧绘制独扇屏风双鹤图，画中绘有两只鹤相对而立，画面中央及两侧绘有碎石，也是典型左右对称式构图。其实早在713年之前，这种独立成幅的禽鸟绘画就已经在唐代社会中流行，张彦远在《历代名画记》卷九中提到薛稷所创"六扇鹤样"为画史称道，并在唐代产生了深远的影响。因此，以鹤为独立主题的绘画作品开始大量涌现，只不过这种影响体现在墓葬美术中就要滞后一些了。

新疆阿斯塔那217号墓出土的六屏式花鸟图是唐代最早的独幅花卉与禽鸟组合构成主题的画面，画中花卉与禽鸟的造型更为写实细腻，物种的特征也更为明确，它的出现极大地反映了唐代花鸟画的特征，可将其看作是花鸟画独立成科的标志。从唐代墓室花鸟画的发展来看，初唐时章怀太子墓的花鸟线刻图尚在"稚拙阶段"，至盛唐开始摆脱"稚拙"的表现，新疆阿斯塔那217号墓的六屏式花鸟图就是最好的例证。

通过对以上墓葬中花鸟画图像的梳理，不难看出，花鸟画的成熟过程是十分缓慢的，并非一朝一夕之功，早期的花鸟画依附于人物画而慢慢发展为一种独立画种。原来只是作为衬景图案的花卉和禽鸟，在盛唐时期都出现了独立成幅的画面。有了独幅花卉和独幅禽鸟壁画的出现，才有了花卉与禽鸟共同组合构成画面主体的壁画，才有了名副其实的"花鸟画"，进而为花鸟画奠定了扎实的基础，促成了花鸟画在唐代独立成科。不可否认，正是墓葬材料中的"画"把花鸟图像带入了古代中国人的视野，共同构建了当时的审美风尚，进而推进了花鸟画独立成科的过程。

二、阿斯塔那 217 号墓《六屏式花鸟图》分析

在历史湮没了花鸟画作品的今天，新疆阿斯塔那 217 号墓出土的六屏式花鸟图无疑是最早以直接独立的壁画形式证明了独幅花鸟画作品的存在。它的出现，使依靠文献资料无法确知的唐代花鸟画在墓室里得到了展示，对研究唐代花鸟画独立成科的过程具有里程碑式的意义与价值。

（一）花卉与禽鸟组合构成的主题

新疆阿斯塔那 217 号墓出土的六屏式花鸟图，整体长约 375 厘米，纵高约 150 厘米，画面由六幅各自独立的竖制花鸟图连续排列组成，每幅之间被手绘的红色边框线分隔开来，是一组弥足珍贵的作品。此图的每幅画面主体基本上是由一花一鸟组合而成的，从左至右分别绘有羽毛灰白相间的大雁、低头啄食的五彩锦鸡、羽毛红白相间的野鸭、回头顾盼的野鸭、相互依偎的鸳鸯以及昂首挺胸的锦鸡。每只禽鸟身后都生长着一株花卉，可识别的有百合花、萱草以及雏菊，禽鸟皆位于花卉根部的正前方。画面的背景部分主要用简单的笔触表现出飞翔的燕子、群山以及流云，使画面生趣盎然。每幅屏风画最下方禽鸟的脚下都零星配有几块碎石，碎石边缘还绘有一些野草、浅滩，给画面增添了几分野逸的气息。尤为值得注意的是画面的第二幅，一只锦鸡带领三只小鸡在草地上觅食，为画面注入了新的活力。阿斯塔那 217 号墓花鸟屏风中，花卉与禽鸟的形象造型更为写实细腻，其描绘的物象特征也更为准确，也进一步说明了中唐时期墓室中花鸟题材的表现已越来越民间化，可

看作是花鸟画独立成熟的标志。

通过上述的画面分析，我们可以看出，新疆阿斯塔那 217 号墓的发现，使完整的独幅花卉与禽鸟组合构成主题的画面，以墓室壁画的形式最早进入人们的视野，这是在它之前的墓室壁画中没有出现过的。在此基础上，可以认为这件作品与画史所载的"花鸟画"这一概念有着完整的对应。如北宋的《宣和画谱》在"花鸟叙论"中对花鸟画作出了专门的记述，又见《圣朝名画评》中把绘画分为六门，其中"畜兽"与"花草翎毛"两门共同涵盖了"花鸟画"这一画科。实际上，这一发现也间接地说明了花卉与禽鸟组合构成主题的绘画在唐代花鸟画独立成科中发挥着重要的作用。

（二）左右对称式的构图布局

构图是中国画"六法"之一，更是"画之总要"，在我国古代，被称为"布局""章法""置陈布势"，新疆阿斯塔那 217 号墓出土的六屏式花鸟图展示出了典型的"左右对称式"构图。这种"左右对称式"构图样式代表了当时绘画的新样式，之前的章怀太子墓就有所体现，而新疆阿斯塔那 217 号墓的花鸟画在继承初唐传统样式的基础上加以发展，从而呈现出花鸟画的新面貌。

先从画面构图来看，新疆阿斯塔那 217 号墓花鸟图的六扇条屏均表现出左右对称的构图样式，它每个单扇屏的正中央绘有一花一鸟——相对，并且禽鸟与双头左右对称的花卉均作为主体占据每个单扇屏中轴线的位置，给画面增添了稳定感。除了作为画面主体的动植物外，画面上方远景中的飞燕也呈左右对称式，中心点聚焦于花卉的正上方，成"八"字样式，使主次关系一目了然，加强了画面整体的对称样貌。同时期哈拉卓 50 号墓出土了一幅三联式纸木花鸟图，画面中央也是作为主角的花卉和禽鸟，岩石绘于画面的下方，整个构图也属于"左右对称"样式。我们不妨大胆推测，此花鸟画的构图与新疆阿斯塔那 217 号墓的花鸟图有着相同的起源。六屏式花鸟图中每幅屏风以红色边框线相隔，虽绘制在墓室的墙壁上，却是唐人在现实生活中最常表达的绘画方式，在当时十分盛行，其差距只不过就是物质载体不同。张彦远在《历代名画记》卷九载："（薛稷）尤善花鸟人物杂画，画鹤知名，屏风六扇鹤样，自稷始也。"①由此可知，六扇屏风的绘画形式始创于薛稷。由于时代久远，目前在地面上尚未发现屏风实物，但地下墓室壁画上的六扇屏风画却给我们提供了珍贵的实物资料。

综上所述，阿斯塔那217号墓的花鸟画其实是结合两种不同的样式：一方面，它继承了早期唐代的"左右对称式"构图；另一方面，它又成功借鉴了现实生活中的"条屏"样式。这种结合产生了一个重要的结果，那就是单纯的花与鸟的图案成功地转变为独幅绘画样式，从而使其成为真正意义上的"画"，标志着花鸟画的独立分科。

（三）工笔重彩的绘画技法

据记载，唐代朱景玄在《唐朝名画录》中评价边鸾："或观其下笔轻利，用色鲜明，穷羽毛之变态，奋花卉之芳妍。"②由此可见，工笔重彩的绘画技法成为边鸾花鸟画的基本特征之一，这种画法也成为早期中国花鸟画典型的表现特征。新疆阿斯塔那217号墓的花鸟画就是这种技法最好的印证。

从表现技法上来看，画面中的花卉与禽鸟均是采用勾线敷彩的传统绘画技法，加上可能受当时西域壁画色彩观的影响，形成了色彩绚丽而不失雅拙的"唐代重彩风格"。六屏式花鸟壁画中的禽鸟部分先用单线勾勒，再多以赭石、朱砂色平涂色彩，禽鸟的飞羽部分则用三青色略加渲染。画面的花草部分也用的是双线勾叶再填色的方法，细看壁画的局部，与以往不同的是，所填颜色并非全填，而是注意叶子的浓淡深浅，根据叶子的阴阳向背而赋以颜色。整个画面色彩饱和，带有明显的凹凸感，这与六朝张僧繇从西域带来的凹凸晕染法如出一辙。画面上部的流云、群山、飞燕用色线勾勒，有明显的笔触痕迹，充满着民间野趣。还有比较明显的技法突破的是石头的描绘，出现了简单的皴擦，但不是很明显、肯定，足以说明这一技法尚处于尝试阶段。画面下方水草间的浅滩以水墨相间的笔触直接拖泻而出，显得自然随意，突破了以往的呆板与干涩，颇有些后来意笔花鸟画"写"的意味。正如张彦远在

---

① 张彦远. 历代名画记［M］. 俞剑华，注释. 上海：上海人民美术出版社，1964：182.

② 朱景玄. 唐朝名画录［M］. 温肇桐，注. 成都：四川美术出版社，1985：23.

《历代名画记》中记载画家殷仲容的花鸟画"妙得其真，或用墨色，如兼五彩"①，反映出水墨写意花鸟画与工笔重彩花鸟画的出现与形成，花鸟壁画中工中带写的笔法可能在一定程度上是受其影响。新疆阿斯坦那 217 号墓花鸟画的这些变化，预示着我国墓葬美术在花鸟画技法方面将逐渐进入成熟的阶段。

综上所述，我们发现不论是题材的民间化、多元化，还是构图样式的多样性，抑或是技法的转变，中唐时期墓室花鸟画在早期墓室花鸟画的基础上发展到了更加成熟的阶段，这也就说明这一时期的花鸟画已具备了独立成科的条件。

三、唐代墓室花鸟画的成因

墓葬美术作为中国古代文明史的重要组成部分，并不是独立发展的，而是与世俗美术的发展息息相关的。唐代墓室壁画的绘制，绝非只是一个试探，它一定是在现实绘画中出现过的，只不过没有保留下来，所以才会在墓室里有所体现。唐代墓室花鸟画从初唐时期作为人物画的附庸到盛唐时期的独立成幅，这一转变是多种社会因素共同影响下的结果，与当时的社会文化风气与绘画理论是分不开的。

初唐时期，在"成教化，助人伦"思想的影响下，统治阶级把绘画多作为道德、政治教化的工具，使早期的画家认为花鸟题材的绘画不具备上述功能。因此，以花鸟为题材的绘画并没有引起充分的重视，在墓室壁画中也没有体现。到了盛唐时期，随着经济的不断发展，对外交流的机会也日益增多，受到许多外来文化的影响，人们对于绘画的注意力也更加多元化，使画家不再只局限于人物、山水的描绘，以花鸟为题材的绘画开始慢慢走进人们的日常生活中。中唐时期绘画受画家张璪提出的"外师造化，中得心源"理论的影响，画家们都极度重视写生，在绘画创作上对主客观事物有了辩证的认识，并通过对真实花鸟的观察、写生，使他们能够更好地了解动、植物的习性，从而提高表现自然物象的造型能力。与此同时，画史、画论中出现大量诸如"移造化""若造化""曲尽妙用""宛然如真"之类的词语，用来评价花鸟画家的绘画实践。又据张彦远在《历代名画记》中记载，冯绍正"尤善鹰鹘鸡雉，尽

---

① 张彦远. 历代名画记［M］. 俞剑华，注释. 上海：上海人民美术出版社，1964：186.

其形态，嘴眼脚爪毛彩俱妙"①。从侧面反映出在唐人重视写生的风气影响下，画家重视对物象的真实摹写，动植物的特征皆表现得越来越分明。人们通过写生掌握了花卉和禽鸟的表现方式，此后花鸟画大量出现，独立成幅的花鸟画也在此基础上得以形成。有鉴于此，我们当可推想而知墓葬美术中虚拟表现现实生活的一部分花鸟画与致力于真实反映现实生活的唐代花鸟画有着颇为相似的审美追求。因而，现实绘画的发展变化亦将在墓室壁画中有所反映。

唐代能发展花鸟画，与唐代科学的发展与普及不无关系。唐代中医药学的进步，使得唐人对动植物的特点有了进一步的了解，足以解释花鸟画中那些精确表现动植物生物学特征的细节描绘。随着唐代医学的迅速发展，涌现了如孟诜、许胤宗、孙思邈、张文仲等一批著名的医学家。与此同时，有关医药学的专著也大量问世，如《太公家教》《孔子备问书》《兔园策》以及《随身宝》等，有关医药学的专业知识也正是通过这些丰富的资源得到普及的。如侯味虚在《百官本草》中记载："大热，有毒，主除邪佞，杜奸回，报冤滞，止淫滥，尤攻贪浊，无大小皆搏之。"②作者借医药学知识比喻百官的职能特点，由此印证了唐代科学的普及程度。无独有偶，敦煌文书《百鸟名》中也有与之相对应的记载："白鹤身为宰相，鸲鹆直谏忠臣。翠碧鸟为统坛侍御，鸽子为游奕将军。"③作者通过禽鸟的生物学特点，用拟人化的手法将其赋予某种官职，形象生动地反映了当时的社会风貌。除此以外，文中出现大量诸如"久在山间别作群""恰至黄昏便出来""身上毛衣有五色""白练带，色如银"等诙谐之语，用来介绍禽鸟的特征及习性。正是因为医药学中对动植物的描述，使我们有更多机会了解动植物的特点，开创了唐代花鸟画"穷羽毛之变态，夺花鸟之芳研"的新现象，必使花鸟画更上一层楼。

参考文献：

[1] 李星明.唐代墓室壁画研究[M].西安：陕西人民美术出版社，2005.

[2] 王嵘.西域艺术史[M].昆明：云南人民出版社，2006.

① 张彦远.历代名画记[M].俞剑华，注释.上海：上海人民美术出版社，1964：180.
② 张鷟.朝野佥载辑校[M].郝润华，莫琼，辑校.济南：山东人民出版社，2018：162.
③ 刘瑞明.敦煌抄卷《百鸟名》研究[J].敦煌学辑刊，1989（2）：37-38.

［3］刘婕.唐代花鸟画研究［M］.北京:文化艺术出版社,2013.

［4］孔六庆.中国花鸟画史［M］.南昌:江西美术出版社,2017.

［5］杨泓.美术考古半世纪:中国美术考古发现史［M］.北京:文物出版社,1997.

［6］陈佳仪.从唐代墓室壁画谈早期中国花鸟画［J］.中国花鸟画,2004(2).

［7］侯波.唐墓花鸟题材壁画试析［J］.四川文物,2003(1).

［8］杨菱菱.试述吐鲁番唐墓花鸟壁画的艺术价值［J］.电影评介,2008(10).

章怀太子墓《狩猎出行图》艺术特色探析

胡兴悦[①]

摘　要： 章怀太子墓《狩猎出行图》同时涵盖了"狩猎图"与"出行图"的元素，既暗示了狩猎活动又表现了出行场景，描绘了皇室贵族狩猎出行活动的场景，构图疏密有序，气势浩大壮阔。赋色以平涂和晕染相结合，运用凹凸法塑造出立体感，线条以铁线描与兰叶描为主，细劲古拙，皴法技术成熟。造型语言写实，有着与同时期常见的狩猎图像类似的审美趣味，展示出唐代恢宏大气的艺术风格。从图像所处墓室位置与构图方面出发，表现出了画工在艺术层面的巧妙构思以及时人朴素的丧葬观念。

关键词：《狩猎出行图》；唐墓壁画；艺术特色

一、《狩猎出行图》中的狩猎活动

狩猎是一种古老的生产活动，而狩猎图像也有着悠久的历史。从史前岩画、先秦青铜器、汉画像石、魏晋墓葬砖画到隋唐墓室与石窟壁画中可以看到随着农业生产技术的不断改进，狩猎图像表现出来的象征意义也发生了转变。逐渐从生存需要、祭祀礼仪慢慢演变成为一种军事训练，带有强烈的政治军事色彩，起到强化王权统治、增强国威的政治目的，如唐代诗人刘商在诗中写道："梦非熊虎数年间，驱尽豺狼宇宙闲。传道单于闻校猎，相期不敢过阴山。"而狩猎活动本身具有的娱乐

---

① 胡兴悦，1998年生，2020级，攻读硕士学位，主要研究方向为美术（中国人物画方向）。

性质使它在皇室贵族之间广泛流行。唐高祖第四子李元吉极爱打猎，有"我宁三日不食，不能一日不猎"之说。据《唐会要·蒐狩》（卷二十八）载："（贞观五年，李世民）曰：大丈夫在世，乐事有三：天下太平，家给人足，一乐也；草浅兽肥，以礼畋狩，弓不虚发，箭不妄中，二乐也；六合大同，万方咸庆，张乐高宴，上下欢洽，三乐也。"[1]可以看出狩猎活动受到帝王与贵族的喜爱与推崇，狩猎也是壁画重要的表现题材之一，其中章怀太子墓《狩猎出行图》是唐代皇室贵族墓葬壁画中表现狩猎活动的杰出代表。

二、《狩猎出行图》中的出行元素

"狩猎图"一般是指描绘狩猎场景的画面，《狩猎出行图》则表现的是狩猎出行途中的画面，这一形式既表明了狩猎活动，又通过盛大出行场面凸显墓主人的尊贵地位。

出行仪仗这类题材内容作为彰显封建等级制度社会中人物身份地位的象征，在唐代贵族的墓葬壁画中占据着十分重要的地位。出行图一般包括"骑马出行""仪仗出行"与"狩猎出行"。在唐代有张萱的《虢国夫人游春图》、李寿墓的《仪仗出行图之骑马出行》、永泰公主墓的《步行仪仗出行图》、懿德太子墓的《仪仗出行图》、敦煌156窟的《张仪潮出行图》等等，关于"狩猎出行"的绘画精品当属章怀太子墓的《狩猎出行图》。《张仪潮出行图》绘制时间晚于章怀太子墓《狩猎出行图》，虽然同样表现出了出行的气势，但其中描写狩猎的场景只占了很小一部分，可以理解为纯粹意义上的"出行图"。本文不将《狩猎出行图》作为出行图范畴多加叙述，仅仅将其中的出行元素在此作为同其他狩猎图的不同之处指出。

三、章怀太子与《狩猎出行图》

章怀太子李贤是唐高宗李治与武则天皇帝的次子，章怀太子墓是乾陵陪葬墓之

---

[1] 王溥.唐会要［M］.北京：中华书局，1960：526.

一，该墓曾二度修建，是与太子妃房氏的合葬墓，位于咸阳市乾县乾陵东南约3公里的乾陵乡杨家洼生产队北面的高地上。[①]墓中共有五十多组壁画，包含了多种题材内容，艺术水平颇高。

壁画《狩猎出行图》于1971年在陕西省乾县乾陵出土，此图约绘制于唐代神龙二年（706年），真实表现了封建统治阶级的狩猎活动。原图高近两米，长近九米，位于墓道东壁，在揭取时被分成四幅，现存于陕西省历史博物馆唐墓壁画馆。画面由四十余个骑马人物以及辎重骆驼、助猎动物、绿树丘石组成。许多学者都认为该墓中壁画内容反映的是墓主人生前的真实生活，甚至有学者认为狩猎队伍中间身穿墨兰色长袍、乘骑白马者，就是太子李贤本人，同时也有一些学者对此存疑。[②]虽然不能确定此人是李贤，但单从画面描绘也可以看出此人的地位不一般。首先是所处位置，此人位于整个狩猎队伍的中心。中国传统人物绘画中强调主体人物的方法大概有两种，一种是"中心"构图模式，重要的人物放在画面中心或显眼位置并通过暗示的方法加以强调。另一种是"尊大卑小"的构图模式，按照空间占有来确定主体地位。在狩猎队伍整体构图中，可以分为三组，处于前方的一组明显是开路者，中间的队伍人数最多，形成大的团块关系，后方则又是一组，整体呈现出疏—密—疏的排列。中间队伍的领头者所骑白马形体健硕，体量大，空间占有大。马尾长且散开，有着披颈长鬃，身体一侧的前后蹄同时呈现抬起或落地的状态，与其他马都不同。"这种马在唐代文献中被称为'走马'，走马所走步伐为对侧步，特点是同侧前后蹄同时或先后离地和着地，从而使得鞍背平稳，不易产生疲劳，这种马数量稀少，只有地位很高的人才可使用。"[③]而且此马看起来步态悠闲，与周临，尤其是与后面奋力追赶的马匹形成了鲜明对比。画面中大多数马匹呈现出极速奔跑状态，马匹四蹄腾空，几乎成了一条直线，这种表现马儿疾驰的视觉形象是狩猎图中常见的表现形式。

图中骑手头冠幞头，一些举着五旒旗，骑马者有些深目高鼻多须，带有明显的胡人特征，有的马匹上还带着鹰、豹等狩猎助手，唐代皇宫里设置五坊专门饲养各

① 陕西省博物馆，乾县文教局唐墓发掘组.唐章怀太子墓发掘简报［J］.文物，1972（7）：13.
② 沈睿文提出章怀太子墓的壁画题材内容与墓主一贯的生活作风、情趣迥异，对其中狩猎、打马球等题材内容是表现李贤生前生活这一说法提出疑问。
③ 张佳.壁上丹青　绚焕灿烂：唐代壁画珍品馆壁画赏析［J］.文物天地，2016（6）：25.

种助猎动物，并配有胡人饲养员。队伍的最后面随行有几匹马、一匹双峰驼和一匹单峰驼，骆驼背上驮有铁锅、食材和木材等等。唐代马匹数量并不多，据一些学者统计，唐代引进的胡马，东起朝鲜半岛，西到阿拉伯，北自西伯利亚，南到印度，在所有贡马中，西域良马最为著名，其出产的良马早在汉代就享誉中原。但西域良马作为贡品数量有限，所以一般作为种马之用，另外就是作为皇室贵族骑乘。[1] 至玄宗开元元年（713年），国马只剩二十四万匹，在章怀太子生活的时代，全国马匹逐渐减少，而更多的马匹应该被分配作为军用，可供皇室贵族游戏的马匹数量不会过多，在这里表现盛大的狩猎活动可能是对政治意义的强调[2]，也是彰显章怀太子尊贵的身份。

四、《狩猎出行图》艺术特色

（一）宏观的构图处理

《狩猎出行图》表现场面宏大，整体构图严谨有序又充满磅礴的气势，画面视角像是从低空俯视，有空间感，但马匹、骆驼和人物等并没有根据前大后小、近大远小的空间关系进行处理，对描绘对象的表现采用平视的角度，这是中国传统绘画常用的布置表现方法，反映了中国古代传统绘画的空间观念。画面中的骑马人物排列有聚有散、有疏有密，密而不塞、疏而不空。散点式构图使欣赏者的目光不断转移，从整体到局部，再由局部到整体，画面"气势"连贯统一。狩猎队伍的领头者带领队伍朝向右侧奔跑，三个骑马人物领先，在队伍外轮廓形状上形成了向右的势，有种向外延伸的力量，充满动感。墓道自北向南的斜坡使这支声势浩大的出猎队伍像是从树林中呼啸而出，有着势不可挡的气势。五棵参天大树与褐石山丘，不仅仅是交代了这支出猎队伍所处的环境背景，而且同骑马人物和辎重骆驼形成了有藏有露的关系，行进中的人、马、骆驼与树木的高矮对比与前后关系的表现，使人、马、驼在视觉上被推向远处，表现出空间的幽深。画面中人马众多，其相互穿插却又不完全重

---

① 程旭. 唐墓壁画中周边民族文化因素及其反映的民族关系 [D]. 兰州：兰州大学，2012：69.

② 侯振兵，郭可悫. 从社会大背景辨析章怀太子墓体育壁画 [J]. 湖南科技学院学报，2007（11）：65-67.

叠，层次丰富、结构整齐，又在布置排列上有所变化，符合形式美的法则。

（二）色彩与线条的表现

《狩猎出行图》画面采用勾勒填彩的方式表现，线条为主，色彩为辅。墨线多为中锋用笔，粗细浓淡变化较小，类似铁线描，线条圆劲沉稳，充分地体现了中国画中线条的高度表现力。中国画用笔用线讲究笔势顿挫、笔锋藏露、用笔快慢，这一用线特点在树木的刻画中表现得淋漓尽致，中锋侧锋兼用，整体用线简洁而富有变化，树叶用笔勾点起停，笔法遒劲。岩石土坡用赭石淡墨晕染，石块复晕以青绿，唐代神龙年间的山石树木已经不再是"空勾无皴"，皴擦技法已趋于成熟。人物衣纹上的长线起笔与收笔都较细，流畅古拙，线条具有向外的张力，马匹外轮廓造型多使用饱满的弧线，骆驼、马匹腿部有明显的表现骨骼结构的方硬线条，用笔有方圆起停，线条有交叉重叠，很好地表现出了描绘对象的结构，属于典型的写实主义表现方法。线条同书法的写意性相结合，严谨中又抒发意气。

从整体上看，画面用色参照了真实的环境，色调单纯统一，赋色严谨，属于工笔重彩的范畴。在绘画技法上，采用了平涂与晕染相结合的方法，同时用高染与低染相结合的方法表现凹凸感。人物衣服色彩以平涂为主，在马腿马尾处可以看到明显的渲染技法，用墨渲染作为打底，再开始着色，可以看出颜色的浓淡变化和层次。色不盖线，色不压墨。石头上赭石淡墨与花青层层渲染，笔墨色浑然一体。画面中有白色、枣红色、杏黄色、黑色、蓝色等，红色占据突出地位，有学者专门以红色系列为题对章怀太子墓壁画进行研究。

（三）艺术特征的呈现

相较于章怀太子墓室中《客使图》《观鸟捕蝉图》等壁画，这幅《狩猎出行图》中表现的每一个物象都不大，但造型刻画清晰且深入，须发皆根根入微，具有极强的写实感。五棵大树的造型看似趋同，但分杈分枝位置各不相同，符合树木自然生长规律的同时，又根据画面需要合理安排树冠大小高低，表现出了古木参天的苍劲强健。范瑞华指出："盖吾国绘画，向系平面之表，而无阴影明暗之法，自张氏仿印度新壁画之凹凸法后，至唐即有石分三面之说矣。"①唐代绘画相较前代有较强的写实性与立体感，同时期绘画最大的特点就是写实，绘画表现内容更多地转向描写现实生活。《狩猎出行图》中"凹凸法"的绘画痕迹可以看出当时文化交流的密切状态。图中人物与树木、岩石、山丘之间比例协调，比之六朝人物山水画有了长足的进步。《狩猎出行图》描绘场面浩大，刻画精细工致，赋色绚烂辉煌，是中国古代浩瀚绘画历史长河中的精品，是学者们研究中国唐代绘画史重要的材料。壁画中包含的外来事物比如胡服，外来动物（鹰、豹、骆驼等）、配饰花纹（双峰驼鞍鞯皮囊上的神兽型神像）等等表现出唐朝与周边民族往来之密切，也为学者们考察中外交流历史，研究中国古代民族、宗教、服饰等提供了重要的图像资料。

（四）同时期狩猎图像比较

唐代同时期的李寿墓狩猎图、李邕墓狩猎图、韦浩墓狩猎出行图、郭里木吐蕃1号墓棺版画狩猎图、敦煌156窟狩猎图与章怀太子墓狩猎出行图，它们在题材上相似，在色彩、造型和绘画理念等方面可以看出融合与借鉴。虽然在绘画程式上，章怀太子墓《狩猎出行图》与它们有明显不同，画面中并没有拉弓搭箭的猎手，也无追赶猎物的惊心动魄的场面描写，而是侧重于展现皇家狩猎队伍的严谨有序和强大的狩猎装备，但壁画同样反映了唐代人们的精神追求，再现了现实生活，在色彩与造型表现方面显示出类似的审美趣味。从整体上看，画面中线条细劲流畅、色彩朴拙灿烂、造型较为写实，表现空间开阔，展现出了唐代艺术开阔的气象。这种色彩的热烈、造型的真实、类似的画面审美正是大唐国力强盛与文化自信的表现。

五、从《狩猎出行图》中看生死观

值得注意的是，绘制在墓道东壁的《狩猎出行图》同与之对应的西壁上的《打

---

① 转引自李小荣，马晓坤.佛教传入与中国美术［J］.法音，1998（12）：36-37.

马球图》，图中骑马队伍均是由墓道中心奔向墓道口，方向均是由北向南，这里可以猜测画工这样安排构图画面可能存在以下三方面的原因。

第一，从图像形式语言来看，墓道呈现斜坡状，当人们进入墓道时，看到的是浩荡的狩猎队伍骑马举旗迎面奔走而来；当人们继续向墓室内行走时，前进的过程使画面中的狩猎队伍产生一种加速行进的视觉效果，使整个画面拥有强烈的表现效果。

第二，从活动方式上来看，不管是狩猎活动还是马球运动都需要在开阔的空间内进行，墓室空间狭窄，需行至墓室外，所以壁画人物朝向墓道外，这点合乎常理。同时期墓室壁画中表现出行题材的绘画作品，队伍方向均朝向墓室外，这可能是画工表现"出行图"的固定模式。这里需要注意，纯粹描写狩猎的一类图像，在墓葬中的位置以及画面中人物朝向均不相同，并无规律可循。如唐代李邕墓中同时有《狩猎图》与《马球图》，它们位于甬道内，画面中人物朝向并不统一。再如李寿墓《狩猎图》位于墓道东西两壁上层，猎物逃窜方向不同导致追逐的猎手方向各异。

第三，从生死观念上来看，"事死如事生"的思想观念深入人心。《荀子·礼论》中载："丧礼者，以生者饰死者也，大象其生以送其死也。故事死如生，终始一也。"唐代厚葬之风尤盛，墓室壁画也符合古代传统死亡观念：死亡并不是终结，人死后要进入另一个世界，而那个世界就是现实世界的延续。除了在墓室里摆放墓主人生前物品，通常会以画作来表现期望。战国时期有帛画《人物龙凤图》来表现引魂升天，画工在此利用斜坡墓道，表现出猎队伍从树林古道中奔出，呈现出向上走的趋势，蕴含着希望墓主人随着出行队伍走向幸福彼世的美好期望。

六、结语

作为唐代高级汉族贵族墓葬之一的章怀太子墓，它的规模与艺术造诣令人惊叹，引发了众多学者的研究与讨论。关于唐墓壁画的研究数不胜数，章怀太子墓《狩猎出行图》在其中是特殊的，将"狩猎"与"出行"两种元素一同表现，不只是按照规章制度描绘"仪仗出行"或"骑马出行"，而是既彰显了墓主人的身份高贵地位，也凸显出修建墓葬负责人李守礼的独特用心。唐代厚葬之风盛行，壁画等陪葬品也表现了古人"事死如事生"的生死观念。《狩猎出行图》中出现的具有异域特征的人物以及外来动物，反映了外来元素与中原本土文化元素的交融，从绘画技巧上也看到对外来表现方法"凹凸晕染法"的借鉴融合。唐朝与周边民族政治经贸关系密切，唐朝社会包容外来文明，广纳百川，是中国封建社会的壮盛时期，也是中国历史上各民族交流融合的黄金阶段。唐代开放的风气、繁荣的经济使得人们拥有极高的文化自信与民族自信。在绘画艺术中表现为现实性的题材与写实性的风格，体现出相类似的审美趣味。

注：本文主要内容以《从唐墓壁上看"狩猎""出行"——章怀太子墓〈狩猎出行图〉图示探析》为题发表于《环球首映》2021年第7期。

参考文献：

［1］陕西省博物馆，乾县文教局唐墓发掘组.唐章怀太子墓发掘简报［J］.文物，1972（7）.

［2］中山大学艺术史研究中心.艺术史研究：第6辑［M］.广州：中山大学出版社，2004.

［3］麻思琪.唐代墓室壁画中的鞍马艺术形象研究［D］.济宁：曲阜师范大学，2020.

［4］张佳.壁上丹青 绚焕灿烂：唐代壁画珍品馆壁画赏析［J］.文物天地，2016（6）.

［5］程旭.唐墓壁画中周边民族文化因素及其反映的民族关系［D］.兰州：兰州大学，2012.

［6］侯振兵，郭可悫.从社会大背景辨析章怀太子墓体育壁画［J］.湖南科技学院学报，2007（11）.

［7］李小荣，马晓坤.佛教传入与中国美术［J］.法音，1998（12）.

［8］沈睿.从唐章怀太子墓壁画"狩猎出行图（四）"骆驼图像看所谓"唐安菩墓三彩骆驼所见'盛于皮袋'的祆神"［J］.南方文物，2014（1）.

［9］王增明，董敏会.狩猎：最激烈的户外运动［J］.东方收藏，2016（2）.

李寿墓与长乐公主墓人物壁画风格考

刘晶钰 [①]

摘　要：唐朝初期的李寿墓与长乐公主墓相差仅十余年，人物壁画风格呈现了很大的差异，李星明在人物形象和绘画语言角度提到了其风格差异，白巍则在线条风格上总结了李寿墓"疏体"和长乐公主"密体"的风格。从南北朝到唐初，墓室壁画风格多样，除受时代审美特征和现世人物画画家等多种因素影响外，李寿墓与长乐公主墓人物壁画风格依旧有不同的成因。通过李寿墓与北周李贤墓、北齐娄睿墓、隋史射勿墓、隋徐敏行墓在绘制风格与服饰的比较研究，得出其传承影响关系。

关键字：李寿墓；长乐公主墓；人物壁画风格

　　初唐早期墓室壁画风格多样，尤其显现出由南北朝隋朝墓室壁画风格向唐朝墓室壁画风格过渡过程中的杂糅现象。墓室壁画正处于新时代对旧时代的传承，以及形成新时代特点的节点。此时，南北朝和隋代墓室壁画风格的继承和发展，民间和西域造型的独特风格与逐渐成为主流的初唐新风格相互碰撞融合，交融挤压。在众多壁画风格影响的情况下，李寿墓与长乐公主墓相差不过十余年，其壁画却展现出了截然不同的风格特点。

---

① 刘晶钰，1996年生，2020级，攻读硕士学位，主要研究方向为墓室壁画。

一、李寿墓与长乐公主墓墓室壁画人物画风格差异

李寿墓建于贞观五年（631年），李寿乃是高祖从弟，封司空（正一品）、淮安靖王。其墓中人物图像众多，墓道东西壁分上下栏，下层绘有骑马出行图，上层绘飞天图、狩猎图，过洞及天井绘有步行仪仗图十二幅，甬道中部东西壁有对称的内侍图、侍女图，墓室内北壁东部绘有一贵族庭院，有门卫二人，贵妇、侍女游园，坐姿乐舞一组，其后立有四名侍女。

这些图中人物形象清新稚朴，面颊丰满，面部刻画简略，头部较大，头身比例大致为五到六个高，衣服大多贴肉而行。女性形象肩部窄小，身形瘦长。线条劲挺有力，中锋用笔，轻重变化较少，均为铁线描。线条组织简括，豪放而不粗俗，白巍曾提到李寿墓的疏简画风，尤其"马臀部的线条一挥而就，如'弯弧挺刃'"。如同张僧繇的"笔才一二，象已应焉"，线条组合方式是非常明显的北方"疏体"画风。[①] 服饰色彩明净，朱红、石青等色用得较多，设色技法大都罩染平涂。

长乐公主墓建于贞观十七年（643年），长乐公主李丽质是太宗第五女，乃是长孙皇后所生。其墓室壁画中人物图像也多有绘制。如在墓道中有对称的云中车马图、仪卫图，云中车马图中有牵马人和车中三人。天井中绘有侍卫、男侍，以及在第一石门绘有一男侍，第一、二石门间绘有精美侍女图。

这些壁画中人物面部丰润，五官刻画更为细腻，肌肉线条有起伏，比例大概六个半至七个半高，人物形象变得高大起来，更加符合正常的人体比例。线条用笔细腻，依旧是铁线描，但自如舒畅，富有节奏感，不像李寿墓中人物线条的拘谨。画中侍卫、侍女衣摆飘起，尤其云中车马图中人物衣袖飘摇，车后旌旗飘飘，如同云中马车飞驰而过。用朱红、赭石、石青、石绿、石黄等色，色调温暖，人物面部、手部用赭石晕染。衣纹组织细密，如同顾恺之、陆探微的"密体"风格。白巍就提到过"与史评展子虔'画人物描法甚细'"的风格相似。[②]

---

① 白巍. 唐代墓室壁画艺术风格初探［J］. 陕西师范大学学报（哲学社会科学版），2001（2）：90.

② 白巍. 唐代墓室壁画艺术风格初探［J］. 陕西师范大学学报（哲学社会科学版），2001（2）：90.

二、一脉相承的李寿墓墓室壁画风格

从南北朝后期到隋朝，再到初唐，从分裂到大一统。南朝、北齐、北周不同的绘画流行风格，不断地交流融合，到北周外戚杨坚建立隋朝，再到初唐，由于中央集权的影响，贵族皇室的墓室壁画风格有了对北方风格尤其北周的继承，但多种风格的碰撞，也有对南方线条和造型技法的融合。

北周李贤夫妇墓壁画保存比较完整，其侍卫、侍女和乐伎，头部较大，面额宽厚，整体造型高大健硕，姿态呆板，线条疏简概括，刚健拙朴，粗细均匀。用色较少，大都用赭石色晕染面部、颈部、手部以及衣纹，有凹凸感，西域风格明显。与南朝墓中的砖画《竹林七贤与荣启期图》中造型清隽、线条粗细均匀、衣纹细密连绵的风格相去甚远。

隋朝徐敏行墓中人物比例只有五头身高，脸部呈椭圆形，额头高阔，五官集中，四肢短小，姿态呆板。线条组织简略，衣褶非常少。色彩以赭石、青色平涂为主。这样呆板的姿态，简括的线条组织，大体还是沿袭李贤墓的风格特征。这种椭圆脸型，人物额头宽而高，简括的线条组织方式与北齐娄睿墓人物风格很相似，可以看出在沿袭北周风格的同时，造型上也受到了北齐的影响，但是无论是在人物形象的表达还是线条的处理水平上，都有很大的差距。即使是与李寿墓相比，衣褶处理和线条圆润度也有差距。

隋史射勿墓在风格上与李贤墓相差较大，但在一些服饰特征上与李贤墓有一脉相承的联系，并且延续到了唐朝。如内侍头戴幞头，身着白色或红色圆领窄袖长袍，黑色腰带与黑靴，直到唐朝在皇室贵族墓中依旧十分普遍。李星明曾在著作中探讨过幞头基本形制在北周武帝时期形成，史射勿墓中的幞头与初唐墓中武士、内侍的幞头并无差别。从这些服饰传承上，也能感受到北周、隋、唐的一些传承关系。

李寿墓中武士、内侍、马夫等一般都是头戴幞头，身着圆领窄袖长衫，腰上系着黑腰带，穿黑色靴子，这种服饰就是继承了隋史射勿墓中内侍的服饰特点。有些人物依旧是北朝传统，如仪仗队中的领头头戴巾帻，身穿袴褶服，外套裲裆甲，与李贤墓中环刀武士服装相似。李寿墓中乐伎图像，发型为三叠平云髻和云皱状髻，上身穿窄袖小襦，及胸罗裙，肩搭披帛，与上海博物馆所藏女舞俑相似。

除了这些服饰特征体现出李寿墓对北周隋的继承以外，李寿墓中人物的绘画风格与李贤墓、徐敏行墓也是一脉相承。与同是隋代的史射勿墓中武士、内侍相比，其面部刻画细腻，胡须线条苍劲有力，侧脸眉弓、眼窝、颧骨更加接近面部结构。线条粗细有致，灵活多变，线条组织细密，李寿墓中人物风格显然与之不符。而李寿墓与徐敏行墓相比，绘画技巧高了不少，不过侍卫圆形的脸，概括的五官，粗细均匀没什么变化的线条特征，简略的衣服轮廓和衣纹褶皱，大头小身的比例关系，依旧能说明其继承关系。而李寿墓中人物形象线条的处理少了一些雄强刚健，多了一些细密连绵，在继承北方豪迈疏简的风格以外，也受到了南方纤弱风格的影响，是大一统后文化交流的必然结果。

李寿墓侍卫、侍女的服饰特征有着明显的对北周隋朝服饰的继承，人物形象风格也是由李贤墓到徐敏行墓，再到李寿墓，其有着千丝万缕的联系，所以说李寿墓人物壁画风格是在对北周隋的一脉相承的基础上，又结合了一些南方纤弱的线条特征，形成了这样大头小身，造型简括，线条劲挺的造型风格。

三、长乐公主死因、墓葬营建者与其墓室壁画风格的联系

长乐公主墓中有一幅独特的壁画，即《云中车马图》，这样特殊的题材在唐墓壁画中目前只发现一幅，图中对顾恺之《洛神赋图》的参照显而易见。首先是参照了《洛神赋图》中洛神乘坐龙车在云水之间一段，尤其是车旁的鱼状怪兽，龙车变为马车，加上车上的旌旗造型，则与另一段曹植乘坐马车的画面相似，可见《云中车马图》是结合了这两个部分绘制而成的。

长乐公主在贞观十七年其二十三岁时病逝，史书上对长乐公主的死因并未提及，但在墓志铭上提到为长乐公主四处寻医问药，但还是不治而亡。墓志铭中有一句"阅水翻于夜壑"，于静芳曾结合当时的历史事件"弩影"之灾，齐王李佑抗命谋反，推测长乐公主之死或与水有关。[1]

洛神最初叫作"宓妃"，这一名称源于屈原《天问》。传说中的故事有几个版本。

---

① 于静芳.唐长乐公主墓壁画《云中车马图》考［J］.南京艺术学院学报（美术与设计版），2014（5）：32.

到了唐代，出现宓妃是伏羲之女的说法。李善注《文选·洛神赋》曰："宓妃，宓羲氏之女，溺死洛水，为神。"此则注释实际上是引自汉末人如淳的说法，如淳注《史记·司马相如传》中《上林赋》曰："如淳曰：宓妃，伏羲女，溺死洛水，遂为洛水之神。"结合《云中车马图》引魂升天的用途，应该是墓葬营建者希望长乐公主像洛神一样成为神仙。

《贞观政要》记载："长乐公主，文德皇后所生也。贞观六年将出降，敕所司资送倍于长公主。"大意为文德皇后所生的长乐公主，在贞观六年出嫁，而嫁妆要比长公主还要丰厚。而之前的御史大夫韦挺刚刚上表批评过奢侈的作风。"今贵族豪富，婚姻之始，或奏管弦，以极欢宴；唯竞奢侈，不顾礼经。……若不训以义方，将恐此风愈扇。"结果唐太宗竟然顶风作案。长乐公主墓志铭提到"皇帝悼深夭蕙，怀三号而犹感"。可见唐太宗对长乐公主之死非常悲痛。同时根据考古的发现，长乐公主墓并没有遵照公主墓只设一道石门的规格，而是破格使用了三道石门。根据唐太宗对长乐公主的宠爱与长乐公主之死对唐太宗的打击，墓葬应该大多表达了唐太宗的观念。于静芳提道："墓葬没有遵从公主临终时的薄葬要求，多处逾制的特殊厚葬不是除皇帝外的人能够承担责任的。所以墓中壁画可能是揣摩皇帝的心思或由皇帝直接授意完成的。"

所以《云中车马图》因唐太宗授意或揣摩上有了对《洛神赋图》的参照，其画师也许是擅长临摹此图或是更偏向南方风格的。不论哪种可能都造就了这样比例更为协调、面部刻画更为细腻、衣纹线条细密连绵、技法相对较高的人物绘画风格。更偏向南方"密体"的人物绘画风格，结合当时的时代风尚，形成了这样的初唐主流风格的前沿。当然，其风格不可避免地依然有一些对前朝的继承，如其线条有着北方线条的劲挺，不复南方纤弱细密；服饰特征仍保留前朝遗风，如持刀仪卫仍是南北朝以来的形制，但不再有袴褶，具有了新时代的特征。这种变化在隋代史射勿墓中就已出现。

四、时代审美以及现实画家对其墓室壁画风格的影响

李寿墓与长乐公主墓处于初唐，必然都会有一些时代特征，反映一些当时的审

美倾向。李寿墓中乐伎图像与初唐阁立本《步辇图》中唐太宗周围的侍女形象就有相似之处，都是大头小身，身体瘦小纤弱，发型相似，窄袖上衣与齐胸襦裙，线条概括匀净，属于同一时代风格。长乐公主墓中武士形象则与阎立本《凌烟阁二十四功臣图》的北宋石刻摹本中的形象极为相似，都是半侧立像，衣着窄袖圆领长袍，脚着长靴，只是长乐公主墓中武士多加披风，尤其是手肘部衣纹和长袍衣褶的处理尤为相似。这说明李寿墓与长乐公主墓的壁画人物风格也受到那个时代自身特有的审美观念和时尚潮流的影响。

隋代统一后，顾恺之、陆探微、张僧繇以及北齐画风等对画坛影响依然很大。隋具有影响力的画家如郑法士、杨契丹、孙尚子，他们在唐张彦远《历代名画记》中都得到了比较好的品级评价。郑法士师法张僧繇，初唐李嗣真说："江左自僧繇以降，郑军是称独步。"认为郑法士得张僧繇之精髓。关于杨契丹，僧悰云："六法颇该，殊丰骨气。山东体制，允属伊人。"杨契丹来自北齐，画风应具有北齐风韵。孙尚子师法顾恺之、陆探微、张僧繇，僧悰云："师模顾、陆，骨气有余。至于鬼神，性多偏擅。妇人亦有风态。"李嗣真又云："孙、郑共师于张。"初唐则又有尉迟乙僧这样受欢迎的西域画风的画家，以及代表初唐人物画风尚的阎立本。李星明曾总结过："总体来说，左右隋代初唐人物画状况的首先是南朝张僧繇的疏体画，其次是北齐画风，再就是顾恺之、陆探微的密体画，还有西域画风，不同的画风在长安相互碰撞竞争，形成多元风格并呈的景象，同时他们也相互融合成为新风格的因素。"

李寿墓与长乐公主墓的人物画风格与当时人物画的发展与潮流是有一定的相互印证之处的，在隋朝影响力巨大的张僧繇的疏体画风和北齐画风，以及也很受欢迎的顾恺之、陆探微的密体风格，是其人物画风格差异的源泉，也在潜移默化地影响着其风格的形成。

参考文献：

［1］张彦远. 历代名画记［M］. 余剑华，注释. 上海：上海人民美术出版社，1963.

［2］于静芳. 唐长乐公主墓壁画《云中车马图》考［J］. 南京艺术学院学报（美术与设计版），2014（5）.

[3] 李星明. 唐代墓室壁画研究 [M]. 西安: 陕西人民美术出版社, 2005.

[4] 李星明. 唐墓壁画考识 [J]. 《朵云》中国绘画研究季刊, 1994 (3).

[5] 宿白. 西安地区唐墓壁画的布局和内容 [J]. 考古学报, 1982 (2).

[6] 白巍. 唐李寿墓壁画试探 [J]. 陕西师范大学学报 (哲学社会科学版), 2001 (2).

[7] 万晓. 唐墓壁画部分内容考辨 [J]. 文博, 2011 (1).

[8] 韩伟. 陕西唐墓壁画 [J]. 人文杂志, 1982 (3).

[9] 翟战胜. 李寿墓壁画寺观图试析 [J]. 文博, 2011 (3).

[10] 王仁波, 何修龄, 单暐. 陕西唐墓室壁画之研究: 上 [J]. 文博, 1984 (1).

[11] 张静. 论唐代墓室壁画仕女形象艺术风格的演进 [J]. 艺术百家, 2009 (5).

[12] 陕西省博物馆, 文管会. 唐李寿墓发掘简报 [J]. 文物, 1974 (9).

[13] 陈志谦. 唐昭陵长乐公主墓 [J]. 文博, 1988 (3).

[14] 蔡昌林. 凌烟阁《功臣图》考证与宋刻探研 [J]. 西北美术 (西安美术学院学报), 2015 (3).

秦兵马俑雕塑艺术源流新探

王　希^①

摘　要： 秦兵马俑雕塑以空前的规模和数量引起了海内外的高度关注，被誉为"世界第八大奇迹"。对其研究也蔚然成风，特别是关于秦兵马俑的艺术源流研究的学者更多，学界认为兵马俑艺术承上启下，是对中国先秦雕塑艺术的继承与发展。但是近年来，有一些西方学者认为兵马俑艺术"来源于西方的交往，来源于亚历山大的智慧和光彩耀人的希腊艺术"。这样片面的观点难以成立。

关键词： 秦兵马俑雕塑；艺术源流；新探

秦兵马俑雕塑在中国古代雕塑史上犹如奇峰，以空前的规模和数量引起了海内外的高度关注。1975 年新加坡总理李光耀观看了发掘现场，赞叹兵马俑是"世界的奇迹，民族的骄傲"。1978 年，法国总理希拉克参观后称誉兵马俑是"世界第八大奇迹"。迄今为止，兵马俑博物馆已接待了 200 多位世界各国元首。

对其研究也蔚然成风，特别是关于秦兵马俑的艺术源流研究的学者更多，学界认为兵马俑艺术承上启下，是对中国先秦雕塑艺术的继承与发展。但是近年来，有学者认为兵马俑艺术"来源于西方的交往，来源于亚历山大的智慧和光彩耀人的希腊艺术"^②。2014 年，英国伦敦大学亚非学院的尼克尔认为，秦兵马俑是受到了亚历

---

① 王希，1985 年生，2020 级，攻读博士学位，主要研究方向为艺术文化史。

② 汉夫勒. 中国雕塑艺术的诞生：临潼兵马俑观感 [J]. 侯改玲，申娟，译. 秦陵秦俑研究动态，1991（1）.

山大大帝的启发。他在《亚非学院院刊》发表文章指出：一者，在新疆地区发现欧洲人的人体线粒体 DNA 遗传密码，表明早在丝绸之路开通前，秦代的大陆与西方就有过密切的交流。二者，于秦始皇以前，大陆并没有制作过真人大小的雕像，此想法很可能受到亚历山大大帝的启发。三者，新翻译的古代资料中说明，秦始皇建造兵马俑的灵感来自西方 12 尊真人大小的雕像。四者，秦皇陵附近出土的舞女及马戏杂耍雕塑，都明确地表现出运动中的骨骼、肌肉和肌腱结构，其逼真程度能与希腊大师的作品媲美。① 对于这样的观点，笔者难以苟同，特提出商榷。

一、秦兵马俑雕塑艺术

秦俑的雕塑艺术是写实的，在春秋时期以前，王公贵族都用活人殉葬，后来随着社会的发展与进步，人的地位提高，陶俑逐渐代替了用活人殉葬。正如孔子所云："始作俑者，其无后乎。"秦始皇一生好大喜功，率兵马南征北战，统一了天下，既然不能用活人活马为其殉葬，便要求其殉葬品陶俑陶马同真人真马一样大，所以才出现了同真人真马一样大小的兵马俑。既然反映的是当时的军事状况，于是就把秦时的各个兵种都展现出来，俑坑中有步兵、车兵和骑兵。人和马用陶的，但陶俑手中握的兵器都是实战性的兵器，全部用青铜制作，有长兵器、短兵器，目前发现的兵器达数万件，大多进行过氧化铬防锈处理，历经两千多年仍锋利无比。

秦兵马俑的写实主义特征表现在每个陶俑、陶马的细部雕塑上。秦兵马俑中有将军俑（高级军吏）、武官俑（中级军吏）、士兵俑、立射俑、跪射俑、驭手俑、骑兵俑等。由于官阶的不同，身上的服饰雕塑也不同。将军俑头戴鹖冠，身穿细密的鱼鳞铠甲；中级军吏头戴板冠；士兵则不戴冠，或戴巾帻。将军俑都身材魁梧、气宇轩昂、老练沉着，中级军吏虽不如将军俑那样魁伟，但都果敢坚毅；士兵俑则千差万别，有的面带笑容，有的年轻幼稚，有的则老练果敢。喜、怒、哀、乐在其面部表情中被表现得淋漓尽致。特别是俑坑出土的跪射俑和立射俑，其造型别致新颖。跪射俑作蹲射状，右膝着地，左腿蹲曲，上体伸直，头略向左侧转，双手做持弓弩状；立

---

① 秦始皇兵马俑创作灵感竟源于古希腊雕塑［EB/OL］.（2014-02-03）［2021-03-04］.http://www.xinhuanet.com/world/2014-02/03/c_126069204.htm.

射俑双足一前一后呈"丁"字形站立，前腿拱起，后腿立直，上体保持笔直，头和身略向左侧转，左臂半举，右臂横曲于胸前，做拉弓射箭状，充分反映出当时士兵已做好战前的一切准备工作，只待指挥官一声令下，便万箭齐发，从而表现出一种静中欲动的感觉。即使陶俑的很细小的部位也精心雕塑，如陶俑的胡须、头发都刻画得惟妙惟肖，各不一样，连陶俑穿的鞋的底部的针脚、陶马口中的牙齿都刻画出来，给人一种非常真实的感觉。

同真马一样大小的陶马雕塑难度更大，秦俑坑中可出土陶马数百匹，既有拉车的战马，又有骑兵用的鞍马。马的造型非常传神，栩栩如生，马四蹄着地，劲健有力，马头仰起，两耳前竖，张口嘶鸣，剪鬃缚尾。既注意粗线条的概括，又注意各个细小的部分。骑兵的鞍马雕刻精细，马背上雕有鞍鞯，肚下雕有肚带，臀部有鞦，头上戴着用铜丝串联起来的铜泡和石饰件组成的络头、缰索，口内含有铜衔，尾巴编成三股长辫形，造型富有活力，真是形具而神生。

偌大的陶俑、陶马是怎样雕塑出来的呢？可以简单概括为塑、堆、捏、贴、刮、削等方法。以塑为主，塑模结合，分件制作，精雕细刻。把圆雕、浮雕、线雕有机结合起来。陶俑先制成初胎，然后再根据需要精雕细刻。陶俑的下部是实心的，上部是空心的，这就解决了高大陶俑的站立平衡问题。陶俑的脚下均制作踏板，然后用泥堆成脚和腿，腰腹部也用泥堆起，胳膊分件制作，头手用模子制作，大样做成后，采用刮、削、刻、剔、划等办法精雕细刻，这样便形成千人千面的形象。陶马的头也是合模制作。身体分胸、腹、臀三部分，用泥片做成空心。[①]要制作与真人、真马大小一致的陶俑、陶马绝非易事，不要说放在两千多年前，就是在今天也是不容易的。

陶俑、陶马的制作，从解剖学上来讲也是符合比例的。通过对陶俑的身体比例进行测量，可知其与民间画工提出的"行七坐五盘三半"的比例一样。"细部的刻画也符合解剖原理。如手指关节的长短，肌肉的厚薄，脚面内高外低都交代得十分清楚"，躯体的轮廓线看似简单，但整个体形非常清楚。脸部五官的位置接近于"三停五部"，即从下巴到鼻尖、鼻尖到眼睛、眼睛到头发沿的三段距离相等，符合解剖学的要求。

更引人关注的是，陶俑、陶马在烧造后入坑前，会对其全身进行彩绘，使冰冷

---

① 袁仲一. 秦始皇陵兵马俑研究［M］. 北京：文物出版社，1990：322-329.

的陶俑、陶马显得生动活泼。陶俑、陶马原来身上都施有绚丽的彩绘，施色的办法是先在其身上涂一层明胶，再敷白色做底，然后彩绘。彩绘均为平涂，涂得很厚，手、脸、脚等部位都涂两至三层彩色。这些颜色由矿物颜料组成，经过两千多年的压力、腐蚀及发掘出来后外界空气的影响，现大都脱落，但从有些陶俑身上还可以发现不少留下来的痕迹。为了形成强烈的对比，身上各个部位的颜色都不一样。陶俑面部及手的颜色是粉红的；战袍有大红、朱红、紫红、深绿、粉绿、天蓝等色；鞋为赭色；靴有朱红、深绿、赭等色；鞋带及行滕带有朱红、粉紫等色。陶马绝大部分都是通体枣红色，红舌白牙，黑鬃，黑尾，白蹄。可以想见，俑坑刚建成时，五光十色的陶俑、陶马是多么地雄伟艳丽。

陶俑的站姿、动势以及服装并无太大的差异，但其形象则是最具个性特征的部分。崇尚"形具神生、以意统象"的中国艺术审美观，决定了彰显人物性格特征以及精神特质的肖像雕塑，成为整具俑塑中最具神韵的部分。其肖像雕塑，不仅具有独具中华意蕴的美学特质，更蕴涵着华夏深层次的文化积淀、情感心理诉求以及源远流长的传统哲学底蕴。同崇高、典雅，且多描绘人体美、动势美的西方雕塑相比，陶俑蕴涵着更多圆满、古拙、宁静的审美意味。

秦兵马俑具有大、多、精、美等特点，堪称雕塑艺术的杰作，是对中国传统雕塑艺术的传承与升华。

二、雕塑艺术上的继承与发展

我们并不怀疑秦已经与西方有来往交流，但兵马俑与希腊或者西方雕塑之间并没有必然的联系。秦兵马俑的出现是对我国先秦时期雕塑艺术的传承、创新与发展，并没有直接受到希腊雕塑艺术的影响。

按照中国古代"事死如事生"的丧葬礼制，即生前所享有的在死后的陵园中都会得到体现。兵马俑是秦始皇陵园600多个陪葬坑、陪葬墓中的一部分，反映的是秦始皇生前灭六国、指挥军队统一天下的盛况。目前在秦始皇陵园中发现的车马坑、珍禽异兽坑、马厩坑等，就是秦始皇生前出巡、狩猎生活的真实反映。

秦兵马俑在中国古代雕塑史上起着承前启后的作用。中国制陶的历史悠久，距今达一万余年。雕塑早在 5000 年前的牛河梁遗址中就有发现，而且体型高大。后来考古发掘出不少的陶俑、铜俑、木俑、石俑等。战国晚期在铜川、咸阳周边的墓葬中发现一些秦的陶俑，种类有骑马俑、人俑以及陶马，高度一般在 10 厘米左右。陶俑既有烧制的，也有泥塑的。铜川枣庙秦墓的人、牛、羊、狗等泥俑为泥塑成型再施彩绘[1]；西安南郊等地的陶俑火候较低，有的还是未加焙烧的泥俑，泥、陶俑以红胶泥捏塑而成，辅以贴、刻划、挖等技法，以单色平涂的彩绘装饰为主[2]；塔尔坡战国晚期墓葬出土两件大小形制基本相同的泥质灰陶骑马俑，陶俑的衣领、襟裙、下摆、帽檐及鼻尖均涂红，制作方法为捏制[3]。"早期秦俑就目前所见实物来看，仅有石质、木质和泥塑，未发现陶质和金属等质料。在雕塑技术上多采用圆雕手法。""早期秦俑在雕塑艺术上尽管还较为原始，它们与秦兵马俑坑的作品之规模不可相比，但其制作技艺、其艺术风格显属一脉相承。如表现人体精神面貌主要之点头部的发髻、服饰、鼻子、脸庞等等。""早期秦俑与秦陵大陶俑在殉葬主人这一点上，用意是相同的。"[4]

笔者认为尽管秦早中晚期的兵马俑在大小上差别比较大，但完全可以看出继承关系，只是由于秦始皇时期完成了华夏一统，认为自己"德兼三皇"，可以动员全国的人力、物力、财力，具备了营建大型兵马俑坑的条件。

三、追求高大上是秦文化的显著特征

尼克尔认为：秦始皇以前，大陆并没有制作过真人大小的雕像，此想法很可能受到亚历山大大帝的启发。笔者认为：论者对秦始皇的了解和研究比较片面，并不了解秦始皇及秦朝社会。秦人好大喜功，追求高大上，从秦文化的考古发现就可见其一斑。还处于春秋时期的秦公一号大墓长达 300 米，深达 24 米，是目前考古发现的先秦时期规模最大的墓葬，而当时秦立国才不久，生产力的发展水平也不是太高，

① 呼林贵. 早期秦俑简述［J］. 文博，1987（1）：23.
② 西安市文物保护考古所：西安南郊秦墓［M］. 西安：陕西人民出版社，2004：372.
③ 咸阳市文物考古研究所：塔尔坡秦墓［M］. 西安：三秦出版社，1998：125-128.
④ 呼林贵. 早期秦俑简述［J］. 文博，1987（1）：25.

却将墓葬修得如此宏大。秦都雍城还在修建过程中，便被西戎使者由余称为："使鬼为之，则劳神矣；使人为之，亦苦民矣。"①

秦始皇时期把秦人好大喜功的风俗发展到极致，刚完成统一就铸造了"十二金人"。《史记·秦始皇本纪》云："收天下兵，聚之咸阳，铸以为钟镰，金人十二，重各千石，置廷宫中。"②《汉书·五行志》也云："秦始皇帝二十六年，有大人长五丈，足履六尺，皆夷狄服，凡十二人，见于临洮。"③这十二个大铜人是依照出现于临洮的狄人形象制作的，高五丈，足迹六尺，重十二万斤，放在咸阳宫前。关于秦始皇是否曾经铸造过这十二个巨型青铜人虽也有人质疑，但可以肯定的是秦始皇时期已经具备了这样的铸造能力，因为关于十二铜人的后来下落史书中也有交代，绝非虚构。从其他考古资料也可以看出秦人有能力用青铜铸造大型人与动物等，陕西历史博物馆收藏的大型青铜雕塑龙，青铜龙龙体中空，形体巨大，极具视觉冲击力和震撼力。应该是史书上记载的秦始皇统一六国后，收天下兵器"聚之咸阳，铸以为钟镰"的大型乐器架的底座。还有著名的始皇陵铜车马，每个重达 1 吨以上，被誉为"青铜之冠"，其雕塑、铸造工艺水平应该高于十二铜人的。此外，近些年还发掘出土了 46件与原水禽同大的青铜水禽等等。从目前秦始皇陵发现的陪葬品来看，除了铜车马缩小了二分之一，其他都是原大仿真的，秦始皇陵的兵马俑陪葬坑是代替真人真马的，当然是不能例外的。

秦具有雕塑大型石刻的技术，比如蜀郡太守李冰雕造的镇水石牛，"（李冰）外作石犀五头以厌（压）水精，穿石犀溪于江南，命曰犀牛里。后转置犀牛二头；一在府市市桥门，今所谓石牛门是也；一在渊中"④。还有立于渭水桥头的大力士孟贲石雕像等，因"重不能胜，乃刻石作为孟贲等像祭之"，孟贲是战国时代大力士，造孟贲石像是为了加强人们对桥梁承重的信心。这类雕塑从内容到形式均富有纪念性和政治性。秦始皇陵园有大型石兽，《西京杂记》记载五柞宫宫西有青梧观，"观前有三梧桐树，树下有石麒麟两枚，刊其胁为文字，是秦始皇骊山墓上物也。头高一丈三

① 司马迁. 史记 ［M］. 北京：中华书局，1959：192.

② 司马迁. 史记 ［M］. 北京：中华书局，1959：239.

③ 班固. 汉书 ［M］. 北京：中华书局，1962：1472.

④ 邓少琴. 巴蜀史迹探索 ［M］. 成都：四川人民出版社，2018：183.

尺，东边者前左脚折"①。还有置于秦都咸阳附近长池中的大型石鲸鱼等等。

历年来在秦都咸阳等遗址出土了许多陶制品，如大型空心砖，其长100—136厘米、宽33—39厘米、高16—19厘米、壁厚4—5厘米。遗址中出土的"窖底盆"口径100厘米、高60厘米、底径50厘米；陶井圈直径70厘米、高35厘米、胎厚1.8—2.5厘米，泥条盘筑痕迹明显；陶水管道长53—68厘米、直径19—56厘米。②秦的茧形壶器形硕大，如咸阳博物馆收藏的一件秦代鸭蛋壶，体形很大，最大腹径56厘米，通高48.5厘米。壶腹、口径和圈足分件制作，腹用泥条盘筑法成形，并经拍打涂抹，后用陶轮修整，外表用宽扁形的泥带和弦纹装饰，然后与口颈、圈足黏接成一完整器。秦咸阳宫遗址、秦始皇陵区等遗址还发现有其他大型的陶制品，如埋葬珍禽异兽的瓦棺、五角形水管、大型建筑材料瓦当等等，在秦的离宫别馆成山宫、黄山宫中都发现了超过70厘米的大型瓦当。这些陶器无论是夹沙灰陶还是泥质灰陶，从其内外表面及断面观察均可看出其陶胎细密，气孔少而小，硬度大，敲之有金石声，烧制的温度应该很高。这些高质量陶器的大量出土表明秦代工匠已极为熟练地掌握了烧制厚胎器物的技术，一旦需要，可随时将这种技术用于大型陶俑的制作上。秦都咸阳曾发现一个秦青铜头像，与秦始皇铜诏版同出。此头像高11厘米，细致的面部表情和精致的头饰，可以看出雕塑家的高超技艺。

秦始皇陵附近数以千计的大型陶塑兵马俑和大型铜车马的相继发现，正是秦始皇追求高大上和写实艺术的表现，揭开了被掩埋两千多年的秦代雕塑艺术的真实面貌。秦始皇陵兵马俑在规模和数量上都大大超过了现已发现的任何一个墓葬中的雕塑群，不仅在宏大的气势上给人以深刻印象，还在人物形象的刻划上达到了中国古代雕塑艺术的高峰。这些陶俑一般高1.80米以上，它们几乎包括了各个等级和兵种的秦军人形象，从面部表情到服饰都不相同，形象极其生动自然，并且体现出因地域不同而具有的生理面貌上的细微差别和人物丰富的性格特点。其与希腊雕塑的不同除了材料、雕塑艺术以外，还有彩绘。雕塑完毕后入窑烧制，最后进行彩绘，陶俑、马的着色是以红、绿、黑为主色，衬以蓝、紫、白、黄等色，五彩缤纷。

秦雕塑艺术也受到了先秦"尚大"哲学思想的影响，"先秦诸子都不约而同地

① 葛洪.西京杂记［M］.周天游，校注.西安：三秦出版社，2006：138-139.
② 陈国英.秦都咸阳考古工作三十年［J］.考古与文物，1988（5）：6.

表现出了对'大'的偏好。如荀子的'阴阳大化'，老子的'道大，天大，地大，人亦大'，庄子的'天地有大美而不言'，孟子的'大而化之之谓圣'等，都是这种'尚大'风尚的体现。秦代人，也深受其影响，以'大'为美。这种影响体现在兵马俑雕塑上，表现为一种对浩大、永恒时空观的追求，表现为成千上万的兵马俑的出现，也表现在兵俑的高大体态上。也正是这种'尚大'风尚，使得煌煌兵马俑跨越了2200多年历史时空，得以同世人相见，并带来了巨大的精神震撼与感染"[①]。

秦兵马俑雕塑艺术也接受传承了中国雕塑大型人像的传统。辽宁牛河梁发现的红山文化"女神"头像，现存高22.5厘米，并非单独的头部塑像，也非半身像，从伴出的其他残塑件判断，这是属于一全身人像的头部，据判断属于同一人像的塑件，基本接近真人的尺寸。近旁还发现相当于正常人体2倍到3倍的人体塑件，无疑属于大型塑像群体。头像及相关的其他部分塑件，对人体各个部位都有真实、准确、细腻的表现，各部位间比例适宜，表现一定的姿态。彩塑，高颧骨，宽额头，尖下颌，眼窝内嵌淡青色圆玉片，耳朵较小，嘴角上翘，呈现出双目晶莹有神的微笑面容。另外还有一些残块，由残存的耳、鼻的尺寸推测，一般的塑像大致与真人等高，最大的则达真人体高的3倍，可惜因过于破碎，难以窥测其全貌。可见，此时已经具备了我国传统胜塑的基本工序。[②]夏商周三代的陶塑作品多为细泥质灰陶，同新石器时代一样，都是手制，采用了捏、堆、刻、贴、压等手法，所塑造的对象大多为动物，只有少数为人像。所不同的是三代的陶塑作品一般是个体形象，少量作为陶器的附件。四川广汉三星堆出土的大型青铜立人像，高达172厘米，同出的还有大型面具、人头像等。[③]

从以上可以看出，以秦帝国浩瀚的疆域、不可一世的气势，可以同时集中六国最好的工匠，加上"千古一帝"的个性，好大喜功和强烈的欲望，那么与真人真马体量相同的陶俑、陶马的出土无疑是秦人自己的工匠制作，没有受到希腊文化的影响，

① 田国林.凝固时空的守望：秦始皇兵马俑肖像雕塑的本土意味［J］.吉林艺术学院学报，2005（3）：40.
② 孙守道，郭大顺.牛河梁红山文化女神头像的发现与研究［J］.文物，1986（8）：20.
③ 四川省文物管理委员会，四川省文物考古研究所，四川省广汉县文化局.广汉三星堆遗址一号祭祀坑发掘简报［J］.文物，1987（10）：1-15，97-101.

更不可能是由希腊匠人帮助制作的。

四、兵马俑雕塑与希腊雕塑各有千秋

可以看出秦始皇陵兵马俑雕塑与希腊雕塑风格完全不一样，看不出它们之间的关系所在，是东西方两个雕塑系统下的产物，是不同区域、不同文化背景下人们思维发展到同一阶段的共同产物，各有千秋。

正由于秦兵马俑高超的艺术水平，故赢得了海内外艺术家的同声赞许。那么它和几乎同时期的希腊雕塑艺术又有何异同呢？笔者认为在同一时期，希腊是西方雕塑艺术的杰出代表，而秦兵马俑则是东方雕塑艺术的杰出代表，在世界雕塑艺术史上都具有重要的作用。过去在兵马俑未发现以前，人们皆赞叹希腊雕塑艺术至高无上，兵马俑的发现，改变了人们的观点，证明了在古代的东方也有高水平的雕塑群。但由于政治体制、地理环境上的差异及人们思维的不同，故东西方的雕塑艺术有所不同。地处亚洲中心的中国文明，当时基本上还处于封闭状态，因而产生出的雕塑品则是一种深沉、厚重、古朴的风格。而希腊则处在交通要道上，与外界的交往多，其雕塑品则呈现出开放的风格。两者的不同点首先表现在雕塑品的用料不同。秦兵马俑以泥土为原料；而希腊则以石料为主。其次由于原料的不同，故雕塑的方法也不同。秦兵马俑以雕为主，并继承了中国传统的雕塑方法，以线条表现神态，从人物的面部表情表现其性格和思想；希腊则采用雕、刻、凿的办法，以表现人的造型美，从人物的骨骼、肌肉、筋腱等表现人物的美与力、性格与思想。再一个区别是秦兵马俑表现了秦军的气势雄伟以及整体上的协调统一，而希腊雕塑则以弘扬个性为主。

汉承秦制，用兵马俑进行陪葬在西汉时期被继承下来，在汉高祖长陵、张安世墓、徐州狮子山楚王陵等地均发现了大型兵马俑陪葬坑。陶俑制作方式基本沿袭秦的风格，用整齐的阵列向人们展示为死者送葬的庄严军阵。虽然在体量上要比秦兵马俑小，但继承了丧葬文化礼俗和陪葬文化。这是由于汉初的社会背景和经济状况是不允许修建大型兵马俑军阵的。因此，长陵陪葬坑中出土的军阵和阳陵出土的陶俑都只有秦兵马俑的三分之一到四分之一，汉武帝时期尽管国家实力和经济状况增强了，但是汉初统治者的影响和示范仍在汉武帝身上发挥作用。

综上所述，我们发现秦兵马俑从设计思想、制作、烧成到彩绘的各个环节均能在其前代找到渊源，凝结着中国先秦时期制陶、铸铜、石刻、造型等一系列成就。这完全是中国人自己的发明创造，与亚历山大和希腊雕塑艺术没有必然的联系，更不可能是希腊人设计监造的。

参考文献：

［1］徐卫民.秦汉都城研究［M］.西安：三秦出版社，2012.

［2］袁仲一.秦始皇陵兵马俑研究［M］.北京：文物出版社，1990.

［3］西安市文物保护考古所.西安南郊秦墓［M］.西安：陕西人民出版社，2004.

［4］咸阳市文物考古研究所.塔尔坡秦墓［M］.西安：三秦出版社，1998.

［5］田国林.凝固时空的守望：秦始皇兵马俑肖像雕塑的本土意味［J］.吉林艺术学院学报，2005（3）.

［6］孙守道，郭大顺.牛河梁红山文化女神头像的发现与研究［J］.文物，1986（8）.

［7］四川省文物管理委员会，四川省文物考古研究所，四川省广汉县文化局.广汉三星堆遗址一号祭祀坑发掘简报［J］.文物，1987（10）.

［8］司马迁.史记［M］.北京：中华书局，1959.

［9］陈国英.秦都咸阳考古工作三十年［J］.考古与文物，1988（5）.

［10］徐人伯.秦俑艺术研究［M］.西安：西安地图出版社，1993.

［11］张磊.中国明器雕塑审美特征论［D］.济南：山东大学，2007.

遗址图像应用传播

遗址图像应用是"物"的再语境化起点。美国的迈克尔·赫兹菲尔德认为："在人类的发展历程中，物的再语境化是哲学思辨的基点，任何'物'都有其产生时期的观念和发展过程中被添加的新的冲突。"可见遗址图像的应用传播是"人"与"图像"在空间中不同历史语境节点下的对话。这也符合胡塞尔的"现象学"，是一种逻辑支撑下的应用思辨。叶秀山先生按照胡塞尔的理论，提出"过去"和"未来"两个时空。无论是长沙窑内销瓷与外销瓷的装饰纹样、梅森瓷器装饰中的"蓝色洋葱"图案，还是汉代文字瓦当、隋唐敦煌色彩、唐代狮型翼兽造型、敦煌藻井莲纹等在现代设计中的衍生与应用，抑或是唐代螺钿漆器及其髹饰工艺在日本的传播、敦煌壁画《鹿王本生图》信息可视化设计，都在丝绸之路的时空中实现了"过去"（遗址）和"未来"（应用）的转化，是遗址图像与应用传播"互为主体性"的辩证统一。

正如中国考古类型学奠基人苏秉琦先生所说："始终存在一个对中国传统文化再认识、再评价的问题。这是社会的需要。"而德国的伽达默尔以艺术经验里的真理问题为例，也提出"艺术作品只有当被表现、被理解和被解释的时候，才具有意义"。这何尝不是遗址图像在"现代应用"中的一种辩证转换。可见，丝绸之路上遗址图像在现代设计中的再现与应用，可以从全新的视角，让遗址真正地"活"起来。进而使丝路美术乃至整个古代社会的文化观念和价值观得到延续，完成丝路遗址图像在时空和人类观念认知进程中的文化转译，实现中华民族的"文化自信"。

汉代文字瓦当在文创产品中的设计应用

杨 晨[①]

摘 要: 为实现对优秀器物文化的承袭与发展,故将汉代文字瓦当元素融入文创产品设计之中,提升文创产品的文化内涵。本文首先从设计学的角度考察汉代文字瓦当的器型、纹饰、构图,进而总结其文化韧度与美学特征;其次从情感互动、艺术审美、文化传承三个维度阐释汉代文字瓦当在当代文创产业中的应用价值;最后运用情感化设计的相关理论,探讨汉代文字瓦当与文创产品的结合路径,以期能为相关设计应用提供参考与借鉴。

关键词: 汉代文字瓦当;文创产品;设计应用

一、汉代文字瓦当的起源与发展

瓦当,又称"瓦头"或"盖瓦头",形制通常为圆形或半圆形,一般位于屋檐最前端的筒瓦顶端的下垂部。从字源角度看,功能性考量应是瓦当被广泛应用于建筑的最初动机,譬如"瓦"字的篆文形状,犹如两片凹凸的瓦片相连在一起,给人以遮风避雨的视觉意象。伴随时间的推移,纹饰逐渐成为瓦当的主要表现内容,如《中国古代建筑史》所述:"西周已出现板瓦、筒瓦、人字形断面的脊瓦和圆柱形瓦钉……这时除了板瓦以外,又出现了瓦当,表面有凸起的饕餮纹、涡纹、卷云纹、铺首纹等等美丽的纹饰。"[②]可见,瓦当在西周时便不再是简单的"盖瓦头",纹饰由空

---

① 杨晨,1990年生,2020级,攻读博士学位,主要研究方向为艺术文化史。
② 刘敦桢. 中国古代建筑史 [M]. 北京:中国建筑工业出版社,1980:38.

白素面发展为动物、几何、植物、人事活动为主的图案纹。而纹饰的本质，"在于它的审美意义，亦即装饰意义。纹样的发展，从早期的功能基础和符号系统，随着人们生活需要的提高，其审美意义渐渐占据主导地位，即追求纯粹的装饰美"①。从这一层面讲，瓦当在具备基本功用价值的基础上，将时代的思维、情趣、精神风韵内化为瓦当本体的"美学意识"，使其具备功用与审美的双重价值。

及至汉代，纹饰内容相较之前发生些许变化，形式简约又充满律动的文字瓦当成为其主要的表现形式，如学者指出的那样，"文字瓦当的大量出现是西汉时期的一大创举，在中国古代瓦当艺术史上具有划时代的意义，标志着中国瓦当艺术走向全盛"②。究其原因，一是由于汉初经济场域的整体趋向变化。针对秦末战乱所导致的社会生产力下降问题，汉初统治者不得不采取休养生息政策。而文字瓦当相对于繁缛的图案纹饰瓦当，既能够节省更多的人力与物力，提高制作效率，亦能快速适应建筑营造的现实需求，完成社会秩序的恢复。二是陶土烧制技术的革新，客观上也为瓦当纹饰表现形式的丰富提供相应的技术支持。三是汉代书法艺术的发展助推了瓦当纹饰在时代语境中的嬗变，如势头正劲的汉隶以及草行楷逐渐兴起，这时人们已有意识将文字升华为装饰的艺术，超越其具象性的外形桎梏，上升至情感抒发的维度。缘此，文字元素也就不可避免地出现在不同的艺术载体中，从单薄走向丰富，扩展其话语言说的空间。四是从设计学的角度分析，一方面，从宏观视野下汉代艺术设计的发展规律看，文字瓦当的形制、结构、内容与意境契合了汉初"守约以治广"设计命题下所流露的"大简"造物思想，瓦当纹饰整体也呈现简约、古拙的形式特征，可以说纹饰的演变终究伴随着汉代艺术设计自身的强制性与规训性；另一方面，从微观视野下纹饰与当面的结合上看，文字瓦当中多行篆书以及少量的鸟虫书、隶书，字体线条圆融柔和、舒张自然并具备较强的可塑性，能够随当面的整体构图和主题内容进行自由布局，在瓦当圆形的感性形式中凝练出独特的韵律感与和谐感，如雷圭元先生所指出的那样，"在形式上有变化的整体才是美的，有整体性的变化才是美的"③。

① 田自秉，吴淑生，田青. 中国纹样史［M］. 北京：高等教育出版社，2003：3.
② 戈父. 古代瓦当［M］. 北京：中国书店，1997：97.
③ 雷圭元. 杨成寅，林文霞. 雷圭元图案艺术论［M］. 上海：上海文化出版社，2016：11.

二、汉代文字瓦当"形"与"意"的诠释

（一）汉代文字瓦当的形式构成

作为图案内在的结构组织，形式构成主要协调整体与局部以及局部与局部之匀称关系，从而构建起图案的内在"骨骼"。纵观汉代文字瓦当，当面文字首先呈现给欣赏者的是均衡而秩序的对称性布局，无论是同质同量的分布，或是不同质与量的分布，都强调在空间坐标与方位的变化中保持整体布局中的均势状态。譬如从文字的对称性布局看，文化瓦当可划分为双侧对称、纵向对称、平移对称、轴心对称、装饰对称五种类型（表1），均呈现庄重化、条理化的视觉表征。加之，当面文字还能够随外形而变体，灵动而飘逸，巧妙地将属性相悖的文字与线条同构于圆形框架内，在充分利用当面空间的同时，也进一步强化了瓦当的整体统一感与稳定感。

如果拓展讨论，从设计学角度对文字瓦当加以审视，可发现其对称的构图形式基本已成定式。以汉景帝阳陵南司马道东阙遗址出土的"与天无极"瓦当为例，当面文字依"米"字格营设出格律严谨而又形式多变的纹饰，可以说是典型的格律体构图的适合纹样。如当面整体采用"米"字格构图布局，双栏"十"字格界线将瓦当均衡四等分，整齐划一的空间里将"与""天""无""极"一格一字，分别置入均匀分割的扇形内，同时随圆布势的变形字体给人以舒展感，紧凑而不失动感，古拙中孕育着气势。此外，瓦当双栏"十"字格界线交界处有圆突乳钉，瓦当中的乳钉位置相当固定，一般位于中心位置，这样乳钉在画面中形成点的视觉特征。根据阿恩海姆的论述，"当圆形制将中心界定为一切都向其汇聚、并由其发出决定性的力的地点时，它仅以其位置就可将首要地位赋予一个非如此便难以引起视觉注意的区域或对象"[1]，我们可将图案的中心点归结为具有聚合、集中图案视点的功能，因此汉代文字瓦当的视觉重心首先位于中央的乳钉处。此外，瓦当视觉流程也呈现由中央向四周扩散的特征，使得画面呈现出层次丰富的三维空间。即瓦当中的乳钉形成第一层视觉空间，圆形界线与十字格界线形成第二层视觉空间，随形变换的文字则形成第三层视觉空间。三层视

---

① 阿思海姆.中心的力量：视觉艺术构图研究［M］.张维波，周彦，译.成都：四川美术出版社，1991：100.

觉空间环环相扣，紧密相连，进一步增添了瓦当文字的视觉秩序性与趣味性。

表 1　汉代文字瓦当纹饰结构分类

编号	名称	图片参考		对称方式
1	双侧对称瓦当	延年瓦当	冢当瓦当	
2	纵向对称瓦当	甘林瓦当	上林瓦当	
3	平移对称瓦当	宫瓦当	黄山瓦当	
4	轴心对称瓦当	羽阳千秋瓦当	石室朝神宫瓦当	
5	装饰对称瓦当	惟天降灵延年万年天下康宁		

注：表格内所有瓦当图片均引自赵光良：《中国古代瓦当图典》，文物出版社，1998 年。

（二）汉代文字瓦当的设计美学特征

对于汉代文字瓦当所体现的设计美学特征，笔者试从文字瓦当的构图及艺术意境来分别进行阐述。首先是瓦当的构图美，上文论述了汉代文字瓦当最显著的构图特征是均衡与对称，是在特定"米"字形"规矩"内所做的妥善谋划与设定。缘此，对称均衡的纹饰构图具有多样和谐、圆满统一、紧凑严整的视觉美感，而这一视觉美感实际与儒家提倡的"中和"之道密切相关。"中"为"中庸","和"为"调和","中和"之道是圆融艺术情感的旨趣，是"象"与"理"的和合，也是"爱"与"智"的团圆，使主体情感凝练的意象呈现出和谐的艺术色调，这种心灵感悟和体验永远是人性中最美好的东西，也是主体生命自身价值的终极关怀。它要求瓦当纹饰的塑造要做到"不偏不倚"，避免极端的走向，如此才能使其达至理想之状态，从而形成辩证和谐的装饰理念，正如孔子对《韶》乐做出"尽美矣，又尽善也"的审美评价，便是"中和"艺术之美和心灵之善的真情流露。因此，"中和"的审美意蕴以和顺性、秩序性、规矩性在文字瓦当中引申出平和、均衡、平衡的美学内涵来通达"大和至乐"之境，使人的感性与理性、情感与肉体得到统一。

其次是瓦当的意境美，文字瓦当"虚实相生"的艺术章法开拓了韵味无穷的艺术空间。"虚实相生"之"实境"所展现的是当交互主体凝视汉代文字瓦当时，通常会驻足于瓦当外在的形构之圆，圆形所呈现的完整、充实、严谨的内心感受，既封闭又通透，既婉转而又豁达，交互主体通过瓦当形构之圆可探索人生、交互情感、伸张审美，如古希腊毕达哥拉斯学派的观点，圆形是所有平面图形中最美的。"虚实相生"之"虚境"，根据宗白华先生的论述："由于'粹'，由于去粗存精，艺术表现里有了'虚'……"① 这句话用到瓦当设计中强调化繁为简，以纤细轻盈、飘逸飞动的字体刻画为主，剔除当面多余的掩饰所带来的感官刺激，将文字凝练为抽象的空洞形态，让欣赏者展开充分的审美想象去品味、揣摩、咀嚼其内在神韵，从而凸显自然的本真。文字瓦当圆形框架之"实"与抽象文字之"虚"的结合与统一，给欣赏者呈现了简约之美。

三、汉代文字瓦当在当代文创产业中的应用价值

（一）情感互动价值：文化代码的情感共鸣

与传统产业注重改变产品使用价值不同的是，文化创意产品以消费者的文化需求为导向，关注顾客价值，特别是对文化的认同，通过改善产品的价值观念获得市

---

① 宗白华. 美学的境界［M］. 北京：文化发展出版社，2018：113.

场和利润。换言之，文创产品的核心为文化和创新，即将某一文化元素的形制、设色、质料或技艺应用于创意方法，通过产品附加的文化内涵与消费者审美过程中的情感反映进行沟通，激发物象外在现实与人内在心理之间的联系，如完形心理学所述的当知觉经验的形式与刺激形式在思维意识中进行碰撞与交融时，才能促使人物之间实现情感共鸣。因此，产品的"文化符码化"能使其与民族成员心中原来的"图式"相融，增强产品感染力并调动消费者情感。

所谓"图必有意，意必吉祥"，吉祥观念贯穿于古代纹饰的设计中，可以说是中国人思想中的"集体潜意识"。从瓦当的文字内容来看（表2），无论何种类别的文字瓦当，其内刻文字均蕴含吉祥的文化象征寓意，譬如长寿、财富、升仙、子孙安康、道德修养或王权歌颂等祈福纳吉的文字信息。这些吉祥文字中凝结着人们对于伦理情感与人生价值的重视，象征强烈的生命意识，反映出汉代人民对于纳吉辟邪和幸福生活的期许，是当时人们积极入世态度的真实再现。可以说，瓦当中的吉祥文字应用于文创产品，易于让消费者在欣赏时寻找自我身份及情感的归属价值。

表2　汉代文字纹瓦当文字内容分类

编号	类别	文字内容
1	吉祥语瓦当	与天无极、长乐未央、延年益寿、长乐富贵、富贵未央、安乐富贵、延寿万岁、飞鸿延年、千秋万岁等
2	礼制建筑物瓦当	延年、上林、甘泉上林、甘林、建章、年宫、羽阳千岁、来谷宫当、兰池宫当等
3	墓葬名瓦当	高祖万岁、万岁冢当、殷氏冢当、冢上大当、亿年无疆、冢上瑞鸟、齐园等
4	官署名瓦当	长水屯瓦、胡宫世昌黄林千羽、乐浪礼官、右将、华仓、百万石仓、京师仓当等
5	汉赋瓦当	道德顺序、流远屯美、加气始降、光耀块宇等
6	颂德瓦当	当王天命、当王者贵、汉并天下、惟汉三年大并天下、四夷尽服、破胡乐哉等
7	其他瓦当	盗瓦者死、空、常等

（二）艺术审美价值：从感官体验到意义设计

一个让人眼前发亮的设计品，就是好的设计吗？答案显然是否定的。设计品表层的感官刺激或许拥有独特的形式，然而伴随时间推移而产生的视觉疲劳可能会让人厌恶当初的选择。这时文创产品中的艺术审美价值对于深入人心的文化记忆塑造显得尤为重要，而艺术审美价值的追求也可以说是高级的人类精神追求。如美国心理学家马斯洛在人的动机理论中提出人需求的六个层次，人的审美需求被列为第五层次。这里的审美需求通过内部结构的功能价值以及外形的艺术价值的营造表现在设计品中，实现设计共同利益的最大化，并为受众带来感情的愉悦与精神的满足。因此，我们需要了解文化元素的背景、故事、特征，围绕其艺术审美价值展开设计。

"以文创立形，采纹饰立魂"，汉代文字瓦当在文创产品设计中的运用目的，在于瓦当中蕴含的简约艺术生命情调以及属于这个古老国度的"虚实相生"的艺术意境。如文字纹饰相较繁缛的图案纹饰，可诠释出产品"拙""朴""素"的简约美学，并将消费者引入"大美而不言"的完美艺境，最终构建起设计品由感官体验到意义设计的迭代。

（三）文化传承价值：时代流变中的持续进化

文字瓦当中的文字符号是绵延于中国艺术史上的文化要素，这是由于文字本身是以图画符号持续演进而来的，是符号弱化图像性与增强意义性的结果。以文字变形为母题所设计的纹饰更像是诗学化的视觉符号，其朴素、单纯、富有生趣的图案语言承载着丰富的人类学与艺术学信息，凸显出特定时期不同的时代审美情趣、生命体验意义、生命存在方式，譬如上文叙述的瓦当的圆融形态反映了对圆满生活的期许，文字信息则使人联想对幸福生活的渴望等。

但非遗的浪潮证明，并非所有的文化元素都能够适应当下的语境与市场。将文字瓦当作为纹饰应用于文创产品设计中，需将瓦当的文化内涵与现代社会情境相联系，努力构建其与时代文化间的平衡点，才能更好地在当今时代语境中弘扬传统文字符号的艺术价值。

四、汉代文字瓦当在文创产品中的应用路径研究

文创产品一方面涉及文化内涵的深度，另一方面则聚焦于受众的广度，如唐纳

德·A.诺曼在其著作中提出"一切尽在观者心中"①的设计前提。同时诺曼根据人对设计品的情感反映提出了情感化设计的三个层次：本能、行为、反思。②本能层次关注即刻的情感体验，行为层次关注使用中情感的持续愉悦，反思层次则关注文化的情感依附。基于此理论，荷兰代尔夫特正面设计学院 Pieter Desmet 教授在其构建的情感设计模型中同样提出设计的三个层次，即欲望的设计、为取悦的设计、启发的设计。③一定程度上，由内而外的"三层次模型"与设计流程已成为文创产品设计研究与实践的范式。本文鉴于前人的研究范式，提出汉代文字瓦当在文创产品中运用的三个原则，即文化赋能、形态转移与意象融合（见图1），下面分别进行详细的论述。

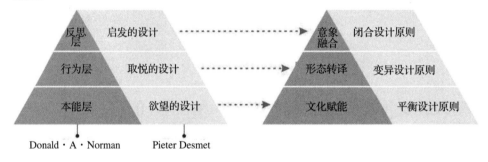

图1 "三层次模型"情感化设计理论在汉代文字瓦当类文创产品中的应用原则

（一）文化赋能——平衡设计原则

作为感官的直接映射，在本能层次，注视、感受和声音等生理特征起主导作用。将汉代文字瓦当运用到文创产品设计中的第一层逻辑为文化赋能。所谓文化赋能，指将直观注视到的文化元素的特征或内涵从艺术形象中提取出来，并运用于文创设计。这一层次的设计反映出受众对不同的视觉元素异常敏感，因此容易趋附于视觉元素本身的形式、色彩、质地、功能、技术所传达出的设计情感。

① 诺曼.设计心理学：3 情感化设计［M］.何笑梅，欧秋杏，译.北京：中信出版社，2015：74.
② 诺曼.设计心理学：3 情感化设计［M］.何笑梅，欧秋杏，译.北京：中信出版社，2015：26.
③ 代尔夫特理工大学工业设计工程学院.设计方法与策略：代尔夫特设计指南［M］.倪裕伟，译.武汉：华中科技大学出版社，2014：31-34.

根据完形心理学对于形式与人心理结构的异质同构关系的论述，瓦当内四边质与量的匀称分布呈现出庄重、安定、条理化的情感感受。因此，从汉代文字瓦当的文化赋能中延伸出平衡设计原则，即运用"挪用"的现实手法，将文字瓦当中可视的对称均衡构成原则运用于产品设计中，使产品呈现出静止平和的美学效果并传达出和谐、稳定的信息，给大众带来视觉生理上的平衡满足，进而引发内心的审美快感。如图所示的包袋设计（图2-a），首先将瓦当中的文字纹饰元素直接提取，接着根据对称均衡的原则将瓦当文字元素打散，以中心对称的构成方式与其他文字瓦当图案进行分割重组（图2-b），以构建起图案稳定的、和谐的、秩序的视觉空间（图2-c），最终引起用户本愉悦的本能情感反应。

  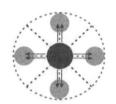

2-a　包袋整体效果图　　　2-b　包袋纹饰米字格构图布局　　　2-c　包袋纹饰视觉流程分析图

图2　平衡设计原则下的包袋案例

（二）形态转译——变异设计原则

"通过科技与艺术的创新和有效结合形成竞争力，是经济发达国家在各类制成品产业普遍采用的手段，而在文化产业中'双引擎'的作用则更为突出。"①当今社会，现代设计得以实施是以艺术的审美性以及科技的进步性为根本前提。换言之，将汉代文字瓦当运用到文创产品设计中的第二层逻辑为形态转译，指设计者遵照变异设计原则，运用现代数码技术对瓦当纹饰的位置、形态、色彩、大小进行变形处理来展现某一文化内涵的价值指标，使物品作为一种诗意的反映来表达独特的审美情趣。一方面就行动的结果来说，数码技术能够有效缩短产品研发的周期，给开发人员提供可观的经济价值；另一方面就观念的层面来说，人是设计的策划者，也

---

① 王彤玲. 论形成核心竞争力的双引擎——科技与艺术［J］. 装饰，2005（7）：83.

是设计的最终价值尺度和关怀对象，数码技术迎合不同阶层的审美偏好、情感需求、文化层次，将图案中的内涵、情感转化为可被受众认同的视觉语言，以文化和激情定义产品，并引发人与物之间的情感共鸣，最终将产品凝练为合艺术性与合社会目的性相统一的自由形式。

如图 3 所示的领巾设计，以数码技术作为图案创意设计的路径或手段，通过强烈的色彩对比和夸张的图案视觉效果的营设来展现传统文化中的文字瓦当吉祥符号。其图案设计出发点是当代大众文化视域下，都市青年阶层对于技术崇拜、文化共享、娱乐至上的消费倾向在文创设计中的感性展现，从而将传统文化内涵与青年大众情感诉求耦合归一（图 3）。

图 3　变异设计原则下的领巾案例

（三）意象融合——闭合设计原则

除了本能以及行为层次外，作为启发或互动的设计，反思层更为关注通过人对物品的记忆以及想象来建立起彼此之间情感的纽带。因此，将汉代文字瓦当运用到文创产品设计中的第三层意象融合，指通过联想、拟寓、象征的思维方式对设计要素进行分割重组，来圆融设计品中的艺术生命力与感染力。意象融合既是增添设计品趣味性与魅力性的方式，也可利用受众的情感因素参与到设计作品的欣赏中，升华对设计品内涵的文化认知。在对事物的联想与想象的意象融合中，可引申出闭合设计原则。闭合原则源于格式塔心理学中"完形"观点，它认为受众在对不对称物象的知觉过程中，思维意识会自觉孕育出完整、对称、和谐的视觉倾向，即"化残缺为完整"，审美愉悦之感在情绪"填充"的过程中也被激发。因此在文创产品设计中，利用"闭合"设计法则来对构图进行有意识的分解与重构，可以构建起设计品具有张力和想象力的艺术表现形式，其"残缺"的设计意象也能引发受众在联想过程中未知的情感愉悦与审美享受。

如图 4 所示的领巾设计，便是遵循闭合原则的设计产品。一方面从领巾的整体构图（图4-a）来看，其为圆点式的不对称构图设计，作品创意之处在于将瓦当纹饰图像简化为"残缺"状态，使受众在观赏时会自动地将瓦当纹饰另一半进行思维"拼贴"，一个个完整的有吉祥寓意的文字瓦当便在思索的步程中孕育而生；另一方面从领巾的色彩比例（4-b）来看，其虽呈现出双面不对称的视觉特征，然而通过不同的色彩比例分割与布置，使受众对色彩的联想达到整体对比与调和的统一。简而言之，构图、色彩的单调会让人厌倦，缺乏想象力的作品也很难引起受众的情感共鸣，闭合原则下的文创设计要注重图案的意象表达才能赋予产品的趣味性与活跃性，并引起人的情感迁移以及思维的共鸣。

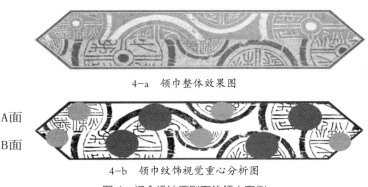

4-a　领巾整体效果图

A面

B面

4-b　领巾纹饰视觉重心分析图

图4　闭合设计原则下的领巾案例

五、结论

汉代文字瓦当以其意匠文字、均衡构图、静动相宜的旋律，成为存续传统文化的特有载体，无论在历史层面还是审美层面均有重要意义。在当前社会场域中，将汉代文字瓦当与文创产品相结合，可产生情感互动、艺术审美与文化传承三层应用价值。进一步，"三层次模型"情感化设计理论也为二者的结合提供具体的应用路径，在文创设计中形成平衡、变异以及闭合的设计原则。实例证明，这一研究路径能为汉代文字在文创产品设计中的创新应用提供参考。

参考文献:

[1] 刘敦桢.中国古代建筑史[M].北京:中国建筑工业出版社,1980.

[2] 田自秉,吴淑生,田青.中国纹样史[M].北京:高等教育出版社,2003.

[3] 戈父.古代瓦当[M].北京:中国书店,1997.

[4] 雷圭元.杨成寅,林文霞.雷圭元图案艺术论[M].上海:上海文化出版社,2016.

[5] 阿思海姆.中心的力量:视觉艺术构图研究[M].张维波,周彦,译.成都:四川美术出版社,1991.

[6] 宗白华.美学的境界[M].北京:文化发展出版社,2018.

[7] 诺曼.设计心理学:3 情感化设计[M].何笑梅,欧秋杏,译.北京:中信出版社,2015.

[8] 代尔夫特理工大学工业设计工程学院.设计方法与策略:代尔夫特设计指南[M].倪裕伟,译.武汉:华中科技大学出版社,2014.

[9] 王彤玲.论形成核心竞争力的双引擎——科技与艺术[J].装饰,2005(7).

图录:

图1 "三层次模型"情感化设计理论在汉代文学瓦当类文创产品中的应用原则,图片为笔者自制。

图2 平衡设计原则下的包袋案例,图片为笔者自制。

图3 变异设计原则下的领巾案例,图片为笔者自制。

图4 闭合设计原则下的领巾案例,图片为笔者自制。

长沙窑内销瓷与外销瓷装饰题材的异同

李 想[①]

摘 要：唐代经济繁荣，国内外文化交流频繁，为大唐学习借鉴外来文化提供了有利的条件与氛围。长沙窑作为一所商业性质的民窑，其迎合消费者的审美喜好，所生产的瓷器销往国内外。本文通过对长沙窑内销瓷与外销瓷装饰题材的比较研究，试图找到长沙窑内销瓷与外销瓷装饰风格形成的原因，探讨唐代长沙窑内销瓷与外销瓷装饰风格的相似之处。

关键词：长沙窑；内销瓷；外销瓷；装饰题材

唐朝时期，中国封建社会繁荣，经济发展迅速，对外贸易、各民族之间文化交流频繁，水陆交通的便利为陶瓷贸易提供了一条捷径。唐代长沙窑位于湘江之畔，盛于中晚唐，终于五代。它是第一个彩瓷之窑，也是第一个将书画艺术和制瓷工艺完美结合的瓷窑。长沙窑兼具国内和海外的双重市场，"长沙窑的外销虽然要晚于邢窑和越窑，但由于长沙窑产品的器形和装饰能适应外销国家的使用和审美需求，因而后来居上，成为我国早期外销瓷的佼佼者"。由此可知，长沙窑不仅受到大唐本土文化的影响，还受到国外不同地区审美风尚的影响。

[①] 李想，1996年生，2020级，攻读硕士学位，主要研究方向为中国美术史论。

一、长沙窑内销瓷与外销瓷装饰风格的形成

长沙窑作为一所民办窑场，商业性分明，其所制造的瓷器迎合国内外消费者的实用效能与审美需求。从贸易角度来看，唐代长沙窑所造瓷器不仅满足同时期国内市场取向，也丰富了国外市场的瓷器需求。由于国内外销售对象的不同，长沙窑内销瓷与外销瓷在装饰题材、器物形制等方面略有不同。在纹样装饰方面，长沙窑瓷器不仅绘有荷花、莲蓬等佛教符号，还有伊斯兰教元素。

（一）多元融合的时代背景

西汉张骞出使西域，打开了华夏通往西方文明之路，从此，东西方文明的交流络绎不绝。通过丝绸之路，唐王朝一直与波斯萨珊朝以及西亚、南亚保持贸易合作伙伴关系。安史之乱后，陆上丝绸之路交通不便，唐王朝开始重视水上贸易。陆上和海上丝绸之路将中国、印度、波斯和罗马这几个文明古国联系在一起，使经济贸易往来和文化交流日益频繁。作为当时最繁盛的国家之一，唐朝以博大的胸怀迎接来自亚欧各地的使者、学人、商旅及宗教人士，同时也以其无比的包容力，吸纳来自世界各地的不同文化，包括各种宗教、艺术和风俗习惯。其中，佛教与伊斯兰教对长沙窑瓷器有一定的影响。佛教自东汉传入中国，至唐代，佛教发展到鼎盛时期，其融入绘画、书法、诗词等各个艺术领域。信仰伊斯兰教的商人通过丝绸之路入唐经商，伊斯兰文化逐渐渗透到大唐的政治、经济、文化各个层面，以至融入大唐的工艺品设计中。

（二）内销瓷与外销瓷的运输路线

长沙窑在江西、江苏、上海等沿途地区均有出土，且长沙窑陶瓷遍布海内外，可见其兴盛场景。针对国内市场，长沙窑主要分为东、西、南、北四条销售路线。东线：长沙窑瓷大量运至扬州后，再转销各地，向东则抵宁波、上海等地。南线：从扬州沿运河北上，长沙窑瓷则可销往安徽、山东等地，安徽、肥东、肥西等市县都有出

土，往南则到福建、广东。北线：经荆襄线路销往中原，即前面所述南北交通的中线，沿途均有长沙窑出土。由洛阳往西则到都城长安。西线：逆长江而上，经三峡进入重庆、四川。

除内销外，长沙窑瓷器还销往东亚、南亚及非洲等世界各地。长沙窑瓷器能广销到 9 世纪的几乎全亚洲各地，并大量地被销售出亚洲以外。[①] 长沙窑的外销主要分为两条线路，一条为东线，即销往东南亚地区的朝鲜半岛及日本群岛，从宁波、扬州等地出港。朝鲜的庆州、龙媒岛都发现有长沙窑，"卞家小口天下第一"的贴花壶即龙媒岛所出。另一条线路是从扬州、宁波出海，经转广州，或直接从广州装船出海，抵东南亚诸国，东南亚是通往西亚的海上必经之路，故在政治、文化及商业等诸方面都有密切往来。西亚是瓷器销售的目的地之一，印尼勿里洞岛北部打捞的"黑石号"沉船，据研究就是运往西亚的，船舱及其附近共找到 67000 多件中国唐代不同窑厂制造生产的瓷器、金银器、玻璃及银锭等货物，其中绝大部分为长沙窑产品。同时，由于路途颠簸，陆路运输容易造成陶瓷碎裂，而唐代已经有了较为先进的造船技术，因此，人们便依靠集装箱易于储藏瓷器的特点，通过海运减少运输中瓷器破损的数量，而且依靠船体可以装载大量的瓷器。

（三）内销瓷与外销瓷的销售对象

唐代长沙窑国内市场和海外市场的消费群体不同，各个地区的审美风尚与价值取向有些许偏差。"长沙窑瓷器的销售对象是广大的市民、农民和一般的世俗地主"[②]，由于其销售对象主要是普通群众，故长沙窑所制造的瓷器多为日常生活器皿。而唐代以前长期统治画坛的多为宗教画，山水、花鸟、世俗人物题材常为宗教画的附属品。随着绘画艺术的发展和宗教意识的逐渐淡化，山水、花鸟创作逐渐从宗教画中独立出来，成为具有独立审美意义的绘画题材。迎合以世俗地主为代表的广大市民的审美趣味，正是长沙窑在产品装饰上适应顾客审美需求的一种表现。

---

① 萧湘. 试论唐代长沙铜官窑瓷器的对外传布 [J]. 求索，1982（2）：95-99.
② 何强. 唐代长沙窑的商品经济意识 [J]. 中国陶瓷，1989（1）：37-39.

二、唐代长沙窑内销瓷与外销瓷装饰题材差异分析

长沙窑内销瓷与外销瓷所针对的销售对象不同，其瓷器装饰风格自然亦有不同。"长沙窑彩绘壶特别是诗文壶以内销为主，而褐斑壶及贴花壶则以外销为主"。[①]
为了改进长沙窑瓷器的美感度，提高长沙窑瓷器的国内外市场竞争力，长沙窑瓷器采用不同的装饰纹样设计，满足国内外不同区域消费者的审美趣味。

（一）唐代长沙窑内销瓷装饰题材

长沙窑内销瓷受到唐代绘画发展与汉唐文化的影响，满足地主阶级市民的审美观念。在装饰题材方面，主要以诗书画结合为基点，饰以人物、山水、花鸟、诗文等题材。长沙窑瓷器人物画装饰受到宗教画及文人画的影响，但人物取材开始脱离宗教，多反映现实生活中的平民形象，以及受民众喜爱的历史人物，其中，有阮籍、嵇康之类的隐士，有乡村中天真活泼的顽童以及边疆民族的胡人。竹林七贤诗文罐的罐腹部，绘有身穿长袍、头戴高冠的两位士人相对而坐，另一侧书"七贤弟（第）一组"及七言诗："须饮三杯万士（事）休，眼前花拨（发）四枝（肢）柔。不知酒是龙泉剑，吃入伤（肠）中别何愁。"[②]从中可知两个人物当是竹林七贤中的两位。长沙窑内销瓷与外销瓷所针对的销售对象不同，其瓷器装饰风格自然亦有不同。

到唐代后期，山水画从人物画中分离出来，但仍有人物故事画的残留痕迹。唐代长沙窑瓷器上的山水画，没有表现为大起大落的磅礴气象，而呈现出具有装饰味道的山水小景，以层层的山峦表现人与自然的亲近、和谐的生命状态，其画面内容更为单纯，已看不出故事的痕迹，而画面则表现较为简洁和放松，往往用几根变幻的弧线来表示山峰。长沙窑址出土的釉下褐绿彩罐，山峦以动态的半圆形弧线层层叠加进行表现，内里以具有颤动笔触的点、线丰富，山峦左右两侧各有一大树陪衬，另有大雁点缀，以点线装饰突出诗与画的意境。唐代时期，花鸟画已经渐趋成熟，长沙窑大量花鸟画瓷器的发现，证明花鸟画在当时民间的流行，且长沙窑瓷上的花

---

① 李建毛.湖湘陶瓷：二 长沙窑卷［M］.长沙：湖南美术出版社，2009：39-40.
② 李建毛.湖湘陶瓷：二 长沙窑卷［M］.长沙：湖南美术出版社，2009：212.

鸟画多为常见的普通的花草、飞禽、走兽，鸟类以麻雀、燕子、鹭鸶最多，走兽以鹿最为常见。其中，花草也不是名贵牡丹，除荷花较多外，绝大部分描绘的是山花、野菊花、竹笋等等。对于雀燕、麋鹿等动物的描绘，艺术家则善于抓取动物瞬间的动态姿势，刻画该动物的形体特征、动作习性，对动物身体各部位的描绘非常准确。长沙窑青釉褐绿彩雀纹执壶上描绘了一只屹立在花朵上的麻雀，麻雀与花瓣均以线条进行表现，画匠错落的笔致，寥寥数笔就勾画出了麻雀的形态；同时，该瓷器上部留有大面积的"空白"，使其像河水又像天空，让观者产生无限的遐想。

诗句装饰是长沙窑较有特色的一种釉下装饰。诗句装饰以行楷居多，一般书写在盘碗的内底及壶流下面的外腹部，有诗歌、谚语、格言、广告等内容，其中，诗的内容非常丰富，涵盖面也极广，有酒诗、情诗、离别诗。目前发现的此类器物共200余件，有描绘春景的五言诗，如"春水春池满，春时春草生，春人饮春酒，春鸟弄春声"；也有言情七言绝句，如"日红衫子合罗裙，尽日看花不厌春。更向妆台重注口，无那萧郎悭煞人。""男儿爱花心，徒劳费心力。有钱则见面，无钱不相识。"长沙窑瓷器道出当时男子贪色、女子爱钱的心态，反映了唐代社会开放的现实情景。这些朴实自然、感情真挚的平民诗，大部分是不见于记载的民间诗歌，是唐代平民生活的真实写照，也是唐代诗歌文化深入百姓阶层的反映。

（二）唐代长沙窑外销瓷装饰题材

在宗教题材方面，长沙窑外销瓷主要运用佛教文化和伊斯兰教文化的装饰元素。宗教艺术包括佛前供器净瓶以及文字题记，如佛教徒喜爱的"佛"字。其中，伊斯兰教教徒常用阿拉伯文书写"安拉的仆人"或"真主最伟大"，以及传达宗教信仰的图形等等。在长沙窑外销瓷器的装饰纹样上，常常能看到莲花纹、摩羯纹、狮纹等反映佛教文化的装饰题材。莲花作为佛教"圣花"，代表着高洁清廉，长沙窑外销瓷器尤其是碗类器物常在器内底描绘莲花纹样，莲花花开数瓣，形态优美。东汉时期，摩羯图案也随着佛教的东传流入中国，至盛唐时期成为陶瓷器的常见装饰纹样。在青釉褐绿彩绘纹碗上，摩羯鱼的形象充斥着整个碗身，其嘴部张开，鼻部弯曲，背鳍高立，鱼鳞上饰以点状物，摩羯四周装饰卷云纹等图样。另外，狮子象征着威武正义，是一种吉祥的瑞兽，狮纹在瓷器纹饰中亦广泛流行，长沙窑外销瓷器的狮纹装饰多与模印贴花工艺联用。

唐代实行开放包容的对外政策，这一时期阿拉伯人经过南太平洋到达广州、泉州等港口城市，在中国进行商贸和传教等，长沙窑为迎合外国顾客的需求和审美，在瓷器装饰纹样上吸收了西亚文化和伊斯兰教的艺术特色。长沙窑瓷器无论是纹饰还是器型，均具有浓郁的伊斯兰因素。[①]长沙窑外销瓷器中有一种带有椰枣纹贴花的执壶，椰枣图案被模刻在器物的双系和流下，具有鲜明的西亚地域特征，青釉褐斑贴花椰枣纹执壶，椰枣纹样整体呈现为"水滴状"，其叶片错落有致，肌理碎小整齐，纹样底部衬有褐色椭圆图案，使瓷器一繁一简，相互呼应。唐代长沙窑外销瓷器纹饰中所呈现出的大量佛教和伊斯兰教文化元素，体现出盛唐时期中国对外来文化的包容和吸收，推动了瓷器装饰艺术的发展。

同时，随着西亚、中亚地区的金银器、玻璃器等工艺品输入中原，联珠纹图案渐为大唐本土所摄取。长沙窑瓷器为了迎合伊斯兰教徒的审美喜好，对联珠纹进行借鉴与吸收，并加以创造性发挥，多以褐、绿彩联珠纹相间使用，组成各种几何图案。联珠纹图案在长沙窑瓷器装饰中有多种表现形式，其一由连珠纹组成带状串珠状，多装饰于瓷器瓶口处；其二以几何图形进行装饰，具有西亚艺术特征；其三是与中国传统意味相结合的点彩装饰。在湖南省博物馆收藏的盘口瓶上，可以见到长沙窑瓷器早期对联珠纹的借鉴与运用，此时的褐绿彩联珠纹图案较为简单。随着制瓷工艺的进步，对于联珠纹的使用更为灵活，在罐、壶两种器型均能见到联珠纹的使用。如收藏于上海博物馆的青釉褐绿彩联朱文罐，以点彩的形式绘制网格形几何图案，中间则绘有圆形点状图案，方圆结合。

长沙窑外销瓷的文字装饰是其一大特色，主要可以分为三个方面。其一，迎合海外市场的宗教需求，书写"乐"字或阿拉伯文；其二，书写诗句，以诗传情，抒发制陶人的情感；其三，利用文字装饰进行自我宣传。伊斯兰教明令禁止对偶像及动物等一切生灵崇拜，在这样的文化环境下，使用文字或抽象性的几何纹样进行宗教活动，成为当时普遍使用的手段。在器物上用阿拉伯文书写可兰经文是伊斯兰陶器

---

① 马文宽. 长沙窑瓷装饰艺术中的某些伊斯兰风格 [J]. 文物，1993（5）：87-94.

的一个显著特点，其既可作为装饰，又具有宗教含义。为更好地迎合顾客的需求，唐代长沙窑外销瓷器中可见大量运用阿拉伯库菲体文字装饰的器物，线条更富有柔性，婉转自如，是另一种风格的书法美，有很强的装饰性。长沙窑外销瓷上题以诗文、警句、宣传语，以增加瓷器的文化内涵，迎合消费者的心理。同时，长沙窑瓷上的书法独具诗意，"一类是出自读书人之手的正宗书法，具有一定的观赏性；一类是出自工匠之手的民间书法，具有一定的趣味性"①，形成正统与野趣相结合的艺术表现，可见长沙窑瓷的书法风格与绘画风格是相呼应的。这些文字非一人或几人所书写的，有楷书、行草、狂草等书体，有的稚拙，有的老练，有的飘逸，有的方正，有的富有激情，有的富有理性，但都与文人书法有别，它们充满活力，用笔简洁，少了一分雕琢，多了一分自然，是一种"典型"的民间书法。

三、唐代长沙窑内销瓷与外销瓷的装饰风格相似之处

（一）图案的写意性

长沙窑瓷器以大写意的手法，表现现实生活中的山水、花鸟、植物及人类自身的形象，在这些设计与构思中，渗透着大唐浪漫主义思想的文化积淀以及人与自然和谐相处的美好理想。"文人创作取材上质朴化、生活化，大抵都是为精神上的艺术创造提供表达的空间。"②唐代从笔法工整、赋色浓丽的工笔画发展为水墨简淡的水墨画，这种绘画中的舒放、豪逸巧妙地运用到长沙窑瓷器装饰艺术中。同时，楚地孕育着灿烂的历史文明，楚人崇尚自然、尊崇凤鸟，因此，长沙窑人认为花鸟、山水都具有感情，充满灵性。长沙窑瓷器纹饰多采用自然中的山山水水，自然质朴，反映出唐代人民追求自然美、生活美的趣味。

---

① 吴珍琪.唐代长沙窑瓷上诗文研究［D］.长沙：湖南师范大学，2020：23.
② 钟海燕，陈素英.唐代长沙铜官窑纹饰艺术特征［J］.美术教育研究，2017（18）：33.

（二）装饰的商业化

完全依托市场的长沙窑，必然比其他瓷窑更多地受制于市场竞争的法则。首先是来自外部的竞争，即长沙窑与其他名窑的竞争。作为新兴的瓷窑，长沙窑在与其他名窑的竞争中明显处于弱势，扬州是长沙窑瓷器的集散地，也是全国各大名窑产品的集散地。长沙窑产品要在扬州集散，必受到越窑、洪州窑、寿州窑、邢窑、巩县窑等老牌名窑的冲击。长沙窑的外销又必须途经商品经济最发达的吴越地区，自然又要受到号称"南青"代表的越窑的阻击，因为越窑产品的质量、数量均居南方瓷窑之冠，又具有明显的地理优势。在这种形势下，长沙窑欲求得生存，必须在产品制作上另辟蹊径，故长沙窑选择了有别于其他窑的彩瓷之路。此外，充分利用价格优势，长沙窑与同时的越窑相比，价格相差悬殊。由于越窑有上贡之义务，或承接官府的"下样订烧"，故以质量为首务，成本相应提高，其为完成上贡或订烧产品，作坊往往以十倍或更多的数量烧造，待官府遴选后再投放市场，故市场的定位也很高。而安史之乱后，社会动荡不安，长沙窑为确保市场占有率，采取部分产品定价走低的策略，占有平民市场。

四、总结

长沙窑瓷器与国内外市场的紧密结合，决定了其陶瓷装饰既不同于宗教画的严谨，也不同于文人画的雅致。长沙窑瓷器适应国内商品经济的迅速发展以及国外市民阶层的审美趣味，其陶瓷装饰并非某一种文化审美的体现，而是唐代浪漫主义、禅宗佛教文化、伊斯兰文化等多元文化的融合。长沙窑瓷器使用对象是广大的中下层平民，在绘画选材上长沙窑瓷较之宗教画、文人画更为广泛，也更贴近民间和社会现实，在很大程度上可以说代表了一种市民文化。长沙窑内销瓷采用诗书画结合的方式进行装饰，运用山水、花鸟、诗文表达内心情感，充分反映出唐代人们的审美理想，故深受广大平民的喜爱。而长沙窑外销瓷针对的受众群体不同，瓷器上的装饰纹样也随之变化。长沙窑外销瓷多受到南亚佛家文化与西亚伊斯兰教文化的影响，多以具有象征意义的动植物形象来满足海外消费者的审美追求。但是，无论长沙窑瓷器是内销还是外销,其制造者都是唐代的画匠,瓷器上无一例外都呈现出大唐的乐舞精神与个性释放的艺术气质,以诗意的笔墨和线条体现出古风雅韵的湘楚文化及多姿多彩的大唐文化。

参考文献:

[1]冯先铭.中国陶瓷[M].上海:上海古籍出版社,2001.

[2]萧湘.试论唐代长沙铜官窑瓷器的对外传布[J].求索,1982(2).

[3]何强.唐代长沙窑的商品经济意识[J].中国陶瓷,1989(1).

[4]李建毛.湖湘陶瓷:二 长沙窑卷[M].长沙:湖南美术出版社,2009.

[5]刘淼,胡舒扬.沉船、瓷器与海上丝绸之路[M].北京:社会科学文献出版社,2016.

[6]马文宽.长沙窑瓷装饰艺术中的某些伊斯兰风格[J].文物,1993(5).

[7]吴珍琪.唐代长沙窑瓷上诗文研究[D].长沙:湖南师范大学,2020.

[8]钟海燕,陈素英.唐代长沙铜官窑纹饰艺术特征[J].美术教育研究,2017(18).

梅森瓷器装饰中的"蓝色洋葱"图案

刘　杨[①]

摘　要： 中国是最早使用和制造瓷器的国家，大约在 8 世纪末期，瓷器便承载着深厚的中国文化与独具特色的审美表现出口至日本、韩国等国家。大约 18 世纪，中国瓷器以极高的艺术价值和收藏价值在欧洲艺术品市场引起人们广泛的关注，艺术家和手工业者们更是踊跃投身钻研，试图破解中国瓷器的制作秘方和成分配比，一场关于中国瓷器的复制与模仿活动就此展开。本文从梅森瓷器中"蓝色洋葱"图案入手，溯源"蓝色洋葱"的产生，对中国式审美在异域的演变特征与成就作完整深入的理解。

关键词： 瓷器；梅森瓷器；蓝色洋葱

一、梅森瓷器的诞生

瓷器，自古以来便是中国文明的标志性产物。自古至今，社会中就流传着诸多与瓷器有关的贸易、文化交流等故事。当中国瓷器通过贸易出口至欧洲，其充满中国风格特色的图案和独特的艺术形式随即带给欧洲人独特的异域审美体验。在欧洲社会，瓷器成为一种珍贵的奢侈品，带有上流社会中财富与声望的象征意义，其受欢迎程度甚至比肩黄金，君主贵族不仅争相购买，还纷纷在宫殿中建造专门用于存

---

① 刘杨，1995年生，2020级，攻读硕士学位，主要研究方向为艺术设计。

放和展示以中国瓷器为主的瓷器收藏室。

梅森瓷器的核心人物当属波兰国王奥古斯都二世，他对梅森瓷器的产生与发展起着重要的推动作用，是推动欧洲梅森瓷器产生与发展最坚定且强有力的支持者之一。他热爱、迷恋来自中国的精美瓷器，斥巨资建造精美的教堂用于存放自己收藏的中国、日本瓷器。据资料，1717 年，他为收集中国康熙时期 100 多件青花龙纹将军罐瓷器，以 600 多名骁勇善战的近卫骑兵与普鲁士国王腓特烈·威廉一世进行交换，行为既大胆又疯狂。从这个疯狂的交换行为可以看出，彼时欧洲人对于中国瓷器的推崇已经达到了迷信的程度。但奥古斯都二世对于瓷器的喜爱绝不限于瓷器的收藏，他在瓷器研发上也表现出极其浓郁的兴趣与远大志向。为了破解中国的制瓷秘方，他下令召集大量的能工巧匠，甚至囚禁炼金术士约翰·弗雷德里希·伯特格尔，强制其参与仿制、制作中国瓷器，在经过无数次配比试验和烧制之后，炼金术士约翰·弗雷德里希·伯特格尔发现了中国瓷器的秘方，掌握了制作瓷器的核心技术。终于在 1708 年，第一块硬质瓷在梅森被研发成功，真正的欧洲瓷器就此诞生。约一年后，梅森瓷厂在奥古斯都二世极力促成下于德累斯顿附近的梅森落成。

二、"蓝色洋葱"图案的产生

在中国，瓷器装饰纹样题材丰富多样，常见的有龙、凤、鱼、蝙蝠等动物图样，有梅、兰、竹、菊、石榴等植物纹样，还有山水风景等纹样，每一种纹样背后都有着特殊的含义，或多或少阐述着宗教信仰，传达着中国式的美学观念以及一些对于美好生活的愿景，可谓图必有意，意必吉祥。起初的梅森瓷器，一直在极力模仿和借鉴中国瓷器的样式与装饰纹样，例如梅森瓷器厂的重要项目——仿制青花瓷。随着制瓷技术的娴熟，欧洲人开始在借鉴中国纹样的基础上尝试研发属于自己的釉料和样式。大约在 18 世纪中期，梅森瓷器在汲取养分与消化吐纳中逐渐显现出自身独特的风格式样，推出了著名的蓝色洋葱系列碗碟。

（一）图案原型

18世纪初，欧洲工艺美术领域掀起一股关注和效仿中华艺术的潮流。彼时，蓝色的青花瓷被奉为欧洲市场中紧俏的珍品，浓淡之中藏着东方韵味，虚实之中显示着笔法功夫，欧洲社会笼罩在这种调和而雅致的东方审美之中。在此阶段以及梅森瓷器厂创立后的三四十年的发展中，梅森瓷器一直以中华瓷器为蓝本对材质以及纹样进行仿制。"蓝色洋葱"图案原型即来源于中国康熙年间青花瓷盘画中描绘的石榴、桃子和修竹。在中国文化中，石榴多子的自然特征寄托了人们对于"生育"和"繁衍"的美好愿望，桃子象征着人们对于长寿的追求，修竹象征着君子高贵的品质。但凡仿制，多多少少都会出现偏移，欧洲的能工巧匠在模仿和借鉴中以浓郁的钴蓝为主调，效仿青花特色，在白色瓷器表面上对花卉、果实以及植物等图案进行描绘，刚画好的图案呈灰色，经由上釉以及1450摄氏度的高温烧制后，钴蓝料融入釉面在瓷器表面形成钴蓝色的图案纹样。由于东西方文化的差异性，原型纹样所内蕴的美好愿望以及语义在传播过程中逐渐丢失、偏移，图案最终演变成为"蓝色洋葱"。

（二）"蓝色洋葱"纹样的构成

"蓝色洋葱"其实是一个组合图案，由洋葱、桃子、雏菊、竹子和各种花卉等植物构成。如仿清代青花瓷盘的梅森瓷盘，盘子的边缘部分由四组带有四片菱形叶子的桃子和带卷蔓的洋葱形状组成，每组洋葱和桃子之间用一正一反两朵卷蔓小花间隔起来，其中带叶桃子的果蒂紧贴盘子的外边缘线，洋葱图案紧贴边缘内线，元素之间旋转排列。在最边缘的果实与中心图案的中间部分，由简化的类似于荷花一样的图案与一系列弯曲有序的缠枝纹花边组成装饰带，每三个缠枝纹由荷花隔开。盘子的中心靠右部分是一朵向着盘心开放的复瓣雏菊，下方连着一小朵小莲花，左边的藤蔓上，三朵小花为一组，富有韵律地缠绕在竹子枝干上。植物低端由对称的锯齿形状宽叶和一朵牡丹花进行装饰。从图片可以看出，"蓝色洋葱"纹样具有高度的程式化和装饰特色，在构图上排列得非常饱满，洋葱、桃子、雏菊、竹子各个元素在排列上既均衡又生动,图案在勾画的过程中突出了青花柔和的色彩韵味,线条晕染也有一定的浓淡变化和节奏感,尤其是在间隔的花果卷蔓小叶子的边缘部分,色彩的浓淡处理,使得植物十分生动鲜活,蓝色洋葱保留了东方瓷盘基本的构成形式,装饰元素相对来说也更加丰富,开始注重外在的形式美,而非原本的象征性寓意。

(三)"蓝色洋葱"图案的演变

随着工艺技术的提高,梅森瓷器公司开始对纹样中石榴、花卉等造型进行加工转换,采用更加细致的手工刻画技巧来制作"蓝色洋葱"图案的同时,引入了更多的颜色和细节来表现图案的层次感和立体感。在发展过程中,"蓝色洋葱"以石榴图案为原型被加工衍生成真正的洋葱纹样,在瓷盘中以成组、旋转的方式进行排列,整个图案在富有装饰性的同时带有高度的平衡感和动感。

1725—1730 年间,梅森瓷器厂对一款来自中国的瓷盘进行仿制,蓝本由各种花卉以及藤蔓植物组成单个纹样图案,纹样元素互相勾连,单个图案呈现镜像对称,布局适型旋转,环绕均衡富有秩序,各花卉植物带有自身特殊的文化象征意义和中国书画中的"气""韵"之味,极富美感。仿制的结果,从表现形式上来说,图案较于蓝本是趋向于简化的。花卉植物的造型特质在仿制的过程中被简化,特质偏移,瓷盘边果实和花卉勾连的环形装饰带移至瓷盘中心纹样与边缘纹样之间,原本以石榴为轴互相对称的复杂植物纹样被翻转排列的简洁的藤蔓枝叶取而代之,失去勾连功能。原有的三组花卉造型被转换成四组洋葱、桃形纹样,旋转排列,原本单组纹样的镜像结构被旋转排列的布局所替代,中央竹子上缠绕的蔓藤曲度减弱,原先密实富有层次的菊花造型被简化成单层。中间的两片锯齿形状宽叶,线条较之前变得柔和,形状圆润呈对称分布,花卉自然形态间的呼应与勾连消失,纹样失去属于中国式的自然"生气",在图案的程式上摆脱了中国式审美的桎梏,呈现出均衡稳定的欧洲化样式,"蓝色洋葱"在形状与命名上得到真正意义上的统一。

到 18 世纪下半叶,欧洲的瓷器市场中出现了一批色彩与"蓝色洋葱"相异的瓷盘。色彩选取更加丰富多样,色彩氛围变得更加热烈、奔放。以镀金彩绘装饰方式对洋葱图案进行表现较为常见，除此之外，还有红色的洋葱图案。镀金效果给人一种金碧辉煌、热烈繁复的感觉，红色给人以隽永的感受，这种色彩、材料的搭配形式打破了之前单色青花温润而又呆板的形象。这个时期"蓝色洋葱"图案的镀金再装饰较于初期简化的"蓝色洋葱"在构图上更加饱满。

在 19 世纪上半叶，梅森瓷器厂经历了一场经济危机，被迫停工休整。然而，随着政治动荡的结束，这种图案在动荡结束后又重新流行起来。到 19 世纪下半叶，梅森瓷器的装饰手法进入一个新的阶段，这期间从中国风格演变而来的"蓝色洋葱"发展得更加成熟，还有了更新的发展。"蓝色洋葱"在欧洲社会引起了前所未有的关注，在装饰特征上，"蓝色洋葱"图案常以富丽堂皇的镀金效果进行勾边处理，并使用珊瑚色在"蓝色洋葱"图案上绘花、叶等图案，进行更加精细的装饰，这样的"蓝色洋葱"在当时被称为"富丽蓝色洋葱"。这个时期图案的装饰基本上尊重了"蓝色洋葱"图案稳定的构架，并对细节进行了更加精致化的处理，相比 18 世纪的热烈繁复的镀金、赋彩，表现出点缀性和节制性。例如，高亮度的镀金处理主要是强调洋葱的线条，突出"蓝色洋葱"图案中线条蜿蜒卷曲的美感。珊瑚色绘制的花叶也降低了颜色纯度，极富节奏感地跳跃在主题图案之间。通过多条描金弧线强调洋葱本身的生长纹理，简化洋葱形象的特征，与此同时细腻地勾画描绘桃子形象，两种纹样在处理上均没有依据植物特性而进行。这个时期的蓝色洋葱图案以一种高度和谐的方式存在于瓷器装饰之中。

综上，装饰纹样的推陈出新和真正变革往往需要外来文化的刺激，随着东西方物质交往变得频繁而深入，中国文化和审美思想在人口迁徙、贸易、征服和宗教的传播中沿丝绸之路传入欧洲大地，使以瓷器为代表的东方风格样式在外域文化中展现出无数可能性。"蓝色洋葱"纹样作为梅森瓷器创作中十分经典的植物纹样装饰主题之一，从"石榴、桃子、修竹的三者组合变体"到"蓝色洋葱"，以自身为镜，为我们折射出中西艺术文化间的碰撞、渗透以及更新，也见证着中国装饰文化以及东方风格样式在异域的吸收和演变。虽然发展中的"蓝色洋葱"已经脱离了东方瓷器中原有的象征意义以及美好祝愿，但它仍然是西方美学符号借鉴东方装饰艺术的有力证据，它让我们看到了一种欧洲对自身传统和对东方想象的再创作的完整过程。

三、结语

中国文化对于欧洲人来说，是一种迥然不同的文化，分属不同的文明和系统，二者之间的差异是绝对的，纵观丝绸之路上的瓷器传播史，中国瓷器发展对欧洲产生了非常大的影响，但欧洲艺术风格的演进有自身的发展规律，梅森瓷器中的"蓝色洋葱"起步于西方人对东方情境的想象，发展出东西方融合的装饰元素，既体现了文化传播中审美的偏移与差异，也反映了梅森瓷器的开拓创新过程。德国人对瓷器的执着探索、精益求精的工匠精神是值得我们学习的，"蓝色洋葱"纹样是欧洲瓷器"中国风"热的一种体现，更是东西方瓷器装饰艺术相互影响与碰撞的结果。① 几百年间，制瓷技术与艺术在东西方流转，思想与文化在互传中交融，无论德国梅森"蓝色洋葱"源于"中国纹样"还是"独立设计"，它早已是属于欧式瓷器的装饰元素，并映现了欧洲的视觉审美趣味。从中国出发的瓷器，如今正承载着新的艺术内涵返回中国并带给中国瓷器新的艺术启迪，对梅森瓷器的了解，对梅森风格瓷器发展的梳理，都让我们可以更好地回望中国瓷器的过往，更好地认识自己在世界瓷器发展史上的位置，更好地发展中国瓷器。

参考文献：

［1］宋广林.麦森窑早期瓷器的中国装饰艺术风格初探［J］.装饰，2011（9）.

［2］张健.手工艺的价值：迈森的传奇［J］.美与时代，2006（9）.

［3］王才勇.中华艺术走进梅森瓷画的三种方式［J］.河南社会科学，2019（12）.

［4］王才勇.从18世纪梅森仿中华与东洋瓷看中欧、日欧及中日美术文化［J］.学习与探索，2021（5）.

［5］王成三.模仿与创新：中国产梅森风格瓷器［J］美成在久，2020（3）.

---

① 李璠.18世纪德国麦森瓷器"蓝色洋葱"图案研究［D］.北京：中央美术学院，2015.

唐代螺钿漆器及其髹饰工艺在日本的传播与影响

彭欣岳 [①]

摘　要：漆艺在中国有着悠久的发展历史，丝绸之路及其对外贸易为中国古代的漆器及其髹饰工艺、思想文化的传播提供了重要的途径和契机。随着遣唐使、留学生以及僧侣的不断交流和互通，中国盛唐时期的艺术珍品、文化风貌在日本广泛流传。其中，唐代螺钿漆器传入日本，对日本的社会生活以及文化形态产生了深远的影响，也为日后的漆艺发展奠定了坚实的物质和文化基础。本文主要通过唐代螺钿漆器在日本的传播展开论述，以发掘螺钿镶嵌工艺的艺术价值及其对日本漆艺发展的具体影响。

关键词：海上丝绸之路；唐代漆器；螺钿镶嵌工艺；正仓院

中国的传统文化历史悠久、博大精深，自古就与周边很多国家和民族有着直接或间接的交流。丝绸之路是古代中国文化走向世界的通途，也是世界文明交汇的重要通道。中国文化对外交流不仅通过丝绸，还包括漆器、瓷器、建筑、家具、绘画等多种载体。从汉代起，中国漆器便开始传入日本，从此中国以漆器和丝绸为载体的古代器物文化深深地影响着他们的日常生活和审美观念。

---

① 彭欣岳，1998年生，2020级，攻读硕士学位，主要研究方向为艺术设计。

一、海上丝绸之路——唐代漆器传播概述

丝绸之路及其对外贸易为古代中国漆器及其髹饰工艺、美学思想、价值观念的传播与输出提供了重要的途径和契机。宋代以前，由于交通工具的限制，中国的对外贸易还比较有限，无论是陆上交通还是海上交通，中国对外贸易的目的地都非常远。所以，唐代漆器传播的最主要途径是通过海上丝绸之路传入日本、韩国、东南亚和南亚等多个国家和地区，以及陆上丝绸之路的中亚和西亚各国。唐代中国国力强盛，经济繁荣，日本曾多次派遣唐使到中国交流学习，从此中国儒道文化以及外来的佛教文化就在日本扎下了根，大量的漆器珍品也随着遣唐使的交流和物品的运输传入日本，这些漆器制作精美、色彩雅丽，广受日本民众的追捧。同时，在漆器传播的过程中，鉴真和尚作为盛唐文明传播的主要贡献者，东渡日本的时候带去了不少唐代漆器和绘画作品，日本开始掀起"唐风"，模仿和学习盛唐的漆工艺或者绘画风格，日本的漆器艺术也因此发生了极大的变化。唐代漆器与髹饰工艺的传播，使日本的漆艺取得了历史性的突破，也为中国与东亚的漆艺文化的发展做出了杰出的贡献。

由此可见，漆器在古代丝路贸易中占有重要的地位，它不仅是物质文明的象征，还是文化认知的结晶。根据考古资料记载，我国漆器髹饰工艺在唐代几乎全部传入日本，其中，日本正仓院藏有许多我国唐代螺钿镶嵌、金银平脱、密陀彩绘等漆器珍品。"由于这些漆器与正仓院收藏的其他工艺品代表了奈良时期日本工艺的最高水平，因此正仓院几乎被用作奈良工艺美术的代名词。"[①] 日本对唐代漆工艺的全面引进和吸收为日本漆艺发展提供了重要的保障，日本漆工艺在我国漆器髹饰工艺的基础上，得以迅速发展。

二、传入日本的唐代螺钿漆器及其髹饰工艺

（一）螺钿镶嵌髹饰工艺

螺钿是一种质地优美、润泽雅丽的装饰材料，包括珍珠贝、白蝶贝、鲍鱼贝、夜

---

① 陈伟.中国漆器艺术对西方的影响［M］.北京：人民出版社，2012：79.

光螺等不同色泽和质感的贝类。螺钿镶嵌工艺充分利用大漆具有黏合加固的特点，将经过研磨、裁切的螺钿片镂刻成植物、人物、动物纹饰，再组合排列成完整的图案镶嵌于漆器表面。现在所用的螺钿材料多是已经加工好的平片，在漆器的表面使用适宜画面的螺钿进行装饰，使得漆器的色彩更加绚丽夺目、引人入胜。螺钿镶嵌工艺反映出唐代工艺技法与人文精神的融会贯通，体现出唐代漆艺创作者们审美智慧与思想观念的高度结晶，这种传统漆工艺已经成为传承最为久远的髹饰工艺。

唐代时期的螺钿镶嵌工艺有了进一步的发展，尤其是作为铜镜背面的装饰。镜背用漆灰铺底，然后在上面镶嵌螺钿纹饰，所用的厚螺钿形状概括，细节刻画用肌理表现，呈现出华丽而优雅的视觉效果，时代特色鲜明。1955年在洛阳唐墓出土的一面唐代人物花鸟纹嵌螺钿漆背镜，运用厚螺钿镂刻人物、花鸟、树和月，并将其镶嵌成一幅美妙的装饰画，反映了隐逸作乐的景象。画面上方一棵花树，树梢一轮明月，花树的两侧有两只游翔的禽鸟和鸣舞的鹦鹉，在树脚的左边蹲坐着一只猫；镜钮左右，两位老者席地而坐，左侧老者手弹阮咸，右侧老者手持杯盏，面前一鼎一壶，相对弹饮；身后有一位双手捧盒的侍女；近景一只仙鹤翩然起舞，池内的鸳鸯有的站着，有的在浮游，姿态各异。画面空间错落有致地飞满花瓣。整个画面刻画生动，充满了浓郁的装饰色彩，毛雕和花纹刻画细致，可谓唐代螺钿漆器中较为典型的一面漆镜。

由于所裁切的贝壳厚度不同，螺钿可分为厚螺钿和薄螺钿两种。唐时期，厚螺钿工艺使其装饰大气而华丽；唐宋以后，薄螺钿工艺的出现使漆器装饰更为雅致，纹饰也更为复杂。工艺的进步促使薄螺钿的装饰形式更加细腻、生活化，发展至明清时期，装饰题材已经十分丰富。总体来看，唐代螺钿镶嵌工艺在传入日本以后得到了广泛而深远的发展，以至于后来形成了日本漆器工艺独特的风格，并一度作为最具日本民族特色的传统工艺品赠送给他国。总体上来看，螺钿漆器可以说是中日文化交流的有力见证。

（二）日本正仓院与唐代螺钿漆器

奈良时期，圣武天皇在日本奈良市兴建东大寺及正仓院，以迎接鉴真和尚前往日本。正仓院原为日本奈良时期的仓库，位于奈良市东大寺大佛殿西北面。正仓院内所藏文物种类繁多，主要包括乐器、兵器及服饰等日常生活用品，其中一半以上来自中国、朝鲜等国，最远有来自波斯的宝物。从正仓院现存的漆器、建筑、雕刻以及绘画作品中，我们可以看出日本奈良时期工艺美术的精神内涵。比如从动物图案来看，在器物装饰中广泛吸收了龙凤、骆驼、孔雀、狮子、大象等纹饰；从植物图案来看，各种雕刻、漆画屏风中也广泛使用中国唐代的松、竹、梅等纹饰；此外，他们也吸收了以宝相花为代表的各种植物以及用组合方法形成的各种狩猎图案或纹样。这些综合性的图案形式构成了奈良时期工艺美术品装饰风格的一个重要特点，也使这些工艺品呈现出朝鲜、中亚、西亚等地的色彩特征。总体来说，正仓院可以说是保存最全面、最丰富、最有价值的唐代艺术珍品的宝库，唐代螺钿漆器是其中重要的组成部分，这些漆器珍品代表着唐代漆工艺在中国古代发展进程中的历史地位和独特的影响力，具有极高的艺术价值和文化价值。

　　日本正仓院所展览的唐代厚螺钿漆器不仅反映了大唐经济的繁荣和国力的强盛，而且表现出大唐在中日文化交流所形成的优越性。螺钿铜镜基本只见于唐代，在传入日本的唐代螺钿漆器中，唐代平螺钿背八角镜和唐代螺钿玳瑁八角盒可以说是厚螺钿漆器的典型代表，看似繁复的螺钿片在传统审美原则的指导下，组合排列，使螺钿适应器物的整体空间以构成和谐的图案。除了具有代表性的漆镜和漆盒，在乐器等日常器皿上也兴起了嵌螺钿装饰，尤其是五弦琵琶和阮咸在当时十分盛行。例如现藏于日本正仓院的唐代螺钿紫檀五弦琵琶，正面装饰人物花鸟、珍禽异卉，具有道教色彩，上端飞鸟环绕树的四周，人物骑坐在双峰骆驼身上，界外山间饰以花草。人物身着胡服，高鼻深目。背面由螺钿镶嵌出鸟蝶、花草以及云纹，宝相花的花心和叶心间以粉末和金线描绘，其上再罩以琥珀和玳瑁，在不同色泽的透明螺钿片中显现纹饰美。漆色的黑与螺钿的色彩使得整体深沉、含蓄，极为瑰丽精巧。又如唐代螺钿紫檀阮咸，其圆形琴面上以螺钿、琥珀和玳瑁镶嵌出双鸟衔珠图案。两只鹦鹉背部向外、头部相对、嘴中各衔串珠环绕上下两边，中间饰以正面的宝相花，构成一组完美的圆形图案。由此可见，漆器与中国古典乐器相交融，延续着中华民族源远流长的漆文化，也彰显出东方的文化意蕴与独特的艺术风格。

　　随着时代的发展，任何一种漆器都蕴涵着不同时期的文化、生活和思想观念。"如果追溯到汉代或者更远的时代，当时只是为简单的生活需要而以漆器、丝绸等用品交换所需的用品，而到了唐宋和元明清时期则出现了越来越多的纯观赏性的漆器艺术品。"①从整个发展历程来看，中国的漆器艺术从实用价值逐渐走向审美价值。日本正仓院所藏的螺钿漆器珍品直观地反映出唐代螺钿髹饰工艺和漆艺文化的历史发展与进步。世界范围内个别博物馆也有少量唐代螺钿漆器存在，而日本正仓院是保存中国螺钿漆器最好的博物馆。总体来说，唐代螺钿漆器实现了其继往开来的历史使命，更为今后的漆艺发展奠定了坚实的物质基础和文化基础。

三、登峰造极——唐代螺钿漆器对日本的影响

中国与日本之间的贸易往来是相互的，文化交流和艺术思想的交流是相互的，中国与日本漆器之间的影响也是相互的。但总体来说，中国漆器对日本的影响更为久远和深刻，不同时期影响的范围和途径都不尽相同。日本漆器随着工艺技法的进步而具有逐渐完善的形式美感，然而这种形式美感往往赋予了鲜明的时代特色。无论从髹饰工艺还是装饰图案，漆器所呈现出的典雅华丽、自然质朴满足了人们的物质需要和精神需要。

（一）漆器工艺

自唐代以来，日本大量引进中国漆器，然后仿制、改进。日本漆器髹饰工艺自唐代漆器传入以后得到了长足的发展，如螺钿镶嵌、金银平脱、密陀彩绘、夹纻造像，以及，末金缕即当下日本最负盛名的莳绘工艺，显示出金银色泽，极尽华贵。日本在发扬民族传统文化的同时吸收外来文化，即对于中国漆艺文化的吸收是一种改造的吸收。根据资料记载，1974 年日本外务大臣大平正芳赠予毛泽东主席一件莳绘螺钿葫芦纹长方盒，其盒面为黑漆地起的葫芦图案，葫芦以螺钿装饰而成，璀璨夺目，生动可爱。轻枝蔓绕的葫芦藤茎采用莳绘髹饰工艺，而葫芦藤叶则兼用莳绘和针刻技法，叶脉逼真，显得生机盎然。洁白的葫芦纹与黑色的漆地形成强烈的色彩

---

① 陈伟. 中国漆器艺术对西方的影响［M］. 北京：人民出版社，2012：1.

对比，金色的枝蔓作为过渡恰到好处，产生了奇妙的艺术效果，也彰显出漆器华丽精美、多元包容的艺术价值。

（二）装饰风格

螺钿镶嵌的艺术效果虽然区别于其他髹饰工艺，但是漆器中不同髹饰工艺的表现形式是共通的。螺钿漆器上的图案往往细致精美、构图巧妙，有的还具有一定的情节和叙事性。唐代螺钿漆器中的图案十分丰富，其中大多是花鸟山水、亭台楼阁、人物故事画面，人们根据图案内容及大小的需要，将螺钿片打磨成所需的形状，再经过组合形成图案镶嵌在器物上，图案上小的细节则可以通过划纹来刻画。日本在学习和钻研中国漆艺的过程中，广泛吸收中国唐代时期的云纹、植物纹、动物纹、几何纹等传统装饰图案；同时，中国的水墨山水画也是日本漆器常用的装饰图案。唐代螺钿漆器的传播不仅直接影响了日本的漆器髹饰工艺，还间接影响了漆画屏风、建筑装饰画以及其他工艺品的装饰风格。唐代的审美准则一直潜移默化地指引着日本的艺术创作者们。通过不断的变形组合和不同的表现方式，日本在本民族审美意识的基础上逐渐形成独有的和式风格。

（三）文化形态

从汉代起，中国漆器艺术开始传入日本。唐代即日本奈良时代，是唐文化在日本传播的辉煌时期，此时唐代漆器在日本飞速发展并广泛影响了人们社会生活的各个方面。日本天皇对盛唐文化十分着迷，甚至其宫内陈设、衣饰器物、文娱游艺等御用日常生活物品，多为出自唐代或者仿制唐代的时代产物。通过正仓院的宝物，可以清晰地看出唐文化对日本文化的深远影响，如螺钿镶嵌髹饰工艺自唐代传入日本以后便被日本一直完好保存并沿传至今。到了江户时代，日本开始形成自己的独立体系，以莳绘工艺崛起而立足于漆艺界。在某种意义上，莳绘不仅是日本传统漆艺中最具代表性的髹饰工艺，而且是日本漆艺反超中国的标志性工艺。近代以来，日本漆艺除了保持自身的风格，也紧跟世界的发展趋势。从传统来看，日本工艺吸取了东方民族的文化特征；从现代来看，日本也追随欧美审美取向。经过历史的沉淀和时间的推移，日本漆艺跻身世界前列。如今，日本已经成为一个漆器大国，可以说漆器是日本文化的重要象征。

四、结语

中国与日本的漆艺在整个工艺美术史中占有重要的地位，它们不仅仅是影响了周边国家，而是影响了全世界。在这个过程中，中日两国的文化交流起到了至关重要的作用，中国漆器传播到日本，带去的不仅是器物本身，还有漆器的髹饰工艺和装饰风格。中国唐代漆器的传播既是文化交流的形式，又是与世界交融、互通与增益的过程，它具有中华传统文化输出的典型意义与丰富内涵。随着日本政治形势的变化，以日本遣唐使的中断为界线，客观上给日本漆器风格逐渐由"唐风"发展为"和风"创造了条件。但是，这一时期中日文化交流并未完全中断，中国与韩国的往来仍然会对日本产生间接的影响。

注：该论文略作调整后已发表于《美术文献》2022年第2期。

参考文献：

[1] 陈伟. 中国漆器艺术对西方的影响[M]. 北京：人民出版社，2012.

[2] 王世襄. 中国古代漆器[M]. 北京：生活·读书·新知三联书店，2013.

[3] 傅芸子. 正仓院考古记[M]. 上海：上海书画出版社，2014.

[4] 胡玉康，潘天波. 汉唐丝绸之路漆艺文化研究[M]. 西安：陕西师范大学出版社，2016.

敦煌藻井色彩元素在现代丝巾设计中的应用研究

翟齐婧[①]

摘　要：敦煌藻井作为中国古代建筑结构形式之一，其纹样内容丰富、纹饰精美、色彩典雅丰富，是敦煌文化的精华，具有极高的艺术审美价值和应用价值。从设计学角度出发，借助现代设计手段，对藻井图案的色彩进行典型性分析，提取出其内涵与价值，进行色彩特征和象征意义分析，总结其色彩运用规律。结合当今消费者的审美认知，将创新设计方案应用于丝巾创新设计中，使产品既符合现代消费者审美需求，同时又具有民族特色与文化内涵。研究对于敦煌藻井文化的保护有一定裨益，也为图案色彩在现代设计中的活化创新应用提供了方法参考。

关键词：敦煌藻井；色彩元素；创新设计；现代丝巾

藻井形制优美，边饰承袭了垂幔与华盖的形式，内部由各式散点纹样构成边饰，形成了丰富的色彩效果。隋唐敦煌壁画中的色彩主要采用的颜料为天然无机矿物颜料，色彩多样且相对稳定，但经过数千年的洗礼，这些颜色已经被氧化而褪色。虽然不再像以前那样艳丽多彩，但氧化的黑色和深褐色降低了敦煌色彩的整体亮度，反而给人一种更加庄重严肃的感觉。不同历史时期的敦煌色彩有着鲜明的差异，根据颜色特点，可分为早期（隋代）、中期（隋末至唐初）进行研究分析，本文主要将中期敦煌装饰图案色彩作为探究对象。

---

① 翟齐婧，1997年生，硕士研究生，主要研究方向为视觉传达设计。

一、敦煌藻井色彩概述

在经济文化发展繁荣的隋唐时期,其文化包容开放。这一时期是敦煌色彩过渡和转折的一个重要时期,华丽细腻的手法对整体的色彩起到一个很好的控制作用,从而给人一种庄重严肃的视觉感受,并且高长调或中调色彩给人的感受是积极乐观的。敦煌装饰色彩在早期阶段的特点主要体现在西域文化及中原文化的相互交融与碰撞下,呈现出朴素淡雅的感觉。图案形制规整,对比强烈但又和谐统一,颜色大多以土红为主色调,并伴有石青、石绿、深赭、黑、白等颜色。[①]

隋代在图案装饰色彩使用方面,出现大幅度增加冷色系色彩的现象,并且逐渐成为图案的主色,暖色则成了衬托和点缀。同时,局部贴金色彩采用了明亮清晰的曙红和赭色,在突出画面构成的同时起到协调画面的作用,在保留对比色之间产生缓冲和调和效果的基础上,让画面看起来更加美观细腻。

隋代的龛楣多以深色为底,植物形象和火焰图案用青色、土红色和土黄色来描绘,龛梁大多以土红、石青、深褐、石绿等颜色来做区分,使色彩具有强烈厚重之感。隋代龛楣图案土红色的比例较少,主要以石绿和石青为主。因为暖色和冷色之间对比强烈,使得土红色在青绿色调中更加突出。同时为了起到统一色调的作用,还使用了少量的深赭色和白色,在画面中用以平衡色彩关系。

自初唐以来,敦煌藻井中的很多色彩和图案形式都来源于自然,采用退晕点色的方法,使得色彩的过渡变得非常自然。同样为使色彩层次更丰富,以青绿为主,红、褐、黑、白为点缀。淡化光晕的手法自盛唐以后更加炉火纯青,色彩层次变化愈加华丽。以赭石为主色,米黄色、石绿、曙红等颜色作为点缀。以退晕手法作为辅助使得色彩由浅入深,效果过渡自然。颜色多变且画面效果和谐统一。各种颜色穿插使用,对比色的过渡填充由中间色来调和。

盛唐和晚唐时期藻井图案形成稳定均衡的构图形制。因为盛唐时期佛教艺术完成了汉化和世俗化的过程,进而成就了敦煌石窟中最辉煌丰富的装饰图案。用红绿等互补色对比灰色和棕色,使得色彩纯度更高,变化更多样,实现从唐初的和谐

---

① 罗建华.敦煌图案色彩规律研究[J].安徽文学(下半月),2008(3):149.

到盛唐的亮丽明艳。唐代壁画色彩的装饰效果较强，但不同时期有明显的差异和共性，如土红、土绿的用色增多，构图丰富饱满，图案装饰性更强，色彩多样且纯度更高。中唐以后因为灰绿色、赭红色、深棕色的增多，所以色彩饱和度降低，逐渐向典雅过渡，开始出现以浅色为底的现象。

二、敦煌藻井色彩的内涵与价值

（一）文化内涵

经过历史的沉淀与风沙的侵蚀，石窟里的颜色褪去了尘世烟火，披上了岁月的痕迹。在大跨度的时间空间变迁中，藻井的文化内涵、历史韵味更是令人着迷。藻井在古代有避火的意味，希望以此来躲避火灾。另外，藻井的使用更是有等级的限制，它是"礼"的象征。唐初时，只有王公贵胄才可以使用，凡庶民之家不得施藻井为饰。在中国更深层次的思想中，藻井又是"天人合一"理念的体现，藻井上圆下方，合乎传统"天圆地方"的朴素宇宙观，是天体的象征，也是君权的代表，更是人与上天沟通的途径。藻井作为建筑装饰的一部分，可以窥一斑而见中国古代建筑发展的全貌，蕴含了中国文化的内涵。

（二）审美意义

敦煌纹样的色彩经历了从早期的对比强烈到后期的典雅明快的变化，说明纹样的色彩在不同的时代随着审美价值的变化而变化。以隋唐时期和宋元时期的时代背景为例，隋唐社会风尚的特点是自由开放的，经济文化交流频繁，人们的思想观念意识相对自由，体现在纹样富丽堂皇的氛围中，对比色的运用大多富有审美情趣。这反映了时代背景对审美观念产生的巨大影响。

（三）应用价值

从文化传承的角度来看，在国家大力推进文化软实力建设的今天，具有文化创意的产品已经成为文化发展和传承的重要载体。凭借设计师独特的构思以及对美的敏感认知，可以在敦煌这个古老的文化中找到代表性的色彩或符号，为今天和未来创造出更有价值、有意义的东西。①

从商业应用角度看，文化创意产业发展迅速，敦煌文化与社会跨界合作频繁，通过对敦煌装饰图案色彩的挖掘、提炼，总结出了现代美学的设计理念。设计师需从独特的审美角度创造出满足人们不同需求的空间，结合敦煌优秀的传统文化，大力推动敦煌艺术文化创意产业的发展，从而实现艺术化与商业化的双赢。②

三、敦煌藻井色彩元素在现代丝巾设计中的应用

（一）可行性分析

色彩不仅是自然物体对外界的真实反映，更与人类生理、心理等学科密切相关。人们对色彩的认知在不断地变化，只有从色彩的本质特征出发，才能掌握色彩的搭配规律。为了更好地继承和发展敦煌艺术，可以借鉴敦煌石窟艺术的色彩规律，将其运用到现代色彩中进行再创作，设计出更具有中国传统特色的艺术作品，从而树立文化自信。③

以中期敦煌藻井的图案色彩为设计搭配借鉴方案，因其色彩华丽、典雅等特点较符合现代人的审美需求，更能使消费人群认可该种色彩取向，具有一定的应用价值。通过对中期敦煌装饰纹样色彩特征的分析，总结其色彩运用规律及其对现代设计的启示，并将青铜纹样提取重组后应用于丝巾创作中，提升传统文化及艺术价值。

（二）色彩分析

色彩方面主要运用了敦煌装饰图案色彩，因图案色彩历经百年颜色退化，故此

---

① 王志惠. 敦煌壁画色彩为染织创作研究注入新活力 [J]. 流行色，2021（2）：8-13.
② 刘敏，高阳. 敦煌装饰图案色彩在现代平面设计中的运用 [J]. 流行色，2016（2）：117-122.
③ 袁恩培，程辰. 浅谈敦煌色彩在现代艺术设计中的应用 [J]. 科技信息，2011（14）：419，422.

将色彩饱和度整体调高以展现其色彩之美。以下主要将敦煌装饰图案中最为常用的红黄、青绿色系为例加以分析说明（图1）。

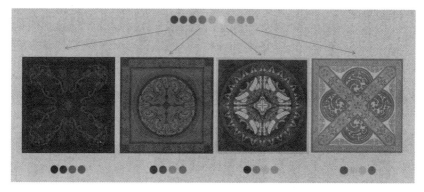

图1　丝巾设计中的色彩组成

1.红黄色系

红色系是隋唐敦煌纹饰中最常用的颜色。红色在中国文化中来源于太阳，我们的祖先在祈祷时对太阳有一种本能的依恋和崇拜，亦是权力、喜庆和忠勇的象征，自古以来中国人就以红色为吉祥色。敦煌装饰色彩中的红色系十分丰富，多以地红、朱砂、赭石为主，既达到了色彩和谐的目的，又借用了红色吉祥的美意。黄色系一直是一种皇权尊贵的象征色，在敦煌装饰图案色彩中也较为常见。隋唐以后，黄袍朝服是皇帝的日常装扮，与皇帝有关的东西也常被冠上"黄"字。民间诸多事宜都要选择"黄道吉日"，说明黄色在民间也是吉祥的象征。佛教寺庙也常挂着黄色的帷幔和缎带，佛像也被塑为"金身"，仪式使用黄伞、黄幡，所有这些都以黄色为吉祥的颜色，以祈求好运。这说明颜色在视觉与概念的感知方面是一致的，敦煌装饰图案中，黄色多与石黄色、米色、土色混合。（图2）

图2　红黄色系色彩提取

丝巾1色彩设计多以红色系为主，因红色系具有吉祥的寓意属性，且与龙纹的象征意味相吻合。图案主要以兽面纹为主体，龙纹、几何纹作为辅助纹样。兽面纹有辟邪赐福的含义，加上龙纹象征团结勇敢，寓意着被赠予方平安喜乐，自强不息（图3）。

图 3　丝巾 1 制作过程及细节展示

2. 青绿色系

在五色中，青色是象征着东方和春天的颜色。春天万物开始生长，这就延伸出春色为青的概念。在中国古代，青色包含黑色、白色和绿色。青色自古以来也是祥瑞的颜色，例如青龙被视为吉祥之物。因此，青色是中国古代所推崇的正统颜色，这也是敦煌装饰图案中广泛应用石青和石绿的原因。（图 4）

图 4　青绿色系色彩提取

丝巾 2 的色彩设计主要以青色为主，象征朝气蓬勃的青年；红黄为辅，具有热情的意味。图形主体纹样为凤鸟纹，并以火纹、目纹、四瓣目纹、卷曲纹、鸥枭为装饰。火纹是太阳的象征，以圆形为主，通常配以四瓣目纹，四瓣目纹的四角上附有四个翅膀似尖花瓣，每片花瓣都有两片叶子，组成鸟翼的形状，有吉瑞祥和之意（图 5）。此条丝巾设计定位是定情信物，凤凰是爱情的象征，也是"和"的象征，而火纹与鸥枭纹在此可作热情与华丽之意，寓意双方爱情美满，同时表达出女方在男方心中的美好形象。

图 5 　丝巾 2 制作过程及细节展示

丝巾 3 的色彩设计根据敦煌藻井色彩进行创新，青绿色系象征生命健康的状态。因此，此条丝巾多赠予长辈，有平安健康祝福之意。（图 6）

图 6 　丝巾 3 制作过程及细节展示

丝巾 4 主要以龙纹为主，卷曲纹、凤鸟纹次之，龙承载着古人对美好品德的期许和宣扬，具有很好地宣扬高尚品德的效果，主要作为长辈对晚辈的美好期许和祝愿,同样也有祝愿晚辈和谐安宁之意(图7)。

图7　丝巾4制作过程及细节展示

(三)设计展示

造型的提取尝试从青铜纹样的动物造型进行再思考。先秦时期的动物在祭祀活动中扮演着沟通天地、联系神明的角色,这些存在于幻想和神话中的装饰图案神秘莫测,充满奥妙,通过象征和抽象将现实动物神化,营造出一种神秘的氛围。虽然当下已不需要通过鬼神信仰教化人民,但是在现代生活中我们仍在遵循着一系列的民间信仰,如新年请钟馗进门镇宅驱魔赐福、请貔貅辟邪镇宅等。将青铜纹样的美加以变形,转化为美观的平面作品应用到现实生活中,以示祈福平安之意。

人们通常将美与情感联系起来,同时也容易迷恋能够让人心灵愉悦或具有回忆价值的东西,因为那件东西代表了个体的经历和感受,是人类情感回忆的载体。因此设计展示作为人类回忆载体在设计中起到重要作用。丝巾设计应符合审美、经济、纪念以及共情等特征,具备一定的实用性以及精神的享受性,展现出其特有的艺术内涵,设计采用印染工艺,能够更好地呈现丝巾的色彩还原(图8)。

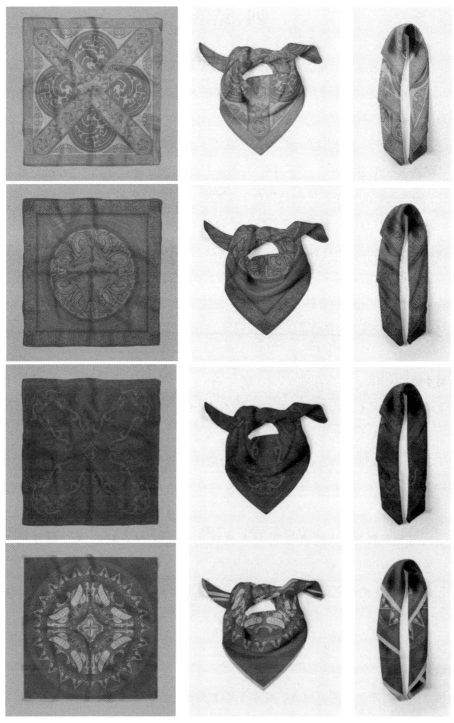

图8 4款丝巾的应用效果展示

四、结论

随着当代艺术设计的发展，越来越多的设计师开始思考从传统文化中汲取养分，从而获取更多的设计素材和灵感。敦煌艺术被重新挖掘并运用到现代艺术中，会有更多优秀的融入敦煌艺术的作品出现。"当代来自传统"，现代设计应该学习传统色彩规律，不断地创新和发展。

敦煌文化的发展在"一带一路"的背景下成为我国文化自信的一个战略基点。因此，敦煌装饰图案色彩无疑是用色彩来描绘中国数千年的历史中最为绚烂的一笔。敦煌装饰纹样的色彩并不全是依附于敦煌壁画本身，而是另有其自身鲜明的发展规律，这种发展规律对石窟整体装饰效果起到了举足轻重的作用。面对先辈留下的宝贵文化遗产，如何永久保存和利用是时代赋予我们的使命。在研究创作中，我们要秉持敦煌文化的包容性和开放性，承载时代使命，把握时代脉搏，彰显中华民族文化精神，增强文化自信。

参考文献：

[1] 常沙娜.中国敦煌历代装饰图案[M].北京：清华大学出版社，2004.

[2] 罗建华.敦煌图案色彩规律研究[J].安徽文学（下半月），2008（3）.

[3] 王志惠.敦煌壁画色彩为染织创作研究注入新活力[J].流行色，2021（2）.

[4] 刘敏，高阳.敦煌装饰图案色彩在现代平面设计中的运用[J].流行色，2016（2）.

[5] 袁恩培，程辰.浅谈敦煌色彩在现代艺术设计中的应用[J].科技信息，2011（14）.

[6] 林秀君.汉民族色彩崇拜意识与色彩词的等级观念浅探[J].汕头大学学报，2006（3）.

图录：

图1　丝巾设计中的色彩组成，图片为笔者自制

图2　红黄色系色彩提取，图片为笔者自制

图 3　丝巾 1 制作过程及细节展示，图片为笔者自制

图 4　青绿色系色彩提取，图片为笔者自制

图 5　丝巾 2 制作过程及细节展示，图片为笔者自制

图 6　丝巾 3 制作过程及细节展示，图片为笔者自制

图 7　丝巾 4 制作过程及细节展示，图片为笔者自制

图 8　4 款丝巾的应用效果展示，图片为笔者自制

唐代狮型翼兽造型文创产品设计

宋　晔[①]

摘　要：有翼神兽的艺术主题以其独特的艺术价值在数千年的文明中绵延更替，充满了强劲的生命力。狮型翼兽这种特殊的艺术造型作为有翼神兽之一，在西风东渐的过程中同中国本土文化碰撞、融合、发展，与民族文化产生了密切联系，深刻反映了时代的主流文化。本文基于唐代狮型翼兽的造型形象，通过分析《狮子图》和鎏金飞狮纹银盒中狮型异兽的造型特点和文化内涵，借鉴优秀案例的创意亮点，利用其独特的文化元素进行文创产品的构思，为古代艺术与现代生活相结合的文创发展提供新思路。

关键词：唐代；狮型翼兽；文创设计；应用

雄踞东方的中国本土不出产狮子，对于这种勇猛、凶残且威风凛凛的生物的传说流传已久，但对于狮子的造型形象，古代先民仅仅是依靠想象去描述的。在西汉丝绸之路开辟之后，人们才有机会直观地接触和了解到狮子的模样，中国文献中最早对于狮子的造型和形象描述有清晰的记载是在东汉时期成书的《东汉观记》："狮子形如虎，正黄，有髯耏，尾端绒毛大如斗。"狮子的形象逐渐从神话走向了现实，而狮型翼兽这种神话般的产物以其独特的文化寓意依然活跃在各种器物的艺术装饰中。将文创产品以狮型翼兽为主题进行再设计，借此推广狮型翼兽的造型形象，以

---

① 宋晔，1996年生，2020级，攻读硕士学位，主要研究方向为视觉传达设计。

其辟邪、祥瑞的吉祥寓意同现代文创相结合，弘扬中华传统文化，展现民族自信。

一、狮型翼兽概述

狮型翼兽，也称翼狮，即带翅膀的狮子。毫无疑问，这必然是古人将神话与艺术形象相结合神异化的产物。在中亚及以西的一些地区，狮型翼兽形象出现的始源应该是古埃及，古埃及神话中的斯芬克斯是长着羽翼的怪兽，它有三种表现形象：人面狮身、羊头狮身、鹰头狮身。狮子本就是高大威猛的大型猛兽，是万兽之王，而被安上翅膀的狮子，更是所向披靡，无往不利。强健有力的翅膀象征着无限的神力，狮型翼兽的造型形象是守护神与王权的象征。汉唐以来，由于丝绸之路的开辟，异域贡狮传入我国，一种中国化的狮型翼兽由此诞生，在历史的长河中不断地交融互汇，使之成为更加契合中国传统文化信仰和神兽崇拜的新形象，以狮子为主题的图案题材已经发展为我国传统文化的重要组成部分。

"狮型翼兽"整体造型形象是由多种动物元素混合构成，动物的造型形象具有想象与夸张的成分，但其造型的其中一部分为"狮元素"，体现在兽首、身形、尾巴或爪上，以各种造型呈现于各类器物上。丝绸之路开辟以前，由于人们并没有见过真实的狮子，多是想象创作，因此是"狮虎型翼兽"。自贡狮入境后，狮子的真实形象被人们所认识，狮与虎的造型便区别开来。狮型翼兽的造型形象逐渐弱化，狮子的图像逐渐由想象到写实，后期双翼逐渐消失。唐朝时国力强盛，开放程度也逐渐升高，加之丝绸之路的开通使中西方文化交流日渐频繁，狮子图像随着文化交流逐渐被百姓所接受，因而在其塑造过程中形成了夸张神异又吉祥活泼的艺术形象。

（一）造型特点

唐代狮型翼兽的造型逐渐演变，从魏晋的想象创造到唐人神异夸张的艺术处理，其造型早已脱离中西亚拥有凶狠暴力的神态、怪异神秘造型的强权王者守护神的形象。中国民间文化中的狮型翼兽，成为陵墓神道两侧、寺庙官衙门口辟邪和守护者的神兽。现藏于大英博物馆的《狮子图》创作于 9 世纪末的唐代，是敦煌藏经洞流传海外的绘画珍宝。此画运用了白描的手法，用墨笔绘制了一头卷鬣狮子，侧着身子昂首阔步举尾向前，体魄强健，其肩膊生出飞翼，飞翼略呈"S"形向上翘起，翼尖朝前，与卷曲鬣毛相交形成连贯的造型。膊翼的根部为三层卷云状的花纹，强化了由上而下涡旋的走势。

出土于西安市南郊何家村唐代窖藏的鎏金飞狮纹银盒，现藏于陕西历史博物馆，银盒高 5.6 厘米、口径 12.9 厘米、壁厚 0.13 厘米，重 425 克，为唐代常见的圆口盒型金银器。银盒造型古朴大气、工艺精致卓绝，盒身表面整体花纹形制饱满，空隙处添以珍珠纹，边沿饰以绳索纹，盒盖纹饰分内外两层，中心是以飞狮造型为核心构成的"徽章式纹样"。即以神异性翼兽类动物为中心，环绕以绳索连成的圆框，形成固定的构图方式，大多用来装饰金银器顶部和底部的中心位置。纹饰具有浓郁的萨珊风格。鎏金飞狮纹银盒盖面中央是一只带翼的狮子，独角，长而尖的耳朵，鬃毛硬向上翘，双目圆睁，张口亮舌，双耳竖立，四肢健壮，一肢翘起，剩余三肢踏着祥云。飞狮的双肩伸出纤细的双翼，翼型呈舒展的"S"形，翼尖向前。脊上有似龙的背鳍，身体饰满了祥瑞的云状斑纹，尾巴蓬松，略微上挑。四周主体纹饰以三组石榴花团和勾瓣宝相花相间。此银盒翼狮形象奇特，充满了奇异的幻想，造型飘逸，具有浓厚的异域风格。

（二）文化内涵

自狮子传入中国后，直至魏晋南北朝时期，中国狮形都处于神异化阶段。狮子作为舶来的异兽，被视为万兽之王，具有驱邪除煞的威力。而有双翼加持的狮子更是寄托了古时人们渴望羽化成仙的思想意识，渴望有翼神兽可以带领其进入仙境，长生不老。因此翼狮多作为石兽放置于陵寝墓室口的位置。狮型翼兽被塑造为飞、咬、跑、斗全能，耳大听千里，环眼观四方的神兽，被赋予超自然的力量，成了保护人们的神，与中国传统文化中的虎相通，成为一种特定文化符号，并融入造型艺术当中。狮子象征着智慧与力量，权势与复活，无论是在世俗生活中，还是在宗教意义上，都寄托着人们的美好愿景。翼狮在本土化的过程中增加了富贵吉祥的寓意。

唐时国家强盛，翼狮的形象也转变为辟邪御凶的吉祥神兽，这不仅是中西方文化的交流融合，同样是瑞兽图像的承接延续，反映了源远流长的传统祥瑞观。

二、案例应用分析

近几年来，文创产业如雨后春笋般成长起来，以博物馆系列、非物质文化遗产基地等为依托的产品设计纷繁夺目，其中不乏优秀而经典的设计作品。但以狮型翼兽为主题的文创相对略少，瑞兽主题的国潮文创尤以故宫博物院、敦煌研究院、王的手创等推出的产品兼具功能性与审美性。当然，各地文创也以其独特的地域文化特色在各个博物馆景区形成了靓丽的风景。

王的手创主打手工刺绣，以刺绣这一项非遗技艺为制作方式，将传统手工与现代设计相结合。万事（狮）如意文创产品是王的手创与颐和园联合出品的。而狮子造型形象设计的元素来源是园中最大的石桥——十七孔桥。每个桥栏的望柱上都雕有神态各异的狮子，共有544只，石狮姿态各异，有的母子相抱，有的嬉闹玩笑，有的你追我赶，生动活泼，栩栩如生。狮子造型的整体形象同我们儿时的布老虎玩具相似。狮子张着大口，狮目圆视，尾巴高高翘起。以层叠的缀须表现狮身，红色的绒球一个接着一个，表现了狮子的脊背，造型可爱，充满了亲和力。整体色彩采用了传统五行色彩，而产品的外包装采用了如意型花纹的异形切割呼应万事如意的主题。整个产品还包括了10个红包，红包封面选用了十七孔桥上形态各异的石狮形象，多是以单线的方式勾勒外形，填充细节。以红色为背景，各式各样的狮子放置在红包中央位置，辅以与狮相关的四字吉祥语，彰显了中国传统的国货风格。

敦煌研究院的"狮来运转"金属胸针，其设计来源于敦煌莫高窟藏经洞（17窟）中的《狮子图》，这个造型即狮型翼兽的形象，狮子腿蹄劲健，昂首举尾，充满力量，阔步向前。胸针采用了珐琅工艺上色，颜色鲜艳，线条明朗，简洁而有质感。而钥匙链设计则取自榆林窟第25窟坐狮，观音曼荼罗图像须弥座下绘有一只坐狮。完全取正视表现难度较大。特别是狮子颈部的刻画，有意减弱了凶猛的特性，增加了驯良甚至可爱的因素。狮子头像旁的铃铛，造型圆润，线条规整，与狮子相得益彰。坐狮可爱的造型拉近了人们与猛兽之间的距离，显得愈发生动，同时在其应用上具有实用性与美观性。这两件作品共通之处是很大程度保留了壁画的原始形象,色彩模拟还原壁画配色,仅在细节之处略加修饰,这也是敦煌文创中很多产品的共同之处,是敦煌壁画的丰富性和图像线条的优美所呈现的优势。

国内纷繁的文创产品令人目不暇接,但多数与敦煌研究院的处理方式相同。在这样的处理中还原性强,利于识别,并能很大程度地传递敦煌壁画的艺术之美,但是千篇一律的直接转换会使视觉单一,在保留其设计的同时我们应该有所变形,创意地将其解构重构,在文创发展中创造文化传承与视觉丰富并行的康庄大道。

三、狮型翼兽文创产品设计实践——以鎏金飞狮纹银盒为例

(一)视觉形象的平面设计

第一,最能体现狮型翼兽的文化特征的就是其外形和纹饰,设计之初根据其视觉转换手法将立体的狮型翼兽造型转换为平面图像,并对其文化符号进行选取提炼、归纳整理及优化。不同时期的狮型翼兽造型,在其双翼的艺术处理上具有不同的方向和动态表现。双翼的特殊性在于异域文化在传播过程中融入了西亚、亚欧等不同地区、不同宗教信仰的造型偏向。而中国的狮型翼兽的双翼则在吸收异域图像的过程中更多地融入了中土祥瑞观念(图1)。

图1 狮型翼兽正面视觉形象设计图稿

第二,根据选定的原形象,采用 IP 形象转换的方式对狮型翼兽进行整体视觉形象设计。根据不同种狮型翼兽的造型选取不同的视觉形象,动态明显且动势有张力的翼兽造型可保留原形,对纹饰角、翼、足的细节进行优化。对翼兽的纹饰特征加以提炼,运用至视觉形象的设计中;也可将狮型翼兽形象卡通化,设计时抓住翼兽

鬣须、狮型、双翼、角的主要特征，从小的图形上最大化地折射出设计的特点，将平面构成中的几何形纹样和点、线、面相结合，这样既增强现代设计因素，又融合了传统元素，更贴近于现代文创产品的市场（图2）。

图2　鎏金飞狮纹银盒视觉形象设计图稿

第三，视觉形象的总体转换过程中，注重产品与设计造型的匹配度，对不同的文创产品赋予不同的情感色彩，设计不同视觉形象时要转换组合表现方式，如扁平化矢量图形给人带来的是简约而又时尚的视觉感受，适宜用于功能性的搭配和点缀；工艺性强而又具有强烈色彩和细节可换的文创产品则适合单独的摆件或是钥匙链、挂件等，细致精巧令人赏心悦目。系列产品的组合中注重文化的传承、简繁结合、内外呼应的设计细节，跳出现代国内文创呆板而又生硬的设计现状。

（二）色彩理念的视觉表现

狮子图像作为中国传统图案的重要组成部分，在色彩运用中依旧要采用传统色，传统的五色具有象征性且自然朴素的特质，狮型翼兽的色彩应用要符合中国传统色彩文化，赋予其丰厚的情感力量，形成具有中国精神的设计风格。唐代的色彩用色大胆、张扬。红色高贵美艳、绿色清爽宜人、白色纯净素雅、黄色紫色明艳夺目、金色银色大气磅礴。同样的视觉感受应用于文创产品中分为三类：一为撞色搭配，包括红绿、红蓝等，红绿搭配为最常见的组合，冷暖调的搭配使强烈的色彩碰撞产生别样的美感；二为相近色搭配，红黄、紫红等可凸显色彩的层次变化，红黄色的组合充满质感，紫红色则表示喜庆；三为与中性色搭配，如白色，绿白凸显自然之美，红白色则显得朝气蓬勃。以上总体体现了唐代色彩对比强烈、色泽浓郁的时代特征。

（三）材料与工艺的情感化

将传统工艺与现代设计相结合，采用非遗工艺，如竹编、刺绣、皮影等方式作为狮型翼兽的呈现载体。手工艺的表现结合温情性的原材料往往会带给人们一种亲切感，而与文创产品相结合可以打破当前非遗手工艺缺乏实用性和创新性的桎梏[①]，将传统的手工艺与现代设计结合，兼具产品的亲和力与时尚感，当然也要注重工艺与设计的匹配，避免产生僵硬的设计组合，进一步促进手工艺人与设计者的沟通交流，赋予产品民族情感的同时，推动文创产品的创新性发展。

（四）设计原则

首先是以传统国风风格为主，以狮型翼兽造型为基础的文创产品设计，立足于本土的祥瑞观念，在设计上要弘扬传统文化及审美观念，创造具有浓郁国货风格的艺术作品。其次具有地域性特色，不同地区都有其出土的狮型翼兽文物，但由于地域、风俗和习惯的不同而具有差异性，因此在设计时其造型形象要符合地域特征。最后是文化内涵与时尚原则互融，文创作品的设计要基于其深厚的文化根源，设计元素要匹配设计原型，要与时代接轨，创造与时俱进的新文创。[②]

四、结语

狮子图案自出现就同我国传统瑞兽文化有着深厚的渊源。古代先民们把来自西方的真狮造型和中华民族的传统审美观念结合起来，创造出具有超自然力量的狮型翼兽。狮型翼兽虽然始于异域文化，却已成为中国传统文化的重要组成部分，将

---

① 赵旎娜，张东华.狮纹在唐代金属器皿中的装饰风格略述［J］.兰台世界旬刊，2015（18）：37-38.
② 颜文明.传统瑞兽图形基础上的现代视觉设计再现［J］.美与时代（上），2015（4）：73-75.

狮形翼兽与现代文创结合发展,并以一种新的视觉形象呈现,本文通过分析狮型翼兽的造型特点、文化内涵,结合国内前沿瑞兽文创设计,进而找寻狮型翼兽的文创发展道路,将传统与市场接轨,从而让大家更好地感受传统文化带给我们的魅力。

注:该论文略作改动后已发表于《锋绘》2021年第8期。

参考文献:

[1]尚永琪.莲花上的狮子:内陆欧亚的物种、图像与传说[M].北京:商务印书馆,2014.

[2]高子期.虚实之间:汉唐时期狮子意象的流变[D].上海:上海师范大学,2021.

[3]罗丹."湘博"馆藏商周鸟兽型青铜器衍生品设计研究[D].长沙:中南林业科技大学,2019.

[4]宋岚.中国狮子图像的渊源探究[D].南京:南京艺术学院,2010.

[5]白璐,吴锦程.鎏金飞狮纹银盒及飞狮纹溯源考略[J].文物天地,2020(8).

[6]陈璟,曹毛娟.从出土文物来看唐代"狮文化"[J].东方收藏,2018(20).

[7]高菲.丝绸之路艺术中的中国"狮型翼兽"造型探源[J].天水师范学院学报,2018,38(6).

[8]罗昊.唐代狮子纹浅析:从国家博物馆的狮纹鎏金银盘谈起[J].中国中小学美术,2018(136).

[9]王丽梅.唐代金银器中狮纹造型风格研究[J].装饰,2013(4).

[10]杨佳黎.《狮子图》中的膊翼造型初探[J].美术大观,2013(9).

[11]颜文明.传统瑞兽图形基础上的现代视觉设计再现[J].美与时代(上),2015(4).

[12]赵旎娜,张东华.狮纹在唐代金属器皿中的装饰风格略述[J]兰台世界,2015(18).

图录:

图1 狮型翼兽正面视觉形象设计图稿,图片为笔者自制。

图2 鎏金飞狮纹银盒视觉形象设计图稿,图片为笔者自制。

敦煌藻井莲纹在文创产品设计中的应用

崔茜琳 ①

摘　要： 敦煌藻井图案是敦煌石窟艺术中的瑰宝，具有强烈的装饰性效果。在敦煌壁画的藻井装饰图案中，常以莲花纹作为藻井中心的装饰图案。本文在研究敦煌藻井井心莲花纹造型特点、组织结构、色彩形式的基础上，尝试探讨如何利用藻井井心的莲花纹样进行文创产品的设计。通过结合现代设计理念，设计出具有敦煌藻井特色的文创产品。在丰富敦煌藻井莲纹文创衍生产品的同时，也为创新发展敦煌传统图案元素提供了新思路，将传承藻井艺术元素与创新发展文创设计进行了有效结合。

关键词： 敦煌藻井；莲花纹；文创设计

一、藻井莲纹艺术特色

藻井作为我国传统建筑中一种常见的装饰，最早出现于东汉，属于室内天花的一种。早在汉代未央宫的藻井装饰中，就能看到在藻井的中心装饰了形态万千的莲花纹样。这些纹样随着社会的发展呈现出丰富的内容形态、相对稳定的组织结构以及独特的色彩形式。

---

① 崔茜琳，1998年生，2020级，攻读硕士学位，主要研究方向为艺术设计视觉传达设计。

（一）丰富多彩的纹样形态

藻井图案的发展历经了早期、中期和晚期，从发展早期简单的莲纹图案到中后期繁复、精美的图案，莲花纹样伴随始终。在这个发展过程中，衍生出了众多各具特色的纹样造型，笔者大致将其分为以下几种。

1. 基础莲花纹样

基础莲花纹样较为常见，是指莲花纹样的构成形式比较简单，没有与其他纹样相结合。花瓣从花心部分开始呈现出一种放射状，花瓣的数量不同，有四瓣、六瓣、八瓣等，如平瓣莲花纹样，中心莲花有八瓣或多瓣，造型简单秀丽。发展到了初唐后期，平瓣莲纹则逐渐被桃形瓣莲纹所取代，多呈桃状。

2. 飞天莲花纹样

此类纹样与一般的缠枝莲纹相比，其井心更大，井边用西域的联珠团窠纹来装饰，井外的纹饰也异常地细密精美。莲花的周围是飞舞的飞天，四周飘舞的丝带，给人以飘逸感，飞天莲纹是敦煌藻井中最具特色的品种。

3. 三兔莲花纹样

三兔莲花纹藻井是隋朝最具特色的图案之一，方井内莲花为两层，中心画平瓣莲花，外层为卷云叶形莲瓣，花形较为简洁。花中有三只飞奔的兔子，最为巧妙之处在于三只兔子共用三只耳朵形成疾驰状态，让画面在严谨之中带有无限趣味，整个装饰画面动态感十足。

4. 葡萄石榴莲花纹样

此类纹样绘有中亚地区特产的花果，纹饰以葡萄、石榴为主，叶形为辅，造型为"十"字或"米"字形。纹样中心绘有四个石榴，与四周的石榴构成了一个"十"字，在石榴之间穿插了四片葡萄叶，形成"米"字形，整个纹样构思巧妙，极具异域特色。

5. 茶花莲花纹样

茶花纹是中唐出现的一种新样式，整个画面由茶花组成，茶花串联形成外环，中央绘有小莲花。茶花莲花纹的外环由六朵茶花组成，中心部分饰有六瓣莲花，整个花纹古朴且雅致。

6. 团龙莲花纹样

龙纹在当时是权力的象征，在藻井装饰图案中被大量运用。莫高窟第100窟的井心中绘有双层莲花花瓣，这些花瓣由平瓣和卷瓣组成，花环中心饰以团龙纹。

（二）规整的组织构图

在莲纹构成形式里不难发现，藻井莲纹图案的组织构图十分符合形式美法则：均衡、对称、节奏、韵律、变化、统一。莲纹不论是和什么元素结合，其中心基本是圆形，且花瓣基本都呈放射状，由中心向外扩散。

就隋朝莲纹来说，无论是云形的莲花纹，还是桃形的莲花纹，抑或是宝相莲花纹花瓣，个体花瓣的构成形式均存在一定的比例关系和组合规律。

"十"字形和"米"字形结构的首要特点就是对称，石榴莲纹和葡萄石榴莲纹是这两种结构的突出代表，把图案均衡分割，莲花纹置于中心交汇处，纹样也按照这种构成排列组合，这种组合方式给人以平衡、美好、稳定的视觉感受。

上文中的茶花莲花纹，其内井和外井的构成无不彰显出节奏和韵律之感。六朵茶花相连构成的花环和花环中心的六瓣莲花，整个排列统一有序，图案纹样营造出一种繁复圆满的氛围感，与中唐时期的风格相一致。

综上所述，藻井莲纹的组织构图在着重刻画视觉中心的同时，也注重其周边纹饰的比例关系，繁缛但不失和谐，整个图案主题突出、井然有序。

（三）典雅的色彩形式

通过对藻井莲纹的整合分析不难发现，其色彩按主色冷暖可以分为冷色和暖色，冷色系以青、绿、蓝、紫等为主，暖色系则以土红、朱红、橙红、土黄、褐为主，其中也有少量黑、白和金色，用以调节色彩，使画面更加和谐统一。由于色彩使用面积及所占比例的不同，因而呈现出的视觉效果也不尽相同。在敦煌藻井图案中，无论冷色还是暖色，它都会采用补色，以营造冷暖均衡的效果。通过纯度对比和明度对比这样的配色方法，使色彩更具层次感，与画面整体相呼应，典雅中又富有变化。

这三种藻井莲纹配色是初唐后期、盛唐前期的代表配色，之所以选择这个时段的色彩来进行举例，是由于唐朝是莲纹发展最鼎盛，也是样式最为丰富的一个朝代。此时期藻井图案色彩形式变化多端，极具研究价值，在设计中也具有极大的借鉴意义。莫高窟第319窟图案，以淡黄色为底，莲瓣则以青、绿、紫、蓝为主。第321窟，大面积使用红色，莲纹则以青、绿二色为主。第335窟，整体是冷色，莲纹饰以红、黄色，除此之外还有许多点缀色。这几种配色均浓郁强烈、绚丽多变。值得注意的是，有些图案贴敷金箔，从而营造了华丽丰满、富丽堂皇的视觉感受，使画面和洞窟整体气势相得益彰。

莫高窟第217窟藻井莲纹图案以朱砂色为底，周边纹饰则以青绿色为主，红绿的色相对比强烈但又不失和谐，并用白色点缀画面，使整体色彩在透着盛大辉煌的同时也凸显典雅。第49窟以绛色为底，莲纹图案的色彩由青色和朱红色交叉，其中有少量的蓝色。中唐时期的敦煌第197窟，藻井图案莲瓣最里层为墨绿色，依次向外颜色变为深绿、浅绿、黄白，同一色彩以不同的明度逐层退晕，色阶分明，极具立体感。

通过查阅大量的资料和细致的观察，不难发现，不同时代的色彩会有所不同，隋代的莲纹色彩沉稳大气、唐代的浓艳富丽、五代的则更程序化。但不论是哪个朝代莲纹的色彩形式，都彰显出了中国古代匠人独特的审美意识以及传统艺术文化的博大精深。反馈到文创设计中，一方面为文创设计提供了充沛的视觉元素资源，激发了设计者的创作灵感；另一方面也为藻井莲纹的发展寻求了新思路，使得传统艺术和现代设计进行了更深刻的结合。

二、莲纹在文创产品设计中的应用

文创设计即文化创意设计，其关键在于将元素进行提取与转化，形成一种既有文化本质，又形塑于创意价值的新造型设计。"文创产品是指以文化元素作为基础，结合创意思维来设计、研发的产品，是文化创意产业的衍生品"[1]，符合现代人的审美需求和精神需求。近年来，随着国风文化的兴起以及敦煌文化的传播与发展，再加

---

① 焦天怡. 唐代敦煌石窟藻井图案在文创产品设计中的应用研究［D］. 上海：华东理工大学，2017：7.

以国家政策的扶持，文创设计发展的势头愈加旺盛。随之而来的是越来越多的品牌与敦煌合作，将敦煌元素融入设计中，从而衍生了丰富多彩的创意产品。

（一）莲纹在文创产品中的应用案例

在传承和发扬优秀敦煌艺术文化方面，故宫的文创产品是我国文创产品中的标杆，藻井图案则是故宫文创中使用较多的元素。如故宫文创的系列产品胶带，其图形元素提取自莲纹，大面积使用金色，点缀色为绿色和靛蓝，图形制作精良，极富韵味，彰显古代藻井的古韵之美。

敦煌博物馆丝巾的图案则是参考了莫高窟第329窟的莲花飞天藻井图案，将传统的藻井构图与当今流行的风格相融合。在色彩搭配上，以中高饱和度的渐变色为主，并且用黑色强调了古代敦煌的乐器与现代音符。下图中敦煌卷莲盖的设计灵感来源中唐藻井图案卷瓣大莲花纹华盖，色彩也借鉴了中唐的配色，整体淡雅舒适，给人一种宁静平和感。

藻井莲纹在文创设计上的运用很多，衍生品出现在时尚界的各个方面，不仅被运用在一些文创产品的染织物中，还出现在一些平面设计中，如徽章、杯套、笔记本封面等。但目前市面上的许多文创品还缺乏创新，并没有深刻地传达敦煌文化的底蕴。基于这种情况，在今后的设计中，设计师们要用发展的眼光重新审视敦煌艺术，进行创新性思考，而不是对古典元素的单一挪用，应在保留民族特色的基础上与时俱进，设计出能够进行中华优秀传统文化输出的高品质文创。

（二）设计实践

在这一部分的论述中，笔者将利用敦煌藻井方井中心的莲花纹样通过现代设计手法进行文创产品的设计。藻井图案对于现代设计来说，无论是从造型特点、组织结构，还是色彩形式上，都是很好的灵感来源。以下是一些设计实践过程与效果图稿。

1. 藻井莲纹元素提炼

在这一阶段，作者根据文创产品的设计构思，将莲花图案进行提炼。图1中第一组提取是笔者根据交杵卷瓣莲花纹提取出的元素，每个莲瓣都像一朵朵正要绽放的花苞，异常精致。第三组和第四组是对花型的直接提炼，没有进行创新设计，单单提取出来元素，待到后几步的重构设计时，结合具体的画面和主题再来进行分解、变形和组合。在此基础上，才能创造出更加贴切并且蕴含着藻井特色的设计。

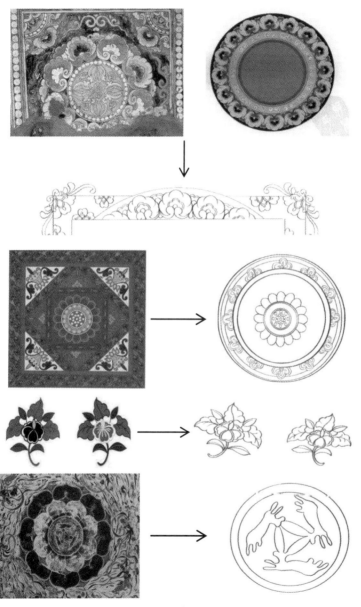

图 1　元素提取图

除了以上对于造型元素的提取，还对莲纹颜色和构图形式有所借鉴。在设计中提取井内的朱砂、红、橙红、黄、蓝、紫、青绿等色彩，然后运用配色方法，将色彩运用到创作中，使画面色彩丰富、繁复而不凌乱，充满东方特色，且带有历史沉淀的美感。在构图方面，藻井莲纹图案的形式独具特色，将形式美法则对称与均衡、复杂与简单、变化与统一等展现得淋漓尽致。在文创设计中，同样借鉴莲纹二方连续、"十"字形、"米"字形构图。

2. 文创产品草图绘制

在设计过程中草图的绘制至关重要。如以下两张草图（图2）绘制是将以上提取并经过推演得来的新构图、新图形等元素进行有机结合，以线描的方式进行文创产品上图案的草图绘制。其中最常见的结构是中心对称结构，是以中心对称构原则来进行图布局，整体画面秩序严谨、稳重。

图2 草图

3. 最终效果呈现

针对草图所呈现出的视觉效果进行分析得出的问题，运用 Procreate 专业绘图软件进行绘制并解决问题，绘制出了下图中的设计成稿图（图3）。专业绘图软件不仅可以对图案中构图、色彩和图形等进行规整化绘制，并且可以运用不同风格、不同形态的笔刷，丰富图形元素绘制的表现方式。

第一幅成稿在搭配藻井莲花纹的同时，在图案中心选用了敦煌举扇人物的形态，打破了花型局面，并且在白色的底色上添加了透明度较低的一个花朵，提升了图案的风格层次。第二幅图中笔者选取莫高窟藻井图案中最具特色的三兔纹样作为

图3　设计成稿图

四角的边饰图案，中心花纹选取了八瓣莲花纹，再在每一瓣的中间绘制了直线类纹样，方中有圆，相互呼应。圆圈内的黄色花纹作流云状，给观者一种流动感。该图在色彩提取与应用中也非常注意冷暖与纯度的对比，整体以灰度的米黄色为中心图案底色，灰度的豆沙粉和灰绿色作为边饰底色。通过对色块比例的精心控制，莲花纹以淡橘色色系为中心，巧妙地环绕在中心图案与角隅图案的中心纹样周围，形成冷暖色调的对比。第三幅图中的内框四周用儿瓣莲花纹装饰，外框添加几何纹样，简约流动的线条与繁复厚重的纹样形成对比，形成"线"与"面"的重新组合，使之更加丰富。第四幅设计成稿图的主体物运用"鱼"这一吉祥物种，鱼的主体色是红色，配以蓝色的鱼鳞，冷暖相间，相得益彰，外框运用莲花纹，将整体画面烘托出动静结合、和谐统一的画面效果。

4.文创成品图展示

以上步骤所形成的设计成果均是平面的，在这一部分笔者将设计的平面图放置于实物中进行展示，使大众可以更加直观地看到这件产品是什么形式的，又具体运用到什么物件中。做成产品图的这个过程，不仅要深入思考每个图案的造型元素以及色彩搭配适用于何种场景，将产品放在实景中去用心体会，也要多方面地思量这样的设计图能带给产品的价值。把这两方面的因素相结合，再针对具体问题做改进，这样的产品更具深度，符合现代人的审美观念，从而也可以在某种意义上促进消费。这使得产品不仅具有实用性，还更具有审美性，真正做到了功能和审美相结合。图4中的每一个文创产品图都是根据产品本身的特性进行的设计，有手提包、笔记本、丝巾、盒子、杯套、茶叶罐等等，这些产品都可以在更大程度上应用在生活中。这种应用在潜意识中提升了大众的审美意识，培养了大众的审美情趣，并且激起了大众对于中国优秀传统艺术文化的自豪感和信心。

三、结语

敦煌藻井莲纹图案作为敦煌艺术的重要组成部分，极具研究价值，它代表着优秀的中华传统艺术文化。我们在欣赏优秀的设计作品时，可以看到许多优秀作品之所以亮眼，是因为其在传统元素和现代设计之间找到了平衡点，这使得这些作品具有更加独特且鲜明的历史文化特征和审美取向。设计者在运用藻井元素时，应该深入挖掘传统文化艺术，进行改进和创新，使之与时代设计潮流相融合。在丰富敦煌藻井文创衍生产品的同时，也显示了传统设计元素与文创产品设计之间紧密结合的艺术魅力，并以此来承载敦煌图案文化的内涵。将藻井文化乃至更多的中华优秀传统文化推向全世界，从而增强文化自信。

图 4　文创产品图

参考文献：

［1］喻筠雅.古今交叠的现代应用：敦煌图案的文创产品设计［J］.大众文艺，2021（11）.

［2］罗雪薇.唐代敦煌莫高窟莲花纹饰浅析［J］.西部皮革，2018，40（13）.

［3］焦天怡.唐代敦煌石窟藻井图案在文创产品设计中的应用研究［D］.上海：华东理工大学，2017.

［4］王嫣.隋唐敦煌藻井莲花纹在当代视觉传达设计的应用研究［D］.北京：北京交通大学，2018.

［5］李砚祖.工匠精神与创造精致［J］.装饰，2016（5）.

［6］常沙娜.中国敦煌历代装饰图案的研究与创新应用［J］.丝绸之路，2016（20）.

［7］周建波.设计中原创性元素的解构与重组［J］.包装工程，2009，30（8）.

［8］刘颖鑫.唐代敦煌藻井莲纹在现代丝巾设计中的应用［D］.武汉：湖北工业大学，2017.

［9］陈振旺，樊锦诗.盛世华章：初唐后期和盛唐前期莫高窟藻井图案［J］.艺术设计研究，2019（1）.

［10］赵晓明，赵要杰.浅谈敦煌藻井图案与现代设计的结合［J］.吉林省教育学院学报（中旬），2013，29（6）.

［11］杨刚，杨先平.敦煌藻井图案的文化内涵及其色彩配置研究［J］.兰台世界，2015（13）.

［12］姚君喜.敦煌图案设计艺术的审美特征［J］.艺术与设计（理论），2009，2（11）.

图录：

图1 元素提取图，图片为笔者自制。

图2 草图，图片为笔者自制。

图3 设计成稿图，图片为笔者自制。

图4 文创产品图，图片为笔者自制。

敦煌壁画《鹿王本生图》信息可视化设计

魏昕怡①

摘　要：被称为"墙上博物馆"的敦煌壁画记录着多个朝代的社会变迁与兴衰，有丰富的内容与独特的艺术表现力，无论是在艺术方面还是在历史学、社会学、宗教等方面，都有极高的研究价值。为了方便大众更好地了解与理解敦煌壁画的文化内涵，本文利用信息可视化设计，对信息进行整理，将信息转化为直观的图形，让更多人可以更加快速地理解敦煌文化。

关键字：敦煌壁画；信息；色彩；构图；可视化

敦煌壁画规模巨大，技艺精湛，表现内容丰富，涉及题材广泛，描绘了神的形象、神的活动、神与神的关系、神与人的关系等与世俗绘画不同的审美特征和艺术风格，具有极高的艺术价值和文化价值，是世界文化遗产。敦煌壁画价值虽高，却不是所有人都能欣赏和解读的，在国家提倡注重文化软实力的今天，增强敦煌壁画的文化传播力和艺术影响力，以简单的方式让大众更加深入了解敦煌壁画是我们今天需要关注的问题。信息图表是通过设计师的解读和再设计，将信息、数据、故事等通过易于理解的图片清晰地传达给读者，可以挖掘和整理敦煌壁画信息进行再设计，将它转化为易于人们理解的可视化信息。

---

① 魏昕怡，1997年生，2020级，攻读硕士学位，主要研究方向为艺术设计。

一、背景意义

满壁风动，天衣飞扬——壁画是用画笔记录着的历史，记录着各种社会现象及夙愿，既有艺术的价值，又有历史的意义，也包含了科学社会的价值等等，它是博大精深的。敦煌壁画，跨度时间长，且内容丰富，对于我们研究历史、古代人文等具有重大的意义。但是壁画存在的方式却很脆弱，很容易损坏甚至消失。我们可以通过科学技术手段对壁画进行保护，也可以利用信息图表设计将敦煌壁画信息进行可视化设计，使敦煌壁画可以更加方便和清晰地被大家认识与理解。

二、发展现状

文化遗产信息可视化研究工作在近几年来随着文化强国战略的实施以及计算机技术的进步开始在国内兴起。目前，国内相关的壁画研究多集中在敦煌壁画，对于其他壁画的研究较少。国内对于壁画的相关研究工作也主要是在数字化方面，而信息可视化的设计相对较少。

信息可视化设计在国外的理论研究相对比较成熟，呈现出引领前沿的态势。欧美国家在该领域的贡献尤为突出，由欧美国家的研究人员最先提出这一概念并带动行业发展，终将其逐渐发展成为一项专有学科。在国内，信息图表还属于新兴学科，通过查找关键词以及阅读论文，发现研究信息图表的大部分文章都是2017年之后发布的，2015年以前发布的文章数量较少，在2017年之后文章的数量出现猛增。现在关于当代信息图表的研究也有大量的资料来源，文献资料总体上很丰富。浏览一些设计网站也会发现，现在有关信息图表的作品数量庞大，类型丰富，涉及各行各业，信息知识甚广，可视化表现形式精彩纷繁，发展态势十分积极。信息图表设计的作品数量猛增说明对信息图表的需求越来越大，也说明信息过剩的情况下用户因时间成本和自身相关专业而放弃阅读信息，导致获取有效信息的效率降低，因此信息图表会因内容的清晰明了而颇受用户的青睐。

三、案例分析

目前可以查找到的壁画相关的信息可视化设计案例较少，主要以两个案例来进行分析。

案例一：西北大学的中国墓室壁画信息可视化设计。这组可视化设计较为完善，内容信息较为全面，包括发展脉络、分布地区、考古风向、工艺流程、色彩解析、墓室形制、壁画故事等等。发展脉络及分布地区运用了棋盘式和蒲公英式图表，清晰又美观。工艺流程的设计中采用层层叠加的方式，让读者可以清晰地解读出每一层所运用的不同工序，易于理解又富有趣味性。很多设计元素提取于壁画本身，保留了壁画本身的韵味，加上一些现代绘画风格的处理，使人物在保留壁画特征的基础上相对简化。用色也在原壁画色相的基础上更加明艳一些，色彩对比较强烈，给人明快的感觉，从视觉上更加吸引人。

案例二：站酷敦煌壁画信息可视化设计。这组作品的整体设计画面较为繁复，不够简洁，也不能一目了然。整体色调也较暗，对比较弱，同时繁杂的配饰元素较多，不能鲜明地突出主要内容。

四、信息可视化的构建

（一）敦煌壁画信息可视化原则

进行信息可视化设计，首先要进行信息收集与归纳整理，对应信息选择恰当的可视化形式，并且构建图像符号。经过案例分析、查阅资料以及设计实践之后，根据敦煌壁画《鹿王本生图》信息可视化设计归纳出信息可视化原则。

1.遵循事实原则

信息可视化要以可视化形式准确地传递信息，就必须要尊重事实，传达有效、可信的信息。如果信息与事实不符甚至与事实相悖，则会引起读者对事实的误解，甚至误导、影响其对事物的判断。要保证信息的实时性与准确性，就一定要保证所收集信息的准确性。在收集信息时，要注重多方面、多渠道收集，并将收集到的同类信息整合在一起，进行归纳对比。例如笔者在收集整合信息时，发现互联网上的信息鱼龙混杂，存在许多没有经过考证，甚至虚假捏造的信息。这就需要通过多种渠道收集信息，将不同渠道中收集到的同类信息进行比对，对信息进行严格的筛选，如果信息出现出入，那么还需要继续对此类信息进行考证。

2. 客观性原则

要保证信息遵循事实、信息的准确性，就要保证信息的客观性，避免在信息可视化设计过程中加入自己主观的观点或猜想，要使可视化符号客观地反映信息。个人主观的观点或猜想也很有可能会误导读者，甚至背离事实。设计师在进行设计创作时，往往需要加入大量的想象力与创造力，在原有数据转化为可视化形式的过程中，很容易对数据进行美学化的夸张处理，然而在信息可视化设计中，可视形式一定要反映客观数据，切忌为了美化而对数据进行夸张或是改变。

3. 信息精简原则

随着互联网信息技术的发展，各种各样的信息、资料以及观点充斥在人们的周围。在进行信息可视化设计之前，首先要过滤掉无效的、错误的信息。其次，要想高效地传递信息，就需要将剩余的有效信息进行简化，提取信息中的核心内容，以精练的语言表达出来，再转化为精简、直观的视觉语言。

4. 次序性原则

多个信息出现在一张图表上，如果次序处理不当，会使读者难以正确理解要传达的信息，无法有效传达正确信息，因此需要注重图表图像的次序性，构建一个清晰明了的框架，将信息顺畅地传达给读者。例如表达步骤、时间流动等这类信息，就非常需要注重次序性。

5. 壁画再现原则

由于本研究主要围绕敦煌壁画来进行信息可视化设计，为了保留壁画的原汁原味，更好地将读者带入壁画的情境中，在进行设计时，在原画的基础上会进行简化与细微的变形，但尽量保留壁画原本的风格，贴近壁画的色彩，从而将读者更好地带到敦煌壁画的面前，在相关的情境氛围下吸收信息，帮助读者更好地理解信息。

（二）信息的梳理与归纳

将信息可视化的前提，是要充分了解信息，并且保证信息的准确性。历史文化的信息没有"固定答案"，这类信息的特点就是复杂，我们需要进行深入的研究，可以通过查阅资料、实地考察、走访等方式搜集资料，并对资料进行整合。只有作者对信息充分熟悉并理解消化后，才能通过准确的可视化转换，将信息有效地传达给读者。

1.《鹿王本生图》壁画故事

敦煌 257 窟的《鹿王本生图》描绘了故事的 7 个主要情节。采用横卷式连环画构图。壁画内容完整地讲述了凡世间常见的舍己救人，继而被忘恩负义出卖，最后被助脱隐的故事。该幅壁画重点描绘的是国王礼拜佛陀的高潮部分。

2. 壁画制作工艺

敦煌壁画的制作分为地仗层和彩绘层两个部分。首先在岩壁上涂上粗草泥层，所用到的材料为取自洞窟附近的粉质沙土。用粗粉质沙土掺加短麦秸草浸泡调和制成泥，压抹在洞窟的砾石岩面上；而后再涂上细草泥层，用到的材料为澄板土、麦秸草、麻筋。用细质粉土掺加短麻筋调制成泥，压抹在粗草泥层之上。后期的壁画中还会再涂一层白粉层。地仗层做完以后，再进行彩绘。

3.《鹿王本生图》壁画色彩分析

它的色彩主要从红、青、绿、黄、黑、白等色开始展开，然后进行对比融合，其色彩表现出明确的色相并置效果。敦煌 257 窟《鹿王本生图》主要以丹砂、青绿为主色，辅以白、黑，红中带赭，绿中泛青，鲜明的对比对色彩提出了更高的要求，绚丽却不轻浮，沉稳而不幽暗，色彩热烈、沉稳浓重。

（三）以《鹿王本生图》为例进行信息可视化的构建

想要准确清晰地传达信息，必然需要从壁画本体特征出发，将可视化形式与信息高度融合。进行信息可视化的过程就是将信息的结构清晰地表达出来，用可视化的形式去辅助表达结构，最根本的还是要以信息结构为主，根据信息特征选择合适的可视形式,与人们普遍接受的图形、符号等结合,进行可视化的变化。这种形式减少了人们阅读并理解信息含义的时间,使信息一目了然。

可视化的形式不仅要表现出信息的特征,与信息相符合,还具备一定的功能——辅助理解信息的内涵。将数据信息与文化信息重叠起来,利用数据与文化之间的关联性,借助人类对于文化信息的固有认知与人类的视觉感受,使抽象的数字或复杂的文化信息一目了然。

首先,《鹿王本生图》的画面从南端开始,描绘九色鹿救助落水人,落水人发誓不会泄露九色鹿的秘密,九色鹿在山中休憩;又从另一端描绘王后梦到九色鹿,请求国王悬赏捕鹿,落水人为财告密,国王捕鹿并听说鹿救人的故事等情节。提取故事情节中的节点,将其描绘下来。在制作过程中,为了避免传递的信息过于繁杂,不够突出主要故事线,因此只提取故事中的主要人物作为设计元素。提取元素的造型遵照原图人物及动物造型,在原型的基础上进行简化,不做过多改变,保留其造型特点。在颜色的选择上靠近原画色彩,由于原画经历了长时间的风化,色彩已不能保持原貌,因此设计中将在原画色彩的基础上进行一些变化。这里提取了其中两段故事制作了信息可视化初步图形(图1)(图2)。

图1　壁画故事情节1　　　　　　　　图2　壁画故事情节2

壁画的制作工艺也很复杂,将制作工艺可视化要充分考虑可视化图形是否易于理解,能将制作工艺流程清晰地展现出来。它不同于"壁画故事"的叙事性,要更加注重次序性,次序性使人产生先后顺序感,从而形成从先到后的流程。在设计中,首先采用洞穴的半圆形为主体造型,在半圆形中进行分层,表明壁画之下所暗藏的层次。在图形下方,将每一层——列举出来,并用带有次序感的箭头图形连接,使人一看便知工艺流程顺序（图3）。

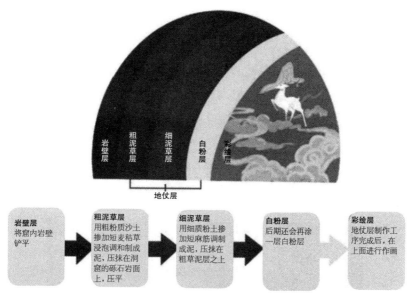

岩壁层　粗泥草层　细泥草层　白粉层　彩绘层

地仗层

岩壁层	粗泥草层	细泥草层	白粉层	彩绘层
将窟内岩壁铲平	用粗粉质沙土掺加短麦秸草浸泡调和制成泥，压抹在洞窟的砾石岩面上，压平	用细质粉土掺加短麻筋调制成泥，压抹在粗草泥层之上	后期还会再涂一层白粉层	地仗层制作工序完成后，在上面进行作画

图3　工艺流程图

除此之外，《鹿王本生图》的色彩也很值得仔细品读，《鹿王本生图》中红色象征博大、宽厚、沉稳，白色象征洁白、纯净。这些颜色并不是对客观自然的直接表现，是人为赋予了它们内在含义。蓝色的山、绿色的河象征生命，背信者是黑色的，象征恶俗之躯。从画面中提取颜色，并将颜色的含义标注出来。

最后，将所有信息整合在一张海报上。在海报的构图上，选择以中心为主体的构图方式。将壁画故事分成五个故事节点置放于主体两侧，并以"Z"字形构图连接，形成时间次序。最下面以横排排列的方式展开工艺流程图，从左到右依次为从先到后的制作流程（图4）。

由于整个故事情节是以"九色鹿"为主展

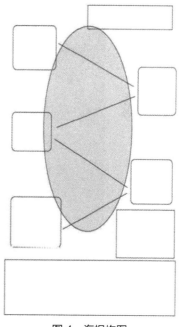

图4　海报构图

开的，因此整张海报将"九色鹿"作为主体，绘制于海报中心，突出主题，使内容显而易见。在"九色鹿"周围以"Z"字形描绘壁画故事,上下左右依次错开,并用线条连接,使读者的视野跟随图片进行流动,左右分布,增强画面的均衡感,进而增强叙事性。"工艺流程"以"一"字形排列置于画面底部,"一"字形结构具有很强的次序感,清晰地将工艺流程展现出来,并且强化了读者对于壁画制作步骤的认知。在海报中,将原本方形的图标改为圆形,由于方形面积较大并且略显笨重,放在画面元素丰富的海报中使画面更加拥挤,因此换成了圆形。色彩分析散落在画面中,将色彩从画中提取,并做注解,更加清晰明了。其中,同一模块的指示线条及字体颜色采用同一颜色,避免画面信息因为过多而混乱。详见笔者创作的《〈鹿王本生图〉信息可视化海报作品》(图 5)。

图 5 《鹿王本生图》信息可视化海报设计图

五、结语

　　敦煌壁画可以说是画在墙上的一本历史书,见证了多个朝代的历史兴衰,反映着社会的变化。多年来,有不少历史学家及各类学者被这座具有极高历史价值的艺术宝库吸引,从壁画中发掘与研究出跨越不同学科的各类信息,它们丰富而繁杂。然而这复杂的信息及深奥的内涵却难以被普罗大众所快速理解。因此,本文通过现代设计手段,对《鹿王本生图》壁画信息进行整合与处理,使壁画信息更简单、更清晰地展现在大众视野中,让中华文化更好地得到宣传与理解,唤起大众对本民族文化的认同与共鸣。

参考文献:

[1] 高峰.敦煌壁画《鹿王本生图》绘画语言探究[D].兰州:西北民族大学,2017.

[2] 崇秀全.敦煌莫高窟第257窟壁画《鹿王本生》释读[J].敦煌学辑刊,2008(1).

[3] 崔强,善忠伟,水碧纹,等.敦煌莫高窟8窟壁画材质及制作工艺研究[J].文博,2018(2).

[4] 刘栖宇.敦煌壁画的由来发展及其色彩研究[J].文艺生活(文艺理论),2018(3).

[5] 叶萍.信息图表设计[M].上海:上海人民美术出版社,2013.

[6] 胡颜.浅析插图设计在信息图表中的运用[J].流行色,2020(6).

[7] 包优左.信息图表设计的叙事性研究[D].南京:南京林业大学,2019.

[8] 刘正军,李雪婷.中国共产党党史信息的可视化设计[J].新丝路(下旬),2020(9).

图录:

图1　壁画故事情节1,图片为笔者自制。

图2　壁画故事情节2,图片为笔者自制。

图3　工艺流程图,图片为笔者自制。

图4　海报构图,图片为笔者自制。

图5　《鹿王本生图》信息可视化海报设计图,图片为笔者自制。

安东尼·高迪建筑艺术中自然元素的呈现

高晓雅[①]

摘　要： 安东尼·高迪对自然的认识渗透在建筑的结构、装饰和建造思想上，他学习并运用自然中存在的结构，将真实的动植物形象抽象化与建筑融为一体，通过对自然元素的运用传达自己虔诚的信仰。他打破了人们对于建筑的固化理解，将曲线用于建筑外表，在新艺术运动中取得了显著成就。他在自然世界中触摸自己的精神世界，将自己对于自然的全部热爱倾诉在建筑之中。

关键字： 安东尼·高迪；自然；建筑

安东尼·高迪作为新艺术运动时期曲线派的代表艺术家，他对线条在建筑上的表现方式了如指掌，将种种线条融入建筑之中，形成了专属于高迪的自然主义。正是其对于自然元素的别样演绎，令他的建筑作品在艺术史的长卷上留下了不朽印记。这位伟大的建筑师设计的建筑有 17 项被列入西班牙国家级文物，其中有 7 项世界文化遗产，可见高迪的艺术得到了全世界的认可，越来越多的人了解并喜爱这位大师，越来越多的学者参与研究高迪的艺术思想。

高迪的艺术是融合的、折中的，又是个性的、新奇的。高迪的自然主义具有的独特魅力吸引着无数人的目光，站在外围，进入室内，自然元素充满着整个建筑，它们吸引着神秘的花间仙子，天使也会为之驻留。门环上的巨龙吐着信子咆哮，守卫

---

① 高晓雅，2003年生，2021级，中国美术学院，主要研究方向为美术史论。

着建筑不受侵袭；太阳中间盘着巨蛇，下一秒就要脱墙而出；蜥蜴在花丛中匍匐，好奇地望着来客；砂石的巨人守卫俯瞰一切，它们的细微调整都将引起地动山摇……高迪对于自然元素的运用令人称奇，这个神奇的世界开放着大门，等待着来宾的拜访。本文通过梳理高迪自然元素的表现形式、运用方法、选择缘由，分析其艺术思想的内涵和独特意义，并做出对于现代城市化背景下自然与人之间关系的思考。

一、抽象化的自然力量

说到建筑，人们会想到什么？世界上最宏伟的建筑，北京的故宫、天坛，印度的泰姬陵，法国的巴黎铁塔，罗马的斗兽场……最有象征性的建筑，日本的鸟居，美国的白宫，罗马万神庙，雅典卫城……还有现代的玻璃盒子高楼大厦，它们被认为是美的，它们符合人们对于建筑的审美需求，其中非常重要的一点就在于它们的对称外观。对称结构的地位无论是在建筑设计、工业设计、工艺设计等方面都是非常重要的，对称带来了视觉完满、结构稳定、庄严神圣，秩序井然，规律可循的感受。在自然中，对称也是非常常见的结构。人类的静止的正面形象是大致呈对称结构的，大部分动物的外观也拥有对称的特点，植物的叶形、花形因为其对称的特点而被人们喜爱。在微观世界，碳的结构是稳定而对称的正多面体等等。对称带来的是静止与稳定，相反则会带来动态的效果。人如果迈出一条腿，带来的是行走的视觉暗示；猎豹在奔跑的时候四条腿落地有先后顺序，肌肉的形态改变了对称的样貌，为其全力奔跑提供了条件；树叶如果缺了部分往往会造成虫蛀和病态的错觉；碳的稳定结构被打破将完全改变其性质，可见破坏对称性是增加动感的重要手段。在建筑中破坏对称结构就赋予了建筑更多的可能性与动态。

高迪的建筑打破了传统思维，以米拉公寓为例（图1），初次看到这个建筑，大部分人或许并不会赞同它带来的视觉体验，这是怪诞的、奇异的、扭曲的，甚至会令人感到不适。这种视觉效果大抵来自其弯曲的表面，它似乎没有承担起支持楼体重量的重任，带来的感受就像病态的、膨胀又扭曲的得了风湿病的膝盖一样，着实让人喜欢不起来。在工艺美术运动的强烈影响之下建造这样的建筑无疑会令人感到违和，更不要说这个是为了私人建设的私家住宅了。第一印象固然重要，但是这个建筑确确实实获得了很多的欣赏和赞誉，在此，本文将进行一定的分析。提到错落的曲面，人们往往会联想到海浪，沙漠中隐隐约约的沙丘，连绵不绝的低山丘陵，它们大多是水平方向的，但是高迪把这种连续的曲线放在了建筑立面上，它打破了固有印象，是思维的一步跳跃，混凝土是具有动态的，是流动的固体，将整座建筑包裹起来，仿佛其内部住有神秘的动物，随时可能一涌而出。曲面带来了强烈的打破视觉平衡的效果，在三维象限中破坏了距离的概念，使得整个建筑很自然地吸引了视线，建筑似乎是有生命的。错落排列的天窗好像

图1 米拉公寓

上升的泡沫，阳光从氧气逃逸的窗口进入室内，形成了斑驳的光影。盘旋向上的瞭望塔耸立在屋顶，这种螺旋上升的外观不禁让人想起了消失的巴别塔，顶部抽象化的十字架更是增添了一抹神秘的气息。如果向中庭看去，就仿佛是站在流沙的魔窟，漆黑的夜空在流光溢彩的灯火中消失殆尽了。天空是不规则的椭圆，突出的房间复杂了整体观感，使得排列的窗户不再单调。

高迪非常注重室内的氛围，他是实实在在地想将自然搬到建筑里面，这不难理解，他的童年时光是同自然一起经历的，自然是老师、是朋友。事实上，他确实做到了这一点。承接上文所讲的米拉公寓，在这栋建筑内部，有充满了海洋象征的天蓝色与湖蓝色的内壁；有繁花似锦、绿叶成荫的顶部壁画；彩色玻璃窗也随处可见，等待着光线为建筑上色。走过通向中庭的旋转楼梯，抚摸着略微潮湿的石壁，仿佛行走在雨林遗迹的步道上，何尝不是一种令人愉悦的体验。

这种充分利用建筑结构营造自然氛围的手法在圣家族大教堂中也有明显的展现。对于建筑来说，室内的采光非常重要，除了能增强室内通透感和亮度，还具有一定的艺术作用。圣家族大教堂的神圣与宁静，离不开教堂内部的光影效果。进入教堂内部，最引人入胜的是它洁白的屋顶。一方面，日光从教堂顶部洒下，照亮了白色的屋顶和立柱，形成了亮度和纯度极高的一层；另一方面，下方五彩的光线

衬托出了白色的上部。第一步，人们走进教堂，面对着遥不可及的高洁的白色穹顶，心生敬畏，上帝创造了神迹，洒下圣光，所有虔诚的基督徒都沐浴在纯洁的信仰之中。紧接着，人间拥有的颜色与白色交相辉映，蓝色与绿色象征着新生，红色与橙色象征着血，即受难。高纯度的颜色相互碰撞、融合，绘制着生命的旅行计划。树木生长，吐苗，成熟，结果，抑或经历了一场突如其来的山火，化为明年的草木灰；动物出生，被养育，独立，成熟，繁衍，抑或是沦为天敌的一顿美餐；人活着，经历了幸福、快乐、压力、悲伤，直到自然死亡……人类生存的这个世界充满了轮回，上帝在云层后面观看着一切。不同颜色的光将激发人们的思考，千人观看有千人想法，但是不变的是对于那个永恒的、未知的、圣洁的"神"的崇敬，这大概是高迪想通过教堂传达给世人的信息吧（图2）。

图2 圣家族大教堂门口

高迪在建筑装饰中多用马赛克，这也是他的标志性特点之一。马赛克的艺术手法发源于古希腊，早期希腊人利用彩色鹅卵石、贝壳、碎瓷片制作马赛克，制作技术在古罗马人手中日趋成熟。公元前2世纪到1世纪早期，排列整齐、色域广泛的马赛克开始模仿绘画，之后各式各样的马赛克装饰在罗马的各个区域发展起来。拱顶和墙面上对于马赛克的充分使用是古罗马人的独特贡献，其最早的形式被发现在户外环境中，是共和国时期花园和别墅中常见的配合喷泉和泉眼的石龛中的马赛克装饰，水波折射着彩壁，彩壁映照着阳光，这是颜色的交响曲。随着这些被称为"宁芙亚（nymphaca）"的石龛形式在园林和建筑中的形式逐渐固定，其内壁的装饰材料出现了一些规范：从最初的大理石拼贴到被称为"埃及蓝"的玻璃球或石材马赛克，这种玻璃马赛克的色彩比陶土或石材更加明亮艳丽，对后世影响深远。到了拜占庭时期，马赛克在天顶画中发挥着重要作用加之工匠的技术不断提升，创造出珐琅作为全新的马赛克材料，其炫目的艺术光彩带着马赛克这一古老艺术形式度过了传统而漫长的中世纪，迎来了启蒙时代。高迪在1000多年后的南欧让这一传统艺术再放光彩。西班牙曾被阿拉伯统治了将近 800 年，釉质瓷砖的镶嵌装饰同时也是阿拉伯摩尔风格的特征①。

高迪将马赛克运用在建筑的外部装饰和室内设计（图3）之中，不仅为灰色的混凝土墙壁增添了缤纷的色彩，还带来了充满民族风格、奇幻色彩的独特基调，与建筑的外形相互衬托，不禁引人驻足赞叹。如果说米拉公寓是因为奇特的外墙形态而出名，巴特罗公寓就因为它蓝绿色陶瓷装饰的外墙而闻名于世，萨尔瓦多·达利曾将这面外墙比喻为"一片宁静的湖水"②。正如达利所描述的那样，整座墙面以冷色调的颜色为主，蓝色的湖水夹杂着摇摆的水草，依稀可辨的蓝紫色阴影将微波粼粼的层次感勾勒了出来，一束橙色的

图3　巴特罗公寓

阳光带来了水汽蒸腾的潮湿气息，没有比这个时刻更平静了。或许是亚热带茂盛的常绿林果实累累的景象，幻化成屋顶的变色龙看中了一串诱人的浆果，正弓着身子准备取食。这是对马赛克装饰的一种创新的尝试，在此，马赛克没有被用来绘制一个单独的装饰画，它的颜色本身就是一种装饰。

事实正符合观者的想象，巴特罗公寓本身就在讲述一个故事，一位美丽的公主被龙困在了城堡里，为了救出公主，加泰罗尼亚的英雄圣乔治与邪恶的巨龙进行搏斗，胜利之后的圣乔治将龙血变成的玫瑰花献给了公主③。童话故事的天真、单纯、浪漫一方面是通过建筑中的装饰元素体现，另一方面奇幻的配色起到了功不可没的作用。整个建筑的主色调以蓝色和绿色为主，以此展现出巴塞罗那临海的地理特色，多用渐变色和纯度较高的颜色，以营造出神秘的氛围。这种对颜色的大胆运用得益于马赛克艺术的装饰性，最终，激烈的颜色碰撞产生了无比美妙的视觉火花。

---

① 封帆．前基督教时代古罗马马赛克的艺术风格［J］．通化师范学院学报，2018（1）：34-43.

② 钱诗磊．王澍建筑的语言艺术研究［D］．扬州：扬州大学，2013：31.

③ 黄亦斐，许柏鸣．印象巴塞罗那：高迪建筑之旅［J］．家具与室内装饰，2013（2）：80-81.

除了形态上对于自然的模仿（图4），高迪对于自然力量的抽象把控也使得他的建筑具有很强的自然主义风格。自然美到底是什么？"自然"的"美"无法被确切的定义，它存在于无形，如同来回游离的几缕丝线，牵拉着一种本即存在的意义。高迪将抽象化作具体，他渴望用坚硬的、能够敲出响声的非虚无缥缈的东西来构筑自己的理解。在高迪的语言中，即使对于抽象的自然力量的运用，也绝不仅限于突破传统和视觉传达效果。

　　每个人对于"美"的理解完全不同，当这种对于美最单纯的向往变成艺术品，是否就能被称为自然美了呢？这件事不得而知，因为单纯的审美倾向在现代社会已经被扭曲和破坏了，因此像高迪一样忠于内心的艺术家就显得非常重要，当下我们应该怎样顶住时代潮流直面自己是刻不容缓的话题。

图4　威尔公园自然装饰

二、结构中的自然元素

　　高迪认为曲线才是自然中应该有的状态，所以他在建筑中大量运用曲线以描摹出自然生命体的结构规律。在设计圣家族大教堂的时候，他认为哥特式的飞扶壁不够细致美观，因而开始寻找一种无需外力支撑的建筑结构来达到足够的高度和强度。他于1924年得到了解决这一问题的方法，即"悬链拱结构"。

17 世纪，发现弹性定律的科学家罗伯特·胡克提出了"将悬挂的柔性曲线翻转形成拱"的想法①，而高迪是将悬链拱真正实践的第一人。他通过悬链逆吊法，研究铁链在自重之下的悬链曲线，以保证建筑结构的稳定性。在巴特罗之家和圣家族大教堂等建筑之中，都能看到悬链拱结构的身影。悬链拱以中轴线为连接，形成向外舒展排列的拱形结构，使得整个建筑空间更加连贯，拱顶亦是支柱，没有了竖直独立的柱式，显得十分柔和自然。步入悬链拱结构营造的空间之中，就仿佛漫步于巨大的恐龙肋骨和脊柱的荫蔽之下，拐角处的中轴线好似脊柱的自然弯曲，充满了神秘的气息。

步入圣家族大教堂，首先会被两排五彩的立柱所吸引，树状的立柱有的高达 21 米，它们在很高的地方分枝，粗细相间的树枝承担了支撑重量的任务，这是高迪创造的树状立柱开叉分支结构，它们的强度足以支撑双曲抛物面拱顶，使大教堂的拱顶能够开设许多大型天窗②，为建筑师的奇思妙想提供物质基础。柱身拥有千变万化的表面纹理，就像真实的树木一样形态多样，是多种几何形拼合的结果。立柱从方形基底逐渐过渡到圆形，灵活变化之中保持着宁静淡然，这种动静结合的状态是螺旋状立柱的三维拼合促成的。接着是锯齿状树叶重叠交错的天顶，每一个辐射状图形都以中心的圆形装饰作为对称中心，既是模仿自然中树叶的对称形态，又像是光线射出形成的闪耀光圈。

漫步在教堂之中，亦像漫步在雨林之中，巨大的树叶间隙射出金黄色的阳光，前来朝拜的信徒并没有被囚禁在哥特式教堂的严肃阴暗之中，他们能够直接感受到上帝的温暖。将树化作立柱似乎蕴含着对于宗教的强烈向往——树是有高度的，是能够攀爬的，是能够达到树冠的，上帝就在那里。

自然中存在的事物必然拥有合理性，而高迪对于自然的研究非常深入，他不断追求将自然中真实存在的"东西"应用在建筑艺术中，创新建筑结构，为之后的建筑建造提供了更多的方案和借鉴意义，对于现代建筑也有很重要的启发作用。

---

① 谭宇凌.人类的直线共生上帝的曲线：高迪建筑视觉造型元素构成解析［J］.湖南包装，2019（3）：63-67，71.

② 胡沛东.论建筑的审美与自然主义：以高迪的神圣家族大教堂为例［J］.华中建筑，2019（3）：86-89.

三、装饰中的自然形态

高迪对自然形态的运用非常熟练，以至于他可以任凭自己的想象力来创造。走在他的建筑中，观者不会感到陌生，因为身边的很多事物都似曾相识；但同时也会有排异的别扭感，因为这些事物变了模样或者出现在了不应该的地点。蜥蜴的皮肤覆盖在了巴特罗之家的屋顶，屋檐好像是涂了彩色的脊柱，彩色的螺壳融在了玻璃之中，巨大的海葵化成了顶灯，拥有脊柱外形的楼梯通向全新的空间，金属杆构成的蜥蜴眼睛正紧盯着来客，好似海绵孔隙的大门兼具美观和坚固，少女的遗骨封锁了窗户，阳台上的头骨栅栏更是增加了建筑的神秘色彩。以威尔公园为例（图5），其中最著名的莫过于龙形的长椅和蜥蜴喷泉。高迪将高台边缘设计成连续的座椅，就仿佛一条龙盘踞在公园中，椅背上的马赛克装饰就好像是龙身上的鳞片，令长椅的装饰价值与实用价值共存，甚至更甚。其颜色的精彩程度就好像一幅幅高饱和、对比强烈的画作，不同纹饰和颜色的瓷砖汇聚于此，各自熠熠生辉，结合在一起又展现了不同的视觉效果。一段阶梯中部白色的石墙围出了一个小型的水池，水池中间是茂盛的灌丛，灌丛的上方有一只蓝绿色的蜥蜴，它四只脚搭在水池边缘，全身展开趴在灌丛上享受着海洋气候充足的阳光，偶尔抬起头看看周边的风景，张开嘴巴向四周的行人问好。这个蜥蜴雕塑用马赛克的形式表现，使得它的颜色丰富鲜艳，更具立体感和层次感，它生动的造型加上喷泉的功能实在让人非常喜欢。

图5　威尔公园

高迪的建筑物屋顶往往颇具有辨识度（图6），这大概是因为其屋顶的高塔非常有特色。这些高塔有的聚在一起，有的分散设置：可以看到巨人士兵的"头盔"做成的瞭望塔，鸡枞菌般相连的高塔与各式各样的"花朵"并置。有时，鹅膏菌鲜红的颜色出现在旋转上升的塔顶，而有的尖顶则是柏树般的绿，在高楼林立的巴塞罗那城中"常青"。此外，圣家族大教堂上也有丰富的动植物元素，其中殿和侧殿的大型窗户顶部的尖塔上装饰以不同的事物，丰富了整体的视觉效果，这些事物大致分为两种：一种是代表了不同季节的作物，

图6　威尔公园售卖厅

例如水蜜桃、石榴、苹果、杏仁等；另一种是代表圣体圣血的麦穗和葡萄，象征着奉献、祭品和圣体圣事。除此之外，半圆形后殿尖顶的装饰使用了许多与基督教相关的植物，例如香柏树、橄榄树等。① 诞生立面上随处可见繁盛的植物，葡萄藤卷曲向上、荷叶和睡莲顺势生长，随处可见的野草攀在玻璃窗，立面上的各种人物都在自然的世界中，圣母玛利亚将耶稣降生，这便是宇宙、一切的起源。整个立面所展示的生命力，希望与爱通过植物的衬托显得更加真实和亲切。门廊顶部有一棵象征着不朽生命的柏树，柏树上飞舞着精灵一般的白鸽，象征着神圣的降临。高迪没有着力于营造哥特式教堂的难以接近的虚幻、空灵，而是为这个人造的大块头提供这个世界上最为宝贵的事物——生命。

高迪的建造基于自然，他希望通过他的引荐可以让所有人都感知到自然。各式各样的动植物在他的手中栩栩如生，他无私地将自己眼中的自然展示给所有人看。他是虔诚的信徒，他将自己无限的热情投入了教堂的建设，虽然至今圣家族大教堂仍未完工，但是他纯粹的精神寄托已经可见一斑。

① 胡沛东.论建筑的审美与自然主义：以高迪的神圣家族大教堂为例［J］.华中建筑，2019（3）：86-89.

四、结　语

安东尼·高迪是新艺术运动时期的著名建筑师，是世界公认的艺术天才，是上帝的忠诚信徒，是自然万物的追求者。他手中诞生了七项世界文化遗产，他拥有独具一格的创作思路，大胆地创作作品，为我们留下了一笔丰厚的文化遗产。我们从他的建筑中可以看到不拘泥于传统、敢于创新的艺术家精神，和他关于自然与人和谐共处的愿想以及付诸的实践。库斯比特在《前卫艺术崇拜》里提道："通过创作活动，艺术家不但能较之其他人更完满地实现自己，他们还是为众生指明方向的灯塔，甚至是引导他们走出庸常世界感知困境的摩西，让他们从生活的日常感觉中摆脱出来，进入到那个被允诺的感知世界，获得一种更为鲜活自在的生命感觉。"①他浸没自己于自然之中，并怀有将美好自然引荐于人的决心。我们漫游在他的建筑内，将思维放空到憧憬的世界，享受视觉带来的精神盛宴，在感叹之余更应该思考自身应该如何处理好本我与自然的关系。

参考文献：

［1］贾佳.高迪自然主义与仿生学的高辨识度设计理念研究：圣家大教堂［D］.
　　长春：吉林大学，2015.

［2］谭宇凌.人类的直线共生上帝的曲线：高迪建筑视觉造型元素构成解析
　　［J］.湖南包装，2019（3）.

［3］盛恩养.高迪的自然主义设计思想［J］.艺术百家，2009（3）.

［4］胡沛东.论建筑的审美与自然主义：以高迪的神圣家族大教堂为例［J］.华
　　中建筑，2019（3）.

［5］吕少华.论安东尼·高迪建筑艺术中"师法自然"的设计观［J］.建筑设计
　　管理，2018（6）.

［6］薛恩伦，贾东东.高迪的建筑艺术风格［J］.世界建筑，1996（3）.

［7］孙悦.基于中国传统植物纹样的高迪艺术表现形式在丝巾设计中的应用研

---

① 转引自贾佳.论艺术与藏在艺术表象之下的心灵世界［J］.艺术科技，2013（3）：133.

究［D］.杭州：浙江理工大学，2018.

［8］龙垠骧.高迪建筑艺术形式特征在服装设计上的应用研究［D］.杭州：浙江
理工大学，2016.

［9］封帆.前基督教时代古罗马马赛克的艺术风格［J］.通化师范学院学报，
2018（3）.

［10］宋立宏.视觉文化与古代地中海研究：以罗马不列颠的马赛克为中心［J］.
古代文明，2018（3）.

［11］陈书蔚.论高迪的自然主义［D］.杭州：浙江大学，2005.

［12］刘嘉琦.高迪艺术作品对当代平面设计的启发［D］.青岛：青岛大学，
2012.

图录：

图1　米拉公寓，图片为冯晗拍摄。

图2　圣家族大教堂门口，图片为冯晗拍摄。

图3　巴特罗公寓，图片为冯晗拍摄。

图4　威尔公园自然装饰，图片为冯晗拍摄。

图5　威尔公园，图片为冯晗拍摄。

图6　威尔公园售卖厅，图片为冯晗拍摄。

后 记

两千年前的西汉，张骞从长安出使西域，原本出于军事联盟的意图，却促进了东西方商贸的互通，丝绸成为这条商贸之路中最重要的物质纽带，这条路也就是 19 世纪德国人李希霍芬所称的"丝绸之路"。这条以"丝绸"命名的交通之路使东西方文化顺畅沟通，国内外出土的大量遗址图像充分证明，中原王朝以开放、包容、共赢的心胸寻求和接纳来自西域的不同思想和工艺，诞生出缤纷多彩的长安与丝路文化。

两千年后的今天，随着我国"一带一路"建设的逐步推进，位于丝绸之路起点的西安各高校也从教学和研究层面落实相关政策。陕西师范大学丝绸之路美术专题研究课程就是在此大背景下开设的，并重点围绕"长安与丝路文化遗址图像传播"展开研讨。选修此课的同学均为新入学的研究生，来自美术学与设计学专业。同学们勤奋笃学，时刻谨记"非学无以广才，非志无以成学"，并结合自身专业特点，尝试从研究的视角进行分析，从应用的角度进行呈现，结课论文已看出他们对此课题的专注与研究的潜质。本书是同学们学习、讨论、思考、研究后的成果汇总，按照其共性特征形成"寺观遗址图像传播""墓葬遗址图像传播"和"遗址图像应用传播"三部分。

寺观遗址是长安与丝路文化中重要的精神和物质载体，来自天竺的佛教文化，较大程度地改变了当时人们的神明观念以及对图像的基本认识，通过建寺、开窟、造像、绘壁、刻碑、写经等图像和文字的形式进行传播。这些图像从视觉的角度影响信徒的感悟，形成一种"观想"，使之进入禅定境界，用"心眼"看到佛陀世界的真形所在。当今追求艺术真谛的我们，是否也需要通过图像的形式，开悟我们的"心眼"，由此来领会艺术的伟大？

墓葬遗址是长安与丝路文化中遗存最丰富的逝后物质形式。从秦汉开始，礼仪祭祀中心由宗庙逐渐向墓地进行转移，在统治阶层带动下，厚葬之风兴起，墓葬遗址所形成的图像文化日趋繁荣。统治阶层墓葬规模宏大，陪葬器具丰富而奢华，从《史记》《汉书》等书籍的描述中就可见一斑。壁画、画像石、墓俑被广泛用于官僚富贾的墓葬装饰中，以二维或三维的视觉效果营造和拓展了墓葬图像空间，成为我们认识当时社会文化和发展的主要形式。

21世纪以来，我国的国力逐步强盛，人们在追求物质文化的同时进一步加大对精神文化的摄取。增强文化自信、以美为媒、加强国际文化交流传播逐渐成为共识。因此，需要发挥美术图像在服务经济社会发展中的重要作用，把更多遗址图像元素应用到社会发展规划建设中，从而增强现今社会审美韵味与文化品位，让遗址图像应用成果更好地服务于人民群众的高品质生活需求。

2022年，本成果得到陕西文化资源开发协同创新中心一流学科建设项目"丝绸之路文化研究"和陕西师范大学"长安与丝路文化传播"专项科研项目的认同，并立项进行资助研究。在此，衷心感谢陕西文化资源开发协同创新中心和陕西师范大学"长安与丝路文化传播"学科创新引智基地的鼎力支持，感谢陕西师范大学出版总社刘定主任的认真审核，感谢所有为本书形成所付出辛勤工作的老师、同学和朋友！

本书中的一些论文对材料的掌握还不够全面，多数停留在理论层面的设想和探讨，由于疫情影响，也未进行田野考察和实践操作，所以在观点上和结论上会有一孔之见，恳请方家不吝赐教。

终南阴岭秀，积雪浮云端。长安明雾色，丝路增意新。

未央前殿月，太液池中鱼。图绘千载传，像塑万古承。